Haider · Die Freiheit, die ich meine

Jörg Haider

Die Freiheit, die ich meine

Ullstein

1. Auflage November 1993
2. Auflage Dezember 1993
3. Auflage Januar 1994
4. Auflage Februar 1994

Ullstein Report
Ullstein Buch Nr. 36629
im Verlag Ullstein GmbH,
Frankfurt/Main – Berlin

Originalausgabe

Gesamtherstellung:
Ebner Ulm
Printed in Germany 1993
ISBN 3 548 36629 5

Gedruckt auf alterungs-
beständigem Papier mit
chlorfrei gebleichtem Zellstoff

Für meine Frau Claudia
und meine Töchter Ulrike und Cornelia

Inhalt

Vorwort

Die auf dem Boden der Aufklärung gewachsenen, für Europa prägenden Ideen und Gesellschaftssysteme sind überholt, am Ende oder überhaupt gescheitert. Das gilt für den Sozialismus ebenso wie für den Liberalismus in seiner heutigen Ausprägung. Vom Ende des Marxismus im Osten lohnt es erst gar nicht zu reden. Aber was kommt jetzt? Kann sich ein Europa mitten im Umbruch diese geistige Leere leisten? Nach langen Irrwegen wurde die Freiheit gewonnen, und wir wissen nun mit ihr nichts anzufangen. Das Schweigen der »Freien« ist bedrohlich. Gerade jetzt, wo im Ungewissen des Neuen nicht nur Gefahren, sondern auch große Chancen schlummern.

Ich möchte in diesem Buch die Lage in Europa und in unserer Gesellschaft schonungslos analysieren, um dann zu einem optimistischen Ausblick zu gelangen, der uns den bestmöglichen Weg weist.

Freilich, manchmal hat man das Gefühl, die Rolltreppe der Geschichte läuft im Moment rückwärts, und wir müssen uns anstrengen, um zumindest auf der Stelle zu treten. Die Suche nach einer Ordnung der Freiheit ist eine große Aufgabe, um so mehr, als das zu Ende gehende Jahrhundert von Unfreiheit gezeichnet war. Die verheerenden Weltkriege dieses 20. Jahrhunderts, eigentlich europäische Bruderkriege, sind der grassierenden Seuche autoritären und totalitären Denkens entsprungen, dem die Freiheit des Menschen nichts galt. Die Umstände haben uns zur politischen Geographie aus der Zeit vor dem Ersten Weltkrieg zurückgeführt, weil weder Versailles noch Jalta vor den Prinzipien der Freiheit und Selbstbestimmung auf Dauer bestehen kann. Das ist eine außergewöhnliche Situation, die von uns eine außergewöhnliche Anstrengung fordert! Werden wir noch einmal das Pfand der Freiheit aus der Hand geben und miterleben müssen, wie eine fürchterliche Blutspur die Teilung Europas besiegelt? Werden wir noch länger tatenlos zusehen, wie eine sinnentleerte westliche Industriegesellschaft in den bloßen Hedonismus flieht und den geistigen Bankrott anmeldet?

Freiheit ist wieder eine Aufgabe geworden, die fordert! Es gilt, die besten Resultate der Aufklärung zu retten. Aber es gilt auch, Abschied zu nehmen von einem überkommenen Liberalismus, dessen einziger Sinn in der verantwortungslosen Hingabe an eine individualistische Bedürfnisbefriedigung zu liegen scheint. Margaret Thatcher hat einmal in einer Rede vor der schottischen Kirche gesagt, die Gesellschaft existiere nicht, also gebe es auch keine Verpflichtung des Staates gegenüber dem, was es nicht gibt. Es existieren nur Einzelmenschen, deren Aufgabe es sei, Reichtum zu schaffen. Wenn der einzelne genügend Reichtum angesammelt habe, dann könne er einen Teil davon denen geben, die erfolglos waren.

Was ist die Essenz des Liberalismus, wie wir ihn heute erleben? Persönliches Erfolgsstreben, Egoismus, Bindungslosigkeit und Luxusakkumulation als Symbol gesellschaftlicher Wertschätzung, die die soziale Verantwortung auf das Helfen in Not und das Verteilen von Almosen reduziert. Es ist notwendig, einen deutlichen Trennungsstrich zum Sozialismus in seinen verschiedenen Spielarten zu ziehen. Seine Verheißung von sozialer Gerechtigkeit als Grundlage personaler Freiheit ist im bürokratischen Zentralismus der realen Wohlfahrtsstaaten als Trugbild entlarvt worden. Wir wollen unseren Beitrag leisten zu einem freien Europa, das nicht mehr in die Düsternis menschenverachtender Systeme zurückkehren darf. Nachdenken über die Freiheitsordnung in unserer Heimat ist ebenso angebracht, weil eine wertelose Gesellschaft freie Bürger in angepaßte Sklaven verwandelt.

Jürgen Habermas spricht in diesem Zusammenhang vom Verfall traditioneller legitimierender Weltbilder als Folge kulturrevolutionärer Grundströmungen. Wer aber spricht in diesem Zusammenhang von der Entpathologisierung der Geisteskrankheit, der Entkriminalisierung des Verbrechens und von der Entstaatlichung der Politik? Im Grunde beschreibt Habermas jenen Zustand unserer modernen Gesellschaft, in dem Ethik und Moral verfallen und der Staat als Träger des Rechtes für Freiheit und Frieden abdankt.[1]

Ich glaube, daß wir an einem Punkt angelangt sind, an dem die Hohlheit der Vätergeneration mit ihrem Mangel an Autorität, die Hohlheit der Kirche, die Hohlheit des Lebens und der öffentlichen Verantwortungsträger nicht mehr länger ignoriert werden kann. »Der Wandel des Bewußtseins, den wir gegenwärtig erleben, ist in seiner epochalen Bedeutung nur mit dem Untergang der Antike und dem christlichen Neuanfang am Beginn unserer Zeitrechnung zu vergleichen.«[2]

Heute ist viel von einer neuen Weltordnung die Rede, aber wir können nicht einmal im eigenen Haus Ordnung halten! Der Widerspruch zwischen überzogenem Individualismus und dem Schlachtruf der Linken für eine multikulturelle Gesellschaft, die Bestandteil der Ideologie von einer Einheitswelt ist, springt ins Auge. Diese Art der Fortschrittlichkeit tut der Freiheit des Menschen Gewalt an und zieht sie in den Abgrund gescheiterter Experimente, die im Dienste der kulturellen Hegemonie linker Ideologen veranstaltet werden. »Der Fortschritt läßt sich nicht aufhalten – von niemandem und durch nichts, aber es hängt von uns ab, ob wir aufhören, ihn als Strom unbegrenzter Wohltaten aufzufassen, oder ob wir in ihm eine Gabe sehen, die uns zu einer schweren Erprobung des Willens geschickt ist.«[3]

Gibt es einen Neubeginn, der Selbstbeschränkung und

Selbstbesinnung bedeutet, weil diese die wesentlichen Voraussetzungen sind, die gewonnene Freiheit zu erhalten und die unverschämte Maßlosigkeit im Umgang mit unserer Umwelt zu zügeln? Es muß ihn geben, wenn wir unsere Fähigkeit nutzen, uns unseres Verstandes zu bedienen! Nicht Uniformität, sondern Vielfalt, nicht elitäre Geschlossenheit, sondern vorurteilsfreie Offenheit, nicht Größe, sondern Kleinheit, und nicht kollektive Vormundschaft, sondern personale Solidarität bestimmen das Wesen einer Gesellschaft der Freien. Wir werden uns der Tugenden von Pflichtbewußtsein, Treue, Redlichkeit, Gemeinsinn und gelebter Toleranz erinnern müssen, wollen wir eine Umkehr einleiten. Im Verzicht auf das Mögliche liegt die Größe des Bewahrens. »Bloß isolierte Einzelne leben ohne Bedeutung, ohne Sinn. Ich bleibe ein radikaler Liberaler – aber ich bleibe ein radikaler Liberaler, der Veränderungen will, die mehr Menschen mehr Lebenschancen geben, und mir entgeht daher nicht, daß Lebenschancen mehr sind als bloße Konsummöglichkeiten.«[4]

Das Thema der Geschichte hat sich gründlich geändert, der Wind dreht sich. Der Mensch sucht nach dem Sinn und Wert des Lebens, um nicht die Seele verkümmern zu lassen und um Kraft für solidarisches Handeln zu schöpfen, das jede Gemeinschaft auszeichnet. Nach totalitärer Unterdrückung und sinnentleertem Materialismus kündigt sich auch eine Wiederkehr von Religion, Glauben, Geschichte und Nation an. Wir müssen darauf achten, daß es dabei nicht zu einem extremistischen Pendelschlag in die andere Richtung kommt. Die Gefahr besteht sehr wohl, daß im religiös fundamentalen Streben nach Gemeinwohl die Freiheit zugunsten eines anonymen Kollektivs negiert wird.

Die »atomistische Revolution« (Friedrich Nietzsche) hat nicht nur Egoismus und Vereinzelung begünstigt, sondern auch zu einer Erosion jener positiven Kräfte geführt, die eine Gemeinschaft zusammenhalten. Von der Weigerung von Teilen der Jugend, die Heimat im Ernstfall zu verteidigen, bis zur Verabsolutierung des Rechtes auf den eigenen Körper reichen die Symptome für diesen Prozeß. Die Klage der Politiker über eine erschreckende Entsolidarisierung in unserer Gesellschaft ist unangebracht, weil sie diese Entwicklung gefördert und einem nihilistischen Liberalismus gehuldigt haben, der keine Gemeinschaft kennt, sondern nur eine Ansammlung von beziehungslosen, auf das eigene Wohlergehen ausgerichteten Individuen. Ein radikaler Liberaler kann dort keine Heimat haben, denn er würde das in der Verantwortung begründete Wesen der Freiheit mißachten.

Ich will in diesem Buch versuchen, die Position der Freiheitlichen darzustellen und die Grundelemente unseres Denkens zu erläutern, das sich von der sklavischen Bindung an ideologische Heilslehren befreit, um sich besser um die Sache der Freiheit kümmern zu können. Es sollen Antworten auf aktuelle Herausforderungen und Gefahren gefunden, aber nicht perfekte Gesellschaftssysteme konstruiert werden. Ich möchte zugleich auch die Grundlagen für unser freiheitliches Denken entwickeln, um Klarheit über die von uns vertretenen Grundwerte zu schaffen. »Die ganze Vorstellung, daß der Mensch mit einem Verstand ausgestattet ist, der fähig ist, sich eine Zivilisation auszudenken, und sich daran gemacht hat, diese zu schaffen, ist grundlegend falsch. Der Mensch hat nicht einfach der Welt eine von seinem Verstand erschaffene Ordnung aufgeprägt. Sein Verstand ist selbst eine Ordnung, die sich als Folge seiner Bemühungen, sich seiner Umwelt anzupassen, ständig ändert«, stellte der große Liberale Friedrich Hayek fest.[5] Diese Sicht der Dinge bewahrt vor einer dogmatischen Auffassung von der Gesetzmäßigkeit eines wirkenden »Volksgeistes« ebenso wie vor dem naiven Glauben der Marxisten an die Existenz historischer Bewegungsgesetze, denen der Mensch unentrinnbar verpflichtet sei.

Unser freies Denken schafft Ordnung und befähigt uns, die

Anforderungen unserer Lebenswelt zu begreifen, sie anzunehmen und demgemäß zu handeln. Ein dialektischer Prozeß also, der keine Endgültigkeit duldet. Freiheit gibt uns die Chance, aus der Zukunft das Richtige zu machen.

1

Die Freiheit und ihre Gefährdungen

Als sich der Zusammenbruch des realen Sozialismus im Osten abzeichnete, schien der Westen mit seinem kapitalistischen System gesiegt zu haben. Unser Selbstwertgefühl wurde gestärkt; die Genugtuung über den Triumph der westlichen Wertegemeinschaft und der Freudentaumel wichen aber schon bald der Ernüchterung. Nach und nach setzte sich die Erkenntnis durch, daß der bürokratische Kollektivismus sowjetischer Prägung zwar gescheitert war, aber damit die westliche Gesellschaft keineswegs tragfähiger, belastbarer und glaubwürdiger dastand.

Die bürgerliche Gesellschaft mit ihrem marktwirtschaftlichen System wird ihre Bewährungsprobe erst noch abzulegen haben. Jedenfalls sind Freudentaumel, überschäumendes Glücksgefühl oder gar Hochmut fehl am Platze. Von einem »Ende der Geschichte« kann wahrlich nicht die Rede sein. Auch die Großen im Westen wanken bereits. Japan erlebt eine tiefgreifende Vertrauenskrise in der Politik. Die USA stehen in der größten Schuldenkrise ihrer Geschichte, und die EG wird von einer Legitimations- und Institutionenkrise geschüttelt. Ein Europa der Bürokraten und Konzerne will die Rechnung ohne die Bürger machen! Gar nicht zu reden vom europäischen Musterknaben Deutschland, der mit der Wiedervereinigung erhebliche Probleme zu bewältigen hat, nicht nur in wirtschaftlicher Hinsicht. Ein identitätsstiftendes Gefühl der Gemeinsamkeit aller Deutschen ist offenbar verlorengegangen. Auch wenn es in politischen Erklärungen und beschwörenden Appellen eingefordert wird: Das Bewußtsein, wonach »Ossis«

und »Wessis« einfach zusammengehören und daß zusammenfinden wird, was zusammengehört, ist zwar bei vielen Menschen vorhanden, aber leider doch unterentwickelt. In diesem Lichte besehen mutet der Satz, den Rudolf Augstein bereits 1959 an die Adresse der Deutschen gerichtet hat, geradezu prophetisch an: »Alle Schweigeminuten und Anstecknadeln, alle heiligen Verwahrungen und Sondersitzungen können nicht darüber hinwegtäuschen, daß die westdeutsche Bevölkerung auch heute, käme es zur Wahl, die Zonengrenze wählen würde, die mehr privates Wohlergehen verspricht als jede denkbare Art von Deutschland.«[6]

Und wie ist die Stimmung im Westen? Man sehnt sich nach überschaubaren Verhältnissen. Wie schön war es doch angeblich im Kalten Krieg: Da gab es berechenbare Blöcke, das freilich fürchterliche atomare »Gleichgewicht des Schreckens« und die erzwungene Friedhofsruhe. Beruhigend war auch, daß die nationalen Selbstbestimmungsrechte nur auf dem Papier bestanden, daß es keine Wanderbewegung und natürlich auch keine moralische Verpflichtung für den Westen gab, mit dem kommunistischen Osten zu teilen. Man redet manchmal allzu selbstgefällig von westlicher Wertegemeinschaft. Was sind das für Werte und Verhältnisse, die ihr solche Ausstrahlungskraft verleihen sollen? Ist es die Wertegemeinschaft, in der sich die Jugend durch Drogenkonsum selbst zugrunde richtet? Ist es die Gemeinschaft, in der bittere Armut neben unvorstellbarem Reichtum besteht? Oder die Wertegemeinschaft, in der ein Millionenheer von Arbeitslosen als systembedingte Notwendigkeit hinzunehmen ist? Eine UNO-Studie *Wohlfahrt in einer zivilen Gesellschaft* spricht bereits von einer Viertelgesellschaft: Nur noch 25 Prozent aller Erwerbstätigen verfügen über einen gesicherten Arbeitsplatz. Die Begeisterung für die »Wertegemeinschaft« wird sich in Grenzen halten, wenn heute schon amerikanische Wissenschaftler der Universität Utah nachweisen, daß für die sozialen Folgekosten von einem Prozent mehr an Arbeitslosen in den USA zusätzlich 18 000 Herztote pro Jahr, 1200 Selbstmorde, 760 Mordopfer und 31 000 Gewaltverbrechen zu veranschlagen sind.

Hält man sich zudem die zahlreichen ungelösten ökologischen Fragen vor Augen, dann erscheint es gerechtfertigt, die Freiheit des Menschen aus dem »moralfreien« Beziehungsgeflecht von Nützlichkeit und Wirtschaftlichkeit herauszulösen und neu zu definieren. Die Freiheitsfrage ist so alt wie die Menschheit selbst, aber die Bedingungen verändern sich, und deshalb muß sie immer wieder neu gestellt werden.

Es geht dabei immer wieder darum, einen Weg zu finden, die größtmögliche Freiheit für alle Menschen zu garantieren und dafür zu sorgen, daß die Menschenwürde gewahrt bleibt. Diese Freiheit kann nicht an Klassen, soziale Schichten oder Gruppen gebunden sein. Ich verstehe die Freiheit immer im Sinne von John Stuart Mill. Sein Begriff der Freiheit war immer mit der Verantwortung gegenüber der Gemeinschaft verbunden. Es gibt keine Freiheit ohne Verantwortung, ohne Schranken, denn die Freiheit des einzelnen findet dort ihre Grenzen, wo sie die Freiheit des anderen berührt. Wer Freiheit nutzen will, muß verantwortungsvoll mit ihr umgehen. Tun wir das?

Wir leben in einer Gesellschaft, in der die Menschen im Grunde mit ihrer Freiheit immer weniger anzufangen wissen. Wollen sie etwa die Freiheit gar nicht? Nehmen sie lieber Unfreiheit in Kauf, damit es ihnen materiell gutgeht? Die Liebe zur Knechtschaft (Hayek) entspricht der Hingabe an den Sozialstaat – mit all seinen Formen der Bevormundung und des Verantwortungsentzuges. Und sie gipfelt im Verzicht des genormten TV-Konsumenten auf geistige Freiheit. Da ist es nur noch ein kleiner Schritt, auch die Erziehung der eigenen Kinder dem Fernsehen und dem Video zu überlassen. Immerhin scheint dies den Familien den Generationenkonflikt im eigenen Haus zu ersparen und die Strapazen des intellektuellen Diskurses.

Václav Havel hat in seinem Vortrag anläßlich der Eröffnung der Salzburger Festspiele 1993 auf das Phänomen des unbeholfenen Umgangs mit der Freiheit hingewiesen. Er schilderte den seelischen Zustand nach dem Niedergang des Kommunismus und erklärte, die Menschen hätten am nächsten Tag so etwas wie eine Katerstimmung gehabt. Eigentlich wußte niemand so recht, was mit der neugewonnenen Freiheit anzufangen sei, zumal ihr Gebrauch eben bei jedem einzelnen Verantwortlichkeit erfordert.

So gesehen haben wir in den westlichen Gesellschaften eine langanhaltende Katerstimmung. Der mühsame Gebrauch der Freiheit begeistert niemanden mehr. Fortschreitend wird die Freiheit auf dem Altar eines mächtigen Sozial-Verwaltungsstaates mit medialer Gleichschaltungsgier geopfert, die Parteien und ihre Funktionäre werden zu Entscheidungsträgern über das individuelle Lebensglück aufgewertet. Arbeit gibt es durch die Partei, die Wohnung durch politische Beziehungen, den Urlaub durch die Gewerkschaft und den jährlichen Kuraufenthalt durch die Freunde in der Sozialversicherung. Wer verzichtet bei so viel Fürsorge nicht gerne auf ein Stückchen persönlicher Freiheit? Es wird ohnedies alles geregelt. Unsere Gesellschaft gleicht nicht einer Frühlingswiese mit vielen bunten Blumen; sie entspricht eher einem englischen Rasen mit genormter Graslänge ohne Ausnahme, wie es einmal, fordernd und positiv gemeint, eine schwedische Schulministerin gesagt hat. Der Ausgang des Menschen aus seiner selbstverschuldeten Unmündigkeit (Kant) wird schrittweise rückgängig gemacht. Der Mut zum aufrechten Gang ist nicht mehr zeitgemäß. Es ist daher leider auch ein erlahmendes Interesse an demokratischer Mitwirkung festzustellen; überall bildet die Gruppe der Nichtwähler bereits eine mächtige »Partei«.

Die Tendenz zu einem neuen Biedermeier ist unverkennbar. Es ist der Tribut an den Zustand autoritärer Entwicklungsdemokratien im Westen. Ein Indikator für diese Tendenz ist auch die zunehmende Gesetzes- und Verordnungsflut. Je weniger Eigenverantwortung, desto mehr Regelungsbedarf hat der Staat. Je mehr Gesetze, desto weniger Moral! Andererseits darf man nicht übersehen, daß die westliche »Wertegemeinschaft« auch anarchistische Tendenzen im Freiheitsgebrauch aufweist – insofern in vielen Bereichen die zwingende Gebundenheit im Rahmen einer Ordnung nicht akzeptiert wird. »Niemand kann mich zwingen, auf seine Art glücklich zu sein, sondern ein Jeder darf seine Glückseligkeit auf dem Wege machen, welcher ihm selbst gutdünkt, wenn er nur die Freiheit anderer, einem ähnlichen Zwecke nachzustreben, die mit der Freiheit von Jedermann nach einem möglichen allgemeinen Gesetze zusammen bestehen kann, nicht Abbruch tut.« (I. Kant)

Die Gesellschaft ist vom Zerfall bedroht, die moralischen und ethischen Grundlagen sind brüchig geworden. Ein destruktiver Geist hat das öffentliche Leben erfaßt; es fehlt die notwendige Klammer einer idealistischen Gesinnung. Eine ausschließlich nach Maßgabe der Nützlichkeit angelegte Gesellschaft hat sich gemeinsamer Wertvorstellungen entledigt und mit der Tradition gebrochen.

In dieser Hinsicht war die 68er-Bewegung nicht ganz erfolglos. Vom anarchistischen Schlachtruf »Macht kaputt, was euch kaputt macht!« über die antiautoritäre Erziehung bis zum anerzogenen Haß auf die ältere Generation reicht das Instrumentarium. Es schuf eine Gesellschaft, in der zuletzt jugendliche Orientierungslosigkeit zu verstärkter Sympathie mit linker und rechter Gewalt führte. Friedrich Nietzsche hat die Heraufkunft des europäischen Nihilismus mit eindringlichen Worten beschrieben: »Unsere ganze europäische Kultur bewegt sich seit langem schon mit einer Tortur der Spannung, die von Jahrzehnt zu Jahrzehnt wächst, wie auf eine Katastrophe los: Unruhig, gewaltsam, überstürzt: Einem Strom ähnlich, der ans Ende will, der sich nicht mehr besinnt, der Furcht davor hat, sich zu besinnen.«[7] Was ist das für eine Gesellschaft, in der Freiheit und Würde der Person mißachtet, Verantwortung an anonyme Apparate delegiert und das Ethos als Gestalt und als Prinzip humaner Gesellschaft vom Verfall betroffen ist?

Jeder Bürger kann täglich beobachten, daß öffentliche Einrichtungen wie Telefonzellen oder Bahnhöfe von Vandalen beschmiert und zerstört werden. In Berlin ist es grausame »Tradition«, alljährlich zum 1. Mai Kreuzberg zu plündern und zu brandschatzen. Es ist traurige Realität, daß Menschen in Wohnblocks jahrelang nicht bemerken, daß ihr Nachbar verstorben ist. Es ist traurige Realität, daß auch wohlhabende Kinder aus Bequemlichkeit ihre Eltern in die sichere Distanz anonymer Altersheime abschieben, und es ist ebenso traurige Realität, daß auch die öffentlich-rechtlichen Massenmedien ihren Bildungsauftrag nicht erfüllen. Vielmehr tragen sie Mitschuld an einer neuen Form von Analphabetismus unter den Fernsehkonsumenten. Darüber hinaus lassen sie durch fortgesetzte Darstellung von Brutalität und Gewalt diese gesellschaftsfähig und nachahmens»wert« erscheinen. »Und da gibt es Bildungs- und Meinungsbildungsanstalten, z. B. den ORF, der als öffentlich-rechtliche Anstalt betriebene Österreichische Rundfunk, die ungeheuren Schaden anrichten . . ., und was der ORF da bietet, ist schandbar. Ich sehe ständig nur Schießen und Verbrechen und härteste Kriminalfälle und eigentlich nichts Wertvolles, nichts Künstlerisches mehr. . . . Aber es gehört zur Aufgabe des Staates, auch Lehranstalt zu sein, und wenn er Lehranstalt ist, müßte er zur Tugend verpflichten. Und wenn der Rundfunk eine öffentliche Aufgabe sein soll, müßte er ständig zur Erziehung beitragen. Es müßte dem Leben die Bedeutung gegeben werden, die es braucht, um gut zu funktionieren. Die Parteien müßten sich auf ihre Pflicht zur Tugend besinnen. Sie haben eine Pflicht zur Tugend, zum Staatsethos.«[8]

Durch den Zerfall des realen Sozialismus im Osten hat die Idee der Freiheit keineswegs endgültig gesiegt. Vielmehr besteht die Gefahr, daß die Freiheitsidee an oder in einer hedonistischen Gesellschaft scheitert. Der Mensch entfremdet sich selbst durch Gruppenegoismus und Verbraucherwahn, und er verliert den Willen zu Freiheit und Selbstbestimmung. Die Frage drängt sich auf: Wie dünn oder wie stark ist die Schutzschicht der Zivilisation gegen anarchistische Impulse und gegen die Gefahren passiven Konsumverhaltens? Viele Anzeichen sprechen dafür, daß die Menschen auf dem besten Wege dazu sind, sich ihrer Tradition zu entledigen, ihre Vergangenheit zu zerstören und eine kontrollierte, somit freiheitsfeindliche Zukunft zu errichten. Die Ursache liegt im Hedonismus. Er soll die neue moralische Rechtfertigung für die kapitalistische Wirtschaft sein. Früher stellten die puritanische Enthaltsamkeit und die protestantische Ethik ein wirksames Korrektiv gegen reines Konsumdenken dar. Arbeit bedeutete nichts Negatives; sie war Pflichterfüllung im Beruf und Beitrag zum Gemeinwohl. Mit der Einführung der Kreditkarte und dem Ratenzahlungssystem hat sich Konsumdenken und Luxusakkumulation um jeden Preis durchgesetzt. Es fehlt der westlichen Gesellschaft heute an Gemeinwohlorientierung oder an der spontanen Bereitschaft, Opfer für die Gemeinschaft zu erbringen. »Als die protestantische Ethik aus der bürgerlichen Gesellschaft verdrängt wurde, blieb nichts als Hedonismus zurück, und so verlor das kapitalistische System seine transzendentale Ethik.«[9]

Die Stränge, die das sozioökonomische System mit der kulturellen Ordnung zusammengehalten hatten, sind brüchig geworden. Das Wesen der westlichen Gesellschaft hat sich nachhaltig gewandelt:

1. Die hedonistische Verbrauchsmoral führt zum Anspruchs-

denken. Der Inflation der Ansprüche entspricht die Deflation an Leistungen für die Gesellschaft.

2. Die Anarchie der Wertvorstellungen führt zu einer wachsenden Orientierungslosigkeit der Masse. Es liegt offen zutage, daß Werte wie Freiheit, Gleichheit, Brüderlichkeit auf der einen Seite mit gesellschaftlichen Kategorien wie Effizienz, individueller Nützlichkeit, dem Sich-Ausleben und der Sozialverantwortung oder Spontaneität auf der anderen Seite unvereinbar sind. Diese Entwicklung führt zu einer wertefreien Gesellschaft der Beliebigkeit.
3. Der zum Bürger aufgestiegene Untertan wandelt sich vom freien, eigenverantwortlichen, selbstbewußten Individuum zu einem Wesen, das nur noch auf seine soziale Gruppe, auf sein gesellschaftliches Umfeld reagiert. Die Gesellschaft der Angepaßten ist Produkt aller wachgerufenen und unbefriedigten Sehnsüchte der Massen. »Der Hedonismus ist die Welt von Mode, Fotografie und Werbung, Fernsehen und Reisen. Es ist eine Welt des Scheins, in der man für Erwartungen lebt, mehr für das, was kommt, als für das, was ist. Und es muß ohne Mühe kommen.«[10]
4. Die Kultur hat sich aus religiösen und sozialen Bindungen der bürgerlichen Gesellschaft gelöst und ist im wesentlichen zu einer Gegenkultur der sozialen Verhältnisse geworden. Die selbsternannten Heilsapostel in Massenmedien, Literatur, Film und Theater schaffen sich ihr Publikum und beherrschen es. Da die bürgerliche Masse über keine eigene intellektuelle Kultur mehr verfügt, wird sie zu einer unkritischen Beifallsgesellschaft gegenüber der Gegenkultur und ihren Akteuren. Diese »Macher« verachten das breite Publikum in Wahrheit – und leben gut davon, auf seine Kosten, auch auf Kosten seiner moralischen Werte.

   Angeblich wird ein liberales, offenes gesellschaftliches System verwirklicht, aber wir erleben eine Form von geistiger Intoleranz, die Widerspruch nicht duldet und Anderssein nicht verträgt. Wenn man etwa in der aktuellen österreichischen Kulturdiskussion den Fall des Burgtheaterdirektors Peymann betrachtet, erkennt man, daß sich hier ein autoritäres Selbstverständnis von der angeblichen Freiheit der Kunst breitgemacht hat. Lieber inszeniert man ein Theater ohne Publikum, als auf die Wünsche der Menschen einzugehen. Das wichtigste ist, daß man die eigenen indoktrinierenden Inhalte verbreiten kann. Eine kritische Auswahl durch das Publikum findet nicht mehr statt. Im sogenannten freien Westen hat sich eine Beifallsgesellschaft etabliert, die von selbsternannten Eliten manipuliert wird. Am deutlichsten sieht man das in der Kunst- und Medienszene. Dort herrscht ein geradezu totalitärer Hang zum Konformismus. Diese Beifallsgesellschaft feiert auch noch den größten Schwachsinn, wenn dieser nur zeitgeistgerecht aufbereitet und präsentiert wird. Wer sich dagegen wehrt, wird ausgegrenzt. Das Artifizielle dieser Beifallsgesellschaft äußert sich in der Kluft zwischen veröffentlichter und öffentlicher Meinung.

5. Angeblich wird der freie Wettbewerb gewährleistet. In Wirklichkeit kommt es zu einer undurchschaubaren Konzentration wirtschaftlicher Macht. Oligopole und Monopole schalten die marktwirtschaftliche Konkurrenz zunehmend aus.
6. In dieser hedonistischen Wachstumsgesellschaft ist ein auf den Menschen zentriertes Weltbild entstanden. Dadurch wurden wir blind für die Tatsache, daß unsere Umwelt, die Natur, ein eigenständiger Wert ist und daß dieser Wert nicht nur in den Ressourcen für den Menschen besteht. Versöhnung von Ökonomie und Ökologie ist bis heute nur eine Phrase geblieben, wenn man sich vor Augen hält, daß der Verkehr immer dichter, die Luft immer schmutziger und damit die Gefahr für die Alpenregionen immer bedrohlicher wird. Gleiches gilt für die

Agrarpolitik, die den Landwirt zur bodenvernichtenden, trinkwassergefährdenden Intensivproduktion zwingt und damit eine Land- und Lebensraumzerstörung größten Ausmaßes einleitet. Die Lösung kann nur in einer ganzheitlichen Gesellschaftspolitik liegen, in deren Wertvorstellungen dem Menschen eine zwar wesentliche, aber nicht die alleinbestimmende Rolle zukommt. Die Gefahren für die Freiheit sind unverkennbar. Politische Erneuerung heißt daher zuerst, den Menschen wieder zum Gebrauch seiner Freiheit und Verantwortung zu ermuntern. Politische Erneuerung heißt aber auch, den Blick für den drohenden Verlust personaler Freiheit zu schärfen, gerade wenn wir die existenzwichtigen Interessen unserer Umwelt leugnen.

Der Fortschritt im Freiheitsbewußtsein der Menschen kann nicht im Rahmen verstaubter Ideologien erzielt werden. Die klassischen Ideologien haben ausgedient. Der Versuch, perfekte Gesellschaftssysteme zu errichten und ideologische Dogmen durchzusetzen, ist nach den bitteren Erfahrungen der Geschichte des 20. Jahrhunderts hoffnungslos gescheitert. Die Idee der Freiheit verbietet es, sich mit Heilslehren und -lehrern jeglicher Art einzulassen. Freiheit verträgt sich nur mit dem System einer offenen Gesellschaft, die den notwendigen Wandel ermöglicht. Niemand ist im Besitz der absoluten Wahrheit, deshalb ist das Prinzip von Wandel und Veränderung konstitutiv für jede Freiheitsordnung. Wandel und Veränderung sind aber nur möglich, wenn abweichende Ideen entstehen dürfen und nicht unterdrückt werden. Inquisition und Ketzerverfolgung früherer Jahre kann es nicht mehr geben. Widerstand gegen gesellschaftliche Ideen ist nur dort angebracht, wo man Toleranz beseitigt und die Freiheit opfert, um in ferner Zukunft irgendeine neue, ungewisse »Freiheitsordnung« aufzurichten. Die historischen Erfahrungen können uns dabei als Warnung dienen. Viele Kriege sind unter dem Vorwand zukünftiger Freiheit geführt worden; Freiheitsvernichtung und Völkermord wurden unter solchen Vorzeichen begangen. Freiheit verträgt sich eben nicht mit Gewalt. »Gewalt trifft Gerechte und Ungerechte, Schuldige und Unschuldige, Beteiligte und Unbeteiligte. Gewalt produziert Gegengewalt . . .«[11]

Freiheit ist das einzige Regulativ, um totalitäre Ideen zu entschärfen. Deshalb ist es auch sinnvoller, einem System unvollendeter Freiheit zu vertrauen, als sich in einem System vollendeter Unfreiheit wiederzufinden. Folglich bedarf es einer Klärung der Konkurrenz gesellschaftlicher Grundwerte. Die Verfassungen westlicher Demokratien und die Programme ihrer Parteien beruhen im wesentlichen auf den Idealen der Französischen Revolution von Freiheit, Gleichheit und Brüderlichkeit. Im Sinne der freiheitlichen Idee kann es dabei kein gleichwertiges Nebeneinander im gesellschaftlichen Entscheidungsprozeß geben. Im Interesse von Offenheit, Veränderung und Wandel gilt vielmehr das Prinzip: Im Zweifel für die Freiheit. Das schließt Chancengleichheit ein, die aber nie zu einer Ergebnisgleichheit führen wird. Denn das wäre Gleichheit in Unfreiheit, wenn die Gesellschaft die individuellen Bedürfnisse und Fähigkeiten von oben her festlegt. Das bedeutet auch Brüderlichkeit in Freiheit – das ist die spontane Bereitschaft zu Solidarität und Opfer für das Gemeinwohl oder den Nächsten. Aber das bedeutet nicht Brüderlichkeit in Unfreiheit im Sinne einer kollektiven Zwangsverbrüderung, die alle Menschen zu uniformen Lebensentwürfen verpflichtet. Es ist wichtig, dieses dialektische Spannungsverhältnis offenzulegen, denn darin liegt der entscheidende Unterschied zwischen einer freiheitlichen Ordnung und dem Grundwertekonzept ideologischer Heilslehren.

Im Zweifel für die Freiheit zu optieren schützt uns vor einem gefährlichen Abgleiten der freiheitlichen Ordnung in ein uniformes, von Fremdbestimmung getragenes Wohlfahrtsstaatssystem oder vor einer Fehlentwicklung zu autoritären, ständestaatlichen Strukturen. Damit ergibt sich auch die Brücke zum freiheitlichen Rechtsstaat, wie wir ihn erstreben. Dieser Rechtsstaat hat in sich widerstreitende Ziele zu verwirklichen. Zum einen muß er die größtmögliche Freiheit des einzelnen im Rahmen der Ordnung gewährleisten. Zum andern muß er die Freiheit der anderen Rechtsträger vor Verletzung ihrer Freiheit durch den Mißbrauch der Freiheit des einzelnen sichern und schützen. Es gibt keine wahllose Beliebigkeit der Grundwerteentscheidung.

Denn auch hier gilt das oberste Prinzip: »In dubio pro libertate«! Wenn die Freiheitsausübung des einzelnen für die anderen weniger schädlich erscheint als der Eingriff des Staates zum Schutze der Rechtsgüter der anderen, so ist der Freiheit der Vorrang einzuräumen. Soviel Freiheit wie möglich, so wenig Staat wie notwendig. Das ist kein Freibrief für das Recht des Stärkeren. Denn der Rechtsstaat muß ein starker Staat sein, gerade um die Freiheit derer zu sichern, die des Schutzes bedürfen. Gerade als freiheitlicher Sozialstaat kann er sich nicht damit begnügen, die besitzbürgerliche Freiheit von einigen wenigen zu garantieren. Seine Aufgabe ist es vielmehr, die sozial gesicherte Freiheit auch erfahrbar zu machen. Denn es gibt keine wirkliche Freiheit ohne soziale Sicherheit, genauso wie es keine soziale Sicherheit ohne erlebbare, individuelle Freiheit gibt, weil dies freiheitsverstümmelnde Gleichmacherei im totalitären Versorgungsstaat wäre.

Analoges gilt für die ökologische Verantwortlichkeit des Staates. Er kann es nicht dulden, daß Luft, Wasser und Erde durch die Freiheitsausübung einzelner für viele verschlechtert werden. Ein humanes Staatswesen ist nur gegeben, wenn der Mensch die Freiheit hat, mit der Natur in Einklang zu leben, und nicht ohnmächtig mit ansehen muß, wie seine Existenzgrundlagen vernichtet werden. Die Freiheit des Menschen ist unvollständig, wenn er die Umwelt oder Mitwelt nicht als Teil seines Wesens und somit auch seiner Freiheitschance begreift. Der Mensch als Leib-Geist-Seele-Einheit ist Teil der Natur, die Natur Teil des Menschen. Freiheit, die ich meine, muß sich vom anthropozentrischen und mechanistischen Weltbild abwenden und sich als Ergebnis einer ganzheitlichen ökologischen Sicht verstehen. »Aufgrund der im Kern noch mechanistischen Vorstellung von Ökosystemvorgängen besteht außerdem die Tendenz, Umwelteinwirkungen nur im Hinblick auf die einzelnen Teile, also ausgewählte Lebewesen zu untersuchen und die vorhandenen biochemischen und energetischen Prozesse im Ökosystem zu vernachlässigen.«[12]

Die Natur wird also als eine Ansammlung von lebenden und nichtlebenden Gütern betrachtet, die man insoweit aufbrauchen und vernichten kann, als sie dem Menschen dienlich sind oder ihr Verlust ihm nicht unmittelbar schadet. Diese verkürzte, »vernützende« Sicht ist falsch und übersieht, welchen Freiheitsverlust der Mensch erleiden würde, wenn ungenießbares Wasser, sterbende Wälder, schädliche Luft der Verwirklichung seiner Daseinsvorstellungen und seines Freiheitsdranges Beschränkungen auferlegen würden. Der Mensch ist ein Teil der Natur, seine Würde ist unteilbar. Folglich muß auch der Natur Würde und Grundrechtsschutz zukommen. Daher habe ich schon zu Beginn klargestellt, daß ein moralisch-ethisch entbundener Freiheitsbegriff den Anforderungen einer humanen Gesellschaft nicht gerecht wird. Freiheit heißt im klassischen Sinne auch Verantwortung für die Lebens- und Mitwelt, also Verantwortung nicht nur für dort lebende Menschen, sondern auch für ihre Lebensbedingungen, das Biotop schlechthin. Der Mensch hat daher gegenüber dem Menschen einen moralischen Anspruch, daß dieser seine Verantwortung für das Funktionieren der Mitwelt in einem ganzheitlichen Sinne wahrnimmt.

Der Mensch hat die Reserven der Natur nur von seinen Eltern geerbt und von seinen Kindern geborgt und hat daher die Pflicht, für die Integrität des Ökosystems Sorge zu tragen. Freiheit, die ich meine, schafft Verantwortung, die Tiere, Pflanzen und Naturlandschaft als Teil des menschlichen Seins mit jener Würde und jenem Recht auszustatten, wie sie im ökologischen Rechtsstaat gelten müssen. Dafür brauchen wir aber eine neue Ethik der Freiheit. Diese Ethik erfordert ein radikales Umdenken und einen tiefgreifenden Bewußtseinswandel, der rechtsstaatliche Systeme erschüttert und den Menschen aus seiner ausbeuterischen Position gegenüber der Natur verdrängt. Der Mensch ist dann nicht mehr nur Sachwalter seiner eigenen Freiheit, sondern Treuhänder eines Öko-Systems, das über Fortschritt und Niedergang im Freiheitsbewußtsein der Menschen letzten Endes entscheiden kann. Daran scheitern traditionelle Ideologien und Weltanschauungen.

Dieser Freiheitsbegriff schließt auch den oberflächlichen Liberalismus von heute mit seiner individualistischen Arroganz aus, die das Ich zum Götzen macht. Aus Angst vor Grundwertentscheidungen propagiert dieser Pseudoliberalismus eine wertfreie Gesellschaft, in der alles erlaubt ist und alles entkriminalisiert wird. Auch der kirchenkritische Politiker von heute darf sagen: Wenn Gott tot ist, dann ist alles erlaubt. Auf diese Weise verkommt der Liberalismus zur austauschbaren Randgruppenphilosophie, deren notwendiges Endprodukt Anarchie und Nihilismus sind, und dieser Nihilismus stellt als kulturelle »Krönung« alle Konventionen und gesellschaftlichen Auffassungen in Frage und richtet sie zugrunde. Mit dem Liberalismus von John Locke, John Stuart Mill, Robert Blum oder Friedrich August von Hayek hat das nichts mehr zu tun. Ihr Liberalismus ruhte immer auf den Säulen von Freiheit und Recht.

Der politische Liberalismus von heute ist vielfach labil, permissiv und zynisch. Das menschliche Handeln wird nicht an

Werten gemessen, die das Fundament gesellschaftlichen oder staatlichen Ethos bilden müssen, vielmehr werden die Werte »progressiv« dem Handeln angepaßt. Nach dem Grundsatz der wertfreien Beliebigkeit kann die »Moral« des Vergnügens die Tugendmoral verdrängen und darauf eine neue beziehungslose Gesellschaft errichten. Die Abwertung der Familie geht Hand in Hand mit der Aufwertung gleichgeschlechtlicher Lebensgemeinschaften, und dadurch degeneriert die Ehe zur »gegenseitigen zeitweiligen Pacht«, die jederzeit abgebrochen werden kann und wiederherstellbar ist.

Diesem Liberalismus fehlt die Kraft, dem Hedonismus entgegenzutreten oder eine ökologische Bewußtseinsänderung durch ganzheitliches, nicht individualistisches Denken herbeizuführen. Der praktizierte Liberalismus von heute kommt ohne die Geschichte und ohne die Natur und den Menschen aus. Und er hat auch keine Vision, wie die Welt einmal aussehen soll. Die alten Fundamente der Gesellschaft wurden beseitigt und die neuen haben sich als unbrauchbar erwiesen.

Wo Vergangenheit und Zukunft verlorengegangen sind, tut sich eine bedrückende Leere auf. Mit der Idee der Freiheit hat das freilich nichts mehr zu tun!

Freiheit und idealistisches Weltbild

Der mündige Bürger ist das Ziel der freiheitlichen Politik. Menschen mit aufrechtem Gang und der Fähigkeit, sich ihres Verstandes ohne Leitung eines anderen zu bedienen. So wollte es Immanuel Kant, der große Philosoph der Freiheit, der mit seinem Kategorischen Imperativ zum Grenzgänger zwischen Aufklärung und Deutschem Idealismus wurde. Nach Kant geht es um den »Ausgang des Menschen aus seiner selbstverschuldeten Unmündigkeit«. Kant fordert zum Mut auf, sich des eigenen Verstandes zu bedienen!

Aber die Suche nach der wahren Freiheit war und ist von vielen düsteren Ereignissen überschattet, ebenso wie sie von Um- und Irrwegen geprägt ist. Wenn wir heute vor einem apokalyptischen Szenarium stehen, weil der Mensch die Natur nicht nur erkenntnissuchend ins Kreuzverhör genommen, sondern sie zur totalen Unterordnung unter seine materiellen Interessen gezwungen hat, sind wir wohl an einem Wendepunkt angelangt. Wenn die Suche nach dem Ideal der Freiheit zum Verlust ethischer Orientierung menschlichen Handelns geführt hat, Tabus bis zur Barbarei fallen, eine antiautoritäre Erziehung zur psychischen Verwahrlosung der Jugend geführt hat, Drogenkonsum und steigende Selbstmordraten zum Markenzeichen der modernen Zivilisation geworden sind, dann ist Umkehr geboten.

Sinnkrise und existentielle Langeweile haben vor allem bei Teilen der Jugend eine Gewaltbereitschaft erzeugt, die von den orientierungslosen jungen Menschen in der ehemaligen DDR bis zum psychisch gestörten Wohlfahrtskind reicht, das wegen einer Rüge den Schuldirektor mit Waffengewalt niederstreckt und sich anschließend selbst richtet.[13]

Kant hat sich den mündigen Bürger gewiß anders vorgestellt. Der Mensch droht heute an seinen Möglichkeiten selbst zu scheitern. Die Ursache liegt im weitgehenden Fehlen einer moralischen Grundlage für sein Handeln. Denn Kant macht den Menschen zum Gesetzgeber der Moral in eben derselben Weise, wie er ihn zum Gesetzgeber der Natur erhebt . . .[14] Wir sind nicht passive Zuschauer, denen Normen und Gesetzmäßigkeit aufgedrängt werden. Die menschliche Freiheit ist genuin mit der Autonomie der Person verbunden. Der Mensch bestimmt die Ethik des Handelns durch eigene Verantwortung.

Der Gebrauch der eigenen Freiheit hat so zu erfolgen, daß damit die Freiheit der anderen geschützt und gleichermaßen ermöglicht wird. Die Seelenverwandtschaft zwischen Kant und dem Sokrates der Antike ist unverkennbar. Für beide liegt die Begründung der Moral im Gewissen. Dem Kategorischen Imperativ, der auf dem Prinzip der Freiheit basiert, liegt die Vernunfteinsicht des sittlichen Sollens zugrunde.[15]

Das ist der Ausgangspunkt der Idee des Rechts und der Idee der Freiheit, weil nur diese den Zugang zum sittlichen Wert des Guten erschließen und offenhalten können. Ganz im Sinne der sokratischen Vernunft ist das Gute und Gerechte zu tun und das Schlechte und Ungerechte zu unterlassen, eine Vernunft, »die ihre Grenzen kennt und daher den anderen Menschen respektiert und nicht so vermessen ist, ihn zu zwingen – nicht einmal zum Glück«.[16]

Eine solche Begründung der Idee der Freiheit verlangt nach Lösungen, die die Offenheit der individuellen und sozialen Lebensentwürfe garantieren. Dem liegt die Einsicht zugrunde, daß niemand im Alleinbesitz von verbindlichen moralischen Normen ist, daß er »anderen die Gestaltung des Lebens bis in die innersten Bereiche des persönlichen Denkens, Glaubens und Fühlens hineinverordnen darf«.[17]

Entscheidend ist das Prinzip der Offenheit für Wandel und Herausforderung, um die Idee der Freiheit auf diese Weise zur Geltung zu bringen. Ohne Zweifel ist diese Offenheit mit Risiken behaftet. Aber ich meine, es ist besser, für das Erlangen von Freiheit Risiken auf sich zu nehmen, als durch mutloses und verantwortungsloses Verhalten mit dem Preis der Unterjochung zu bezahlen. Denn wer frei sein will, muß auch den Mut aufbringen, dafür etwas zu tun. Mutlosigkeit und Angst, mit den Herausforderungen des Lebens fertig zu werden, haben in der Geschichte nicht nur den totalen Staat begünstigt, sondern freiheitsverstümmelnden Ideen überhaupt erst eine Chance gegeben.

Das ist andererseits kein Plädoyer für eine Rückkehr zum »Nachtwärterstaat« des historischen Liberalismus, der jedermann die Freiheit gab, dem Reichen wie dem Armen, eine

Nacht unter der Seine-Brücke zu verbringen. Ich streite vielmehr für einen Sozialstaat, der nicht obrigkeitliche Versorgung, sondern die Sicherung einer menschenwürdigen Existenz erstrebt. Dieses Ziel ist ohne Freiheit der Person in der Gestaltung des Daseins nicht zu erreichen.[18]

Diese Grundlegung des Freiheitsverständnisses hat nicht nur historische Bedeutung. Bequemlichkeit, Anpassungsbedürfnis und Gleichgültigkeit haben sogar in einer prinzipiell auf Offenheit angelegten Demokratie zu einer mediatisierten Freiheit geführt. Materielles Streben läßt vielfach Freiheit nicht mehr bedeutsam erscheinen. Der Wohlfahrt und dem konformistischen Zeitgeist wird die Freiheit geopfert. Wachsamkeit ist angebracht. Selbst da, wo man Freiheit nicht entbehrt, kann sie unwiederbringlich verlorengehen. Daraus ist auch die Rechtfertigung abzuleiten, gegen Bedrohungen der freiheitlichen Lebensentwürfe und Gemeinschaftsformen aufzutreten. Patentrezepte für eine optimale freiheitliche Ordnung gibt es freilich nicht. Die konkrete Ausgestaltung bestimmt die Erfahrung und die aktuelle Herausforderung für den Aufbau einer Freiheitsordnung. Sicherlich ist aber dabei die politische Kultur einer Gesellschaft von ungleich größerer Bedeutung als formale Verfassungskonstruktionen.[19]

Karl R. Popper erklärt zu Recht: »Schließlich ist der Rationalismus auf diese Weise mit der Erkenntnis der Notwendigkeit sozialer Institutionen verbunden, die die Freiheit der Kritik, die Freiheit des Denkens und damit die Freiheit des Menschen schützen, und er begründet so etwas wie eine sittliche Verpflichtung zur Unterstützung dieser Institutionen.«[20] Mit dieser Philosophie der Freiheit sind Sicherungsanker eingebaut, die ein Abgleiten in autoritäre und totalitäre Herrschaftssysteme verhindern.

Die freiheitliche Ordnung erfordert eine Reihe von politischen und rechtlichen Gestaltungsprinzipien, Institutionen und Gemeinschaftsformen, die den Ansprüchen von Freiheitsidee im Sinne Kants genügen. Dazu gehören die Gewährleistung natürlicher Gemeinschaften, weil sie für den Fortschritt im Freiheitsbewußtsein der Menschen unabdingbar ist, und die Autonomie des Wissenschaftssektors ebenso wie die Notwendigkeit, über das verfassungsrechtliche Gleichheitsgebot das Entstehen eines neuen Adels in Form gesellschaftlicher und geschlossener Machteliten zu verhindern. Politische, wirtschaftliche oder mediale Interessengruppen schädigen oftmals die Idee der Freiheit in der Demokratie. Ihr unkontrollierter Einfluß gefährdet die Freiheit der Bürger.

Unser Ziel, für das wir streiten, ist die Durchsetzung von Freiheit und Recht und nicht die Macht! Unser Ziel ist nicht Austausch der Herrschenden, sondern Machtverzicht für Parteifunktionäre und Apparate, um Autonomie und Selbstbestimmung der Menschen zu erlangen. Als Opposition haben wir daher Partei zu ergreifen für Bürger, deren Freiheitsanspruch in Frage gestellt wird. Als Opposition tragen wir Verantwortung für Bürger, die unter den autoritären Strukturen des Systems nicht mehr frei atmen können. Verantwortung ist Hilfe zum Freiheitsgebrauch! Der obrigkeitliche Geist von mächtigen Apparaten und Parteien läßt nur allzuleicht Freiheit und Autonomie verkümmern.

Diese totalitäre Tendenz ist verinnerlicht, da es im System nicht nur um physische Herrschaft über Menschen geht, sondern auch um die psychische Macht über das Bewußtsein. Seit 1986 ist die FPÖ die einzige Opposition, die eine Überwindung des alten Systems unter diesen Prämissen erstrebt. Die Unabhängigkeit, die ich als Obmann dieser Bewegung habe, schließt Korrumpierbarkeit durch die Mächtigen aus und garantiert Verläßlichkeit für den Bürger. Opposition in diesem Verständnis bedeutet daher, den Herrschenden konsequent entgegenzutreten und die freiheitlichen Prinzipien nicht für den Preis einer Teilhabe an der Macht zu verkaufen. Wer nur die Macht gewinnt, ohne dabei die Freiheit des Bürgers grundlegend zu fördern, sichert zwar Geld, Positionen und Einfluß, verrät aber zugleich die Idee vom Ausgang der Menschen aus der selbstverschuldeten Unmündigkeit!

Wir haben den Altparteien dabei schon einiges an Machtverzicht abtrotzen können. Durch ein Volksbegehren gegen Privilegien in Politik und öffentlicher Wirtschaft kamen die Etablierten ebenso unter Druck wie durch unsere erfolgreiche Volksbefragung über die Weltausstellung in Wien, die die Spekulationsgeschäfte im großen Stil zu Lasten der Lebensqualität der Bürger verhindert hat. Mit der Übernahme der Führung im Lande Kärnten konnten wir aber auch deutlich machen, daß wir die Aufgabe, Fortschritt im Freiheitsbewußtsein der Menschen zu erzielen, ernst nehmen. Erfolge im Kampf gegen die Parteibuchwirtschaft und die Offensive für sozial Schwächere wie Frauen, Familien, Kinder und Lehrlinge werden inzwischen sogar von politisch Andersdenkenden anerkannt. Unser Kampf gegen Privilegien hat den sozialistischen Universitätsprofessor Dr. Norbert Leser veranlaßt, in seinem Buch *Salz der Gesellschaft* festzustellen: »Was immer man sonst gegen Jörg Haider und die FPÖ sagen mag, in der Frage des Privilegienabbaues hat er nicht nur Ankündigungen gemacht, sondern Taten gesetzt und sich auch gegen Parteifreunde, selbst wenn sie das formelle Recht auf ihrer Seite hatten, durchgesetzt.«[21]

Unser Ringen um eine freiheitliche Ordnung steht im Widerspruch zu allen politischen Heilslehren. Ideologien und Utopien erscheinen nur dem unentbehrlich, der zur Autonomie nicht fähig ist. Der Historiker Rainer Zitelmann hat recht, wenn er feststellt: »Wir sollten nach allen geschichtlichen Erfahrungen utopischen Konstruktionen mit mehr Mißtrauen ... entgegentreten. Die Geschichte des zwanzigsten Jahrhunderts vermittelt eine eindeutige Lehre: daß das Grauen im Gewand der hoffnungsvollen Verheißung daherkommt. Das hehre Ideal der klassenlosen Gesellschaft endete im Archipel GULag, die Utopie der Volksgemeinschaft in Auschwitz.«[22]

Der Realismus in der Lebensbewältigung liegt nicht im dogmatischen Befolgen bestimmter Theorien, Utopien oder religiöser Lehren, sondern in der gekonnten und moralischen Handhabung beschränkter Gemeinschaftsordnungen.[23] Freiheit reicht so weit, wie sie innerhalb der Verantwortung bleibt. »Denn Kant hat gezeigt, daß jeder Mensch frei ist: Nicht weil er frei geboren, sondern weil er mit einer Last geboren ist – mit der Last der Verantwortung für die Freiheit seiner Entscheidung.«[24] Freiheit ist mehr als nur Abwesenheit von Zwang. Sie ist Wille zur Selbstverantwortung.[25]

Die Freiheit in unserer Geschichte

Das freiheitliche Lager hat eine stolze Tradition in bezug auf Werden und Entwicklung von Demokratie und Freiheit in unserem Staat. Die Erscheinungsformen des Freiheitsstrebens in unserer Geschichte, auf die wir uns auch heute noch beziehen, lassen sehr viel über unseren politischen Standort erkennen. Auch wenn der Freiheitsgedanke, auf den sich liberale Gruppierungen in Europa gegenwärtig berufen, im Zuge der Aufklärung und der Französischen Revolution ausgeformt wurde, sind in unserem Kulturraum andere und ältere Ideen konstitutiv, so etwa der schwärmerische Freiheitsgedanke der studentisch-akademischen Gruppierungen, der bis in die Zeit der hochmittelalterlichen Universitäten zurückreicht, bis in die akademische Freiheit, wie sie an der Sorbonne, in Montpellier, Bologna, Prag, Heidelberg oder in Wien entwickelt wurde. Die ersten Studenten, die als fahrende Scholaren von Universität zu Universität zogen, traten einerseits gegen die Privilegierung eines bestimmten Standes wie der Aristokratie auf, genossen gleichzeitig aber einen Teil dieser aristokratischen

Rechte und waren ungeachtet aller nationalen Grenzen wirklich abendländische Weltbürger.[26] Der Franzose François Villon hat seine berühmten Lieder dafür geschrieben. Die deutschen Humanisten Paracelsus und Ulrich von Hutten stehen uns naturgemäß näher. Paracelsus etwa war ein solcher Mann der Freiheit, der auch mit einem Bauernheer in Salzburg gegen den Erzbischof für die »Freiheit eines Christenmenschen« stritt.

Ein geradezu ausschweifendes Leben der Freiheit führte auch der Humanist Ulrich von Hutten. Auch Hutten zog als Fahrender durch die Lande und lehnte Abhängigkeit oder allzu enge Grenzen der Nationalität ab. So erklärte er: Nirgendwo gefällt es mir besser zu leben als überall. Überall sind meine Vaterländer. Er zog von Köln nach Rostock, von Wien nach Italien, und er wußte zu leben und kannte die wilden menschlichen Leidenschaften. Im Jahr 1523 starb er in der Verbannung in Zürich. Nach seinem Tod hieß es über ihn, er habe nichts von Wert hinterlassen. Bücher besaß er keine, Hausrat auch nicht, außer einer Schreibfeder. Die Feder war seine Waffe im Kampf für die Freiheit ohne Kompromisse. Er wandte sich gegen die Vormachtstellung des Papstes, also gegen die konfessionelle geistige Enge. Er wollte die Erneuerung des Heiligen Römischen Reiches Deutscher Nation unter einer starken kaiserlichen Führung, die sich auf eine freie Ritterschaft stützen sollte. Er wurde für die freiheitlich gesinnte Jugend des 19. Jahrhunderts, die von nationalen und liberalen Ideen beseelt war, zu einem Vorbild und leitete zu den Traditionen über, die im Revolutionsjahr 1848 zwischen Berlin und Wien für kurze Zeit politische Realität wurden.

Der Humanismus und später die Aufklärung stellten die Idee der Freiheit des Menschen in den Mittelpunkt des europäischen Denkens. Die deutschen Klassiker Goethe und Schiller waren bedeutende Aufklärer. So rief Friedrich Schiller in seiner Antrittsrede *Was heißt und zu welchem Ende studiert man*

Universalgeschichte an der Universität Jena die Studenten auf, sich intensiv mit der Geschichte auseinanderzusetzen, denn der Mensch brauche die Geschichte, um schließlich die Freiheit zu gewinnen. Insbesondere die Studenten waren es ja, die im alten Europa das Ideal der Freiheit hochhielten und ein freiheitliches Menschenbild entwickelten. »Habe Mut Dich Deines eigenen Verstandes zu bedienen!« hatte Immanuel Kant gefordert. Wer dies zustande bringe, sei ein mündiger Mensch und trage den Gedanken der Freiheit in sich. Diese Vorstellung von der Mündigkeit der Menschen bildete zu allen Zeiten den Urgrund revolutionärer Bestrebungen. Kein Wunder also, daß der Student des früheren 19. Jahrhunderts, in der Folge der Bürger und später der Arbeiter sein Freiheitsstreben immer wieder auch auf revolutionäre Art und Weise einforderte.

Mit der Französischen Revolution erhielt der Begriff der Nation besondere politische Brisanz. Die in der Aufklärung entwickelte politische und bürgerliche Gleichrangigkeit der Menschen führte dazu, daß nach dem Prinzip der gleichen Bürgerrechte die ständischen Barrieren überwunden werden und alle Bewohner eines Staates eine Nation bilden sollten. Die Nation war also Ausdruck der Gemeinsamkeit aller, ohne Ansehen des Standes und der Klasse in einer Ordnung der Freiheit. Der Freiheit vom Joch des Absolutismus im Inneren entsprach die Freiheit von fremder Herrschaft nach außen.

Der Terminus Nation war ein Emanzipationsbegriff geworden. In seinem Namen forderten Bürger und Studenten ihre Freiheitsrechte. Natürlich war die Französische Revolution auch Vorbild für die Entwicklung im deutschen Raum. So pflanzten die Burschenschafter der Universität Jena den Freiheitsbaum der Jakobiner, und die Wiener Studenten des Jahres 1848 sangen die Marseillaise. Die schwarz-rot-goldene Fahne, entstanden in Kreisen der frühen deutschen Burschenschaft, wurde zum Symbol der Revolution, 1832 in Hambach, ebenso in Wien und Berlin im Jahr 1848. Man nannte sie »die deutsche Trikolore«, zu deutsch »der Dreifarb«. In der studentischen Jugend wirkte der revolutionäre Geist freiheitlicher und nationaler Ideen aus den Freiheitskriegen fort. Er vertrat die Idee der Freiheit radikaler, als es die zur gleichen Zeit aufkommende Bewegung des Liberalismus und des Verfassungsstaates erstrebte. Demgemäß lautete auch der Wahlspruch der Urburschenschaft »Ehre – Freiheit – Vaterland«.

Die Entwicklung freiheitlichen Denkens in unseren Breiten ist untrennbar mit der Geschichte der frühen Burschenschaft verbunden. Im Gründungsaufruf der Burschenschaft des Jahres 1815 in Jena heißt es: »Wir wollen stets nach innerer Freiheit streben und so das Urrecht jedes Menschen, die Freiheit, mit Schutz und Trutz gegen jeden Angriff verteidigen . . .« Dieses Denken führte zur Ausbildung radikaler, demokratischer und liberaler Ideen, gipfelte im Jahre 1848 in der bürgerlichen Revolution und ermöglichte letztendlich freiheitliche, rechtsstaatliche Strukturen und Verfassungen, in denen die Bürgerrechte gewährleistet wurden.

Die Forderung nach Freiheit war keineswegs national beschränkt. Man trat für die polnische Freiheit gegen die zaristische Unterdrückung ein, für die Freiheit der Griechen gegen die osmanische Herrschaft. Aus Solidarität mit dem Freiheitskampf anderer Völker schmückte man sich mit deren Symbolen. Burschenschafter trugen den polnischen Rock, um ihre Gemeinsamkeit mit den gegen den Zaren kämpfenden Polen zu bekunden. Dieser Rock ist bis heute die Festtagskleidung burschenschaftlicher Verbindungen. Und in Wien, während der Revolution des Jahres 1848, trugen die Studenten der akademischen Legion den berühmten Kalabreser, einen breiten, einseitig aufgekrempelten Schlapphut. Dieser Hut war das Kennzeichen der kalabrischen Republikaner und sollte die Sympathie der Wiener Studenten mit diesen revolutionären Aufständischen verdeutlichen. Dieses Freiheitsstreben, das im 19. Jahrhundert im deutschen Sprachraum eng mit patriotischen und nationalen Bestrebungen verbunden war, beruhte auf humanistischen Traditionen und hatte zugleich starke sozialrevolutionäre Akzente. Die Tatsache, daß es später durch chauvinistisches und rassistisches Gedankengut verdeckt und überlagert wurde, sollte den Blick auf diese Ursprünge nicht verstellen.

Der spätere Nationalsozialismus mit seinem Chauvinismus und Rassismus steht in einem unüberwindbaren Gegensatz zu diesen nationalen und freiheitlichen Ideen der Bürger, Studenten und Arbeiter des Revolutionsjahres 1848. Die freiheitlichen und fortschrittlichen Forderungen der deutschen Einigungsbewegung des vorigen Jahrhunderts waren auch in Österreich auf die Nation und das ganze Volk gerichtet und hatten keine imperialistische Komponente. Vielmehr wollte man den armen, hungrigen, unterdrückten und rechtlosen Menschen in diesem Volk helfen. Erst die Entwicklungen des ausgehenden 19. Jahrhunderts führten zu den verhängnisvollen Umdeutungen des Begriffes »national«, die ihn dann bei vielen Demokraten in Verruf brachten. Aus diesem Grunde schrieb der ehemalige Burschenschafter und Mitbegründer der österreichischen Sozialdemokratie, Engelbert Pernerstorfer: »Woher kommt es, daß insbesondere die deutschen Sozialisten den nationalen Gedanken immer mit einer gewissen Gleichgültigkeit gegenübergestanden haben? Das Wort national mußte ihnen zum Ekel werden, da sie miterlebten, daß gerade solche Parteien sich mit Vorliebe national nannten, für die das wirkliche Volk bloß ein Gegenstand der Beherrschung und Ausbeutung war.«

Pernerstorfer spricht damit jenen historischen Prozeß an, in dem sich der nationale Gedanke von seinen liberalen Grundlagen und dem Prinzip der Brüderlichkeit in Freiheit entfernte. Die freiheitliche Bewegung im alten Österreich, wie überhaupt im deutschsprachigen Mitteleuropa, ist von großen inneren Widersprüchen geprägt. Einerseits führten nationale und liberale Bestrebungen, in deren Tradition wir uns auch heute noch fühlen, zum konstitutionellen Rechtsstaat, andererseits zeichneten sich bereits gegen Ende des vorigen Jahrhunderts antidemokratische und chauvinistische Irrwege ab. Die Befreiung der Bauern, die Beseitigung des Zunftwesens, der freie Zugang zu Berufen und Ämtern und die Beseitigung ständischer Vorrechte, aber auch die Aufhebung rassischer und religiöser Diskriminierungen sowie die Judenemanzipation gehörten zu den Forderungen dieser frühen freiheitlichen Bewegung. Auch das sogenannte nationale Denken, wie es eben im Revolutionsjahr 1848 seinen ersten Höhepunkt fand, war auf die Emanzipation des gesamten Volkes in Freiheit ausgerichtet. Erst als sich damit zunehmend Machtdenken und Machtbestrebungen verbanden, die im alten Österreich wohl auch durch die Nationalitätenkämpfe verschärft wurden, begann diese Tradition problematisch zu werden.

An der Wiege der freiheitlichen Bewegung stand der revolutionäre Kampf gegen fürstlichen Absolutismus und Unterdrückung der Meinungsfreiheit. Die »Karlsbader Beschlüsse«, mit denen auf Betreiben Metternichs die Presse- und Universitätsfreiheit eingeschränkt und die Zensur eingeführt wurde, waren Wasser auf die Mühlen freiheitlicher Revolutionäre.[27] Sicherlich war das revolutionäre Potential im Österreich von 1848 durch manche Reform, wie sie unter Josef II. zum Vorteil der Bauern oder religiös Andersdenkender durchgesetzt wurden, entschärft. Aber es reichte immerhin aus, um Studenten, Bürger, Arbeiter und Bauern im Kampf um die bürgerliche Freiheit zu vereinen. Diese Klammer war stark genug, so daß die späteren Gründer der österreichischen Sozialdemokratie, Viktor Adler und Engelbert Pernerstorfer, sich ihrer liberalen und nationalen Wurzeln immer bewußt waren und sich dazu bekannten.

Noch am Grabe von Pernerstorfer sang der Arbeitergesangsverein auf dessen ausdrücklichen Wunsch das Lied von Ernst Moritz Arndt »Der Gott der Eisen wachsen ließ, der wollte keine Knechte«. Dieses studentische Lied aus den deutschen Freiheitskriegen ist ein Bekenntnis zur nationalen Solidarität im Aufbegehren gegen die Willkür der Fürsten und die Einschränkung der persönlichen Freiheit. Das Absingen eines solchen Liedes würde heute allerdings in sozialdemokratischen Kreisen bestenfalls zur Gründung eines antifaschistischen Komitees führen.[28]

Das freiheitliche Lager stand und steht in der Tradition der bürgerlichen Revolution von 1848. Daran vermochten auch alle Verirrungen von Repräsentanten dieses Lagers bis in die dreißiger Jahre hinein nichts zu ändern. Mein Taufpate Professor Hermann Foppa war großdeutscher Abgeordneter in der ersten Republik. Er hielt die letzte Rede als freier Abgeordneter im österreichischen Parlament, bevor die Diktatur des Austrofaschismus unter Dollfuß der Demokratie ein Ende setzte. In dieser bemerkenswerten Rede kämpfte Hermann Foppa für die Bewahrung der demokratischen Verfassung von 1920/29. Über diese Fakten geht die heutige Geschichtsschreibung in Österreich großzügig hinweg, denn dies würde die These ins Wanken bringen, wonach das Dritte Lager in Österreich bei erstbester Gelegenheit zum Nationalsozialismus übergelaufen sei. Wörtlich sagte Foppa: »Wir erheben feierlich vor unserem Volke, vor der ganzen Welt Einspruch gegen ein Regime, das, ohne über eine Mehrheit des Volkes in diesem Staate zu verfügen, sich über ein Jahr außerhalb der Verfassung gestellt hat und mit der Brachialgewalt der Bajonette den wahren Volkswillen zu beugen versucht.«[29]

Der totalitäre Irrweg, den Österreichs Drittes Lager, wie auch alle anderen politischen Lager in der ersten Republik, in der Folge beschritten hat, soll und darf nicht beschönigt werden. Die Sozialdemokratie glaubte gegen Ende der zwanziger Jahre, ihr Heil in der Diktatur des Proletariats suchen zu müssen. Das christlich-konservative Lager bereitete dem autoritären Staat den Weg, und ein großer Teil des national-liberalen Lagers wandte sich dem Nationalsozialismus zu. Die nachfolgende Katastrophe ist ein Teil unserer gesamtösterreichischen Geschichte. Auch bleibt uns die Verantwortung des Gedenkens und der Trauer um die Opfer.

In dieser Erkenntnis soll es kein historisches Feigenblatt sein, wohl aber so etwas wie ein Trost für das eigene Geschichtsbewußtsein, daß es ebenso wie in allen anderen politischen Lagern im national-liberalen Lager der Zwischenkriegszeit bedeutende Stimmen der Vernunft, der Humanität und Mäßigung gegeben hat. Es waren unsere politischen Vorgänger im Landbund wie auch in der großdeutschen Volkspartei, die in den dunklen Stunden des Jahres 1934, als der klerikale Austrofaschismus die demokratische Verfassung außer Kraft setzte, im Parlament für die Wiederherstellung der Demokratie eintraten. Walter B. Simon etwa, sozialdemokratischer Historiker und Soziologe jüdischer Herkunft, attestierte dem Landbund, er könne »unter allen im Parlament vertretenen Parteien am ehesten für sich beanspruchen, ohne jegliche ideologische Vorbehalte auf dem Boden der Demokratie zu stehen«[30].

Bezeichnenderweise wird dieser Landbund derzeit in den österreichischen Geschichtsbüchern, wenn überhaupt, dann nur am Rande erwähnt. Dies hat er mit allen Institutionen und Persönlichkeiten der freiheitlichen Bewegung, die Positives für das Land getan haben, gemeinsam.

Wer weiß denn schon, daß noch im November 1933, als etwa einer der christlich-konservativen Gründungsväter der Zweiten Republik, nämlich Julius Raab, als niederösterreichischer Heimwehrführer längst den antidemokratischen Korneuburger Eid geschworen hatte, der Landbündler Karl Hartlieb, der nach dem Krieg einer der Mitbegründer des freiheitlichen Lagers sein sollte, in der Landbundzeitung *Landruf* erklärte: »Jawohl, wir Bauern sind für die Demokratie.« Und der national-liberale burgenländische Landeshauptmann Walheim artikulierte die antinationalsozialistische Haltung breiter Teile des freiheitlichen Lagers, indem er in der letzten Sitzung des burgenländischen Landtages vor der Errichtung der klerikalen Diktatur im Jahr 1933 erklärte: »Wenn Deutschland wieder von der Diktatur frei ist, wird der Augenblick kommen, wo wir in das Deutsche Reich eingehen.« Sein freiheitlicher Parteifreund Karl Hartlieb dokumentierte die demokratische Gesinnung der freiheitlichen Bewegung auf einer Kundgebung am 17. September 1933 in Graz: »Ich wünsche es mit aller Deutlichkeit auszusprechen, daß die von mir geleitete Bewegung nicht deshalb den Nationalsozialismus bekämpft, um dem Heimwehrfaschismus in den Sack zu helfen.«[31]

All diese historischen Fakten wurden nach 1945 von der rot-schwarz dominierten Proporzgeschichtsschreibung verschwiegen und sind insbesondere den jungen Menschen unbekannt. Ganz im Sinne dieser Tendenz liegt es, wenn im offiziellen Nachlaß des Sozialdemokraten Karl Renner seine Expertise aus dem Jahre 1938 zur Frage des Anschlusses der Tschechen an Hitler-Deutschland nicht auftaucht. Die Sozialdemokratie wollte sich damit die Peinlichkeit ersparen, Karl Renner als opportunistischen Kollaborateur mit dem NS-Regime zu entlarven, der es nach dem Scheitern des NS-Regimes übrigens fertigbrachte, sich als fester und treuer Gefolgsmann Stalins darzustellen. Die totalitären Verirrungen zu Beginn des 20. Jahrhunderts trafen nicht nur alle Parteien in Österreich, sondern waren Ergebnis eines autoritären Zeitgeistes, der Europa erfaßt hatte.

Wer sich aber in Österreich mit der Tradition der Freiheit und der Geschichte freiheitlicher Politik auseinandersetzen will, wird nicht umhin können, auch dem national-liberalen Lager Gerechtigkeit angedeihen zu lassen. Denn nationalliberale Vereinigungen und Parteien haben mit ihren Leistungen, aber auch mit all ihren schweren Fehlern die letzten Jahrzehnte der Habsburger Monarchie entscheidend mitgeprägt, ebenso wie sie das Bild der Ersten Republik von Anfang an mitgestalteten. Sie stellten im letzten freigewählten zisleithanischen Parlament der Monarchie die Mehrheit und waren somit berufen, an der Wiege der Ersten Republik im Herbst 1918 in führender Funktion zu stehen. Franz Dinghofer etwa, der im Parlament die Republik ausrief, gehörte zu ihnen. Oder Arthur Lemisch, der als politisch Verantwortlicher für den Kärntner Abwehrkampf die erste Großtat für die Einheit der jungen Republik vollbrachte und Kärnten frei und ungeteilt bei Österreich erhielt. Auch Johannes Schober sei erwähnt, der als Vater der im Jahre 1929 novellierten Verfassung das konstitutive Recht unserer Republik bis in unsere Tage prägte. Auf sie alle berufen wir uns bei unseren Gedanken an den historischen Werdegang der Freiheit in unserer Heimat. Natürlich wissen wir auch und wollen es nicht verschweigen, daß aus diesem politischen Lager, das der Idee der Freiheit so sehr verbunden war, auch Feinde dieser Freiheit und Zerstörer der humanitären und toleranten Traditionen kamen. Die Freiheitsgeschichte unseres Landes ist ohne den Beitrag des Dritten Lagers trotzdem nicht denkbar.

Die totalitäre Bedrohung der Freiheit

In diesem Jahrhundert fehlt es nicht an Möglichkeiten, den Beweis zu erbringen, daß es so etwas wie eine historizistische Doktrin (Karl Popper) nicht gibt, nach der ein Plan der Menschheitsgeschichte abläuft. Die Freiheit des Menschen wäre danach auf die Einsicht in die Notwendigkeit dieses Plans beschränkt. Das Gefährliche an diesen Heilslehren ist, daß sie uns auf ein Bewegungsgesetz der Geschichte verpflichten. »Freiheit wozu? fragt der Zerstörer der Freiheit, als hätten ihm der Herr oder die Weltgeschichte besondere Vollmachten erteilt, um sich über das Gesetz oder ungesetzmäßigen Gebrauch der Freiheit zu äußern.«[32] Aber auch »Freiheit woher?« ist zu fragen!

Woher kommt es, daß junge Chinesen, die in einem totalitären Regime groß geworden sind, im Zeichen der Freiheit revoltieren und ihr Leben aufs Spiel setzen? Woher kommt es, daß kritische Intellektuelle im vormaligen Sowjetimperium in ihrem Kampf um die Freiheit auch Straflager und den Archipel GULag in Kauf genommen haben? Woher kommt es, daß junge Menschen wie der legendäre Jan Pallach in Prag für die Freiheit, die er gar nicht kannte, den Freitod wählten? Die Freiheit ist offenbar ein elementares Grundbedürfnis des Menschen. Er muß frei sein, damit er wissend Besitz von der anvertrauten Welt ergreifen kann, um in seiner Art und Weise an der Schöpfung mitzuwirken. »Freiheit ist demzufolge Nahrung für die Seele.«[33] Keine noch so hohe Mauer, kein Stacheldraht, aber auch keine Gehirnwäsche totalitärer Regime konnten die Freiheit überwinden.

Und dennoch ist die Umwälzung seit 1989 in Europa nicht endgültig. Noch immer ist die Gefahr groß, daß die Freiheit für den satten Bauch geopfert wird und alte Despoten aus ihren Löchern heraus zu neuer Macht gelangen. Solange jedenfalls Europa keine Antwort auf das soziale Elend und den Verfall des staatlichen Gewaltmonopols findet, ist diese Gefahr eines Rückfalls in die totalitäre Vergangenheit nicht gebannt. Nicht zuletzt deshalb halte ich es für so wichtig, daß Europa endlich klarmacht, wohin Rußland in Zukunft gehören soll und ob ein vereintes Europa Rußland sicherheitspolitisch und ökonomisch tatsächlich ganz ausschließen kann.

Noch ist es Zeit, diese Fragen zu entscheiden. Noch haben die Menschen im Osten das barbarische System zu gut in Erinnerung, als daß der Wunsch nach Rückkehr dorthin stark wäre. Noch sitzt der europäischen Linken der Schock in den Knochen, daß ihr ihr Vorzeigemodell des realen Sozialismus abhanden gekommen ist. Karl Marx ist gescheitert, noch bevor eine Legitimationskrise des Westens ausbrach, die uns unausweichlich infolge steigender Arbeitslosigkeit und struktureller Krisen in der Wirtschaft ins Haus steht. Rasch haben auch die sozialistischen Bewegungen im Westen ihr Firmenschild geändert.

Marxisten sind in der Verfolgung ihrer Ziele unerbittlich. Sie geben nicht auf. Sie werden auch trachten, Marx zu rehabilitieren. Daher arbeiten sie bereits an dem Modell eines Sozialismus »mit menschlichem Gesicht«. Kann es diesen aber überhaupt geben? Nein, denn schon seine philosophische Grundlage läßt es nicht zu, da es ihm an jeglicher sittlichen Orientierung fehlt, die einen zur Freiheit berufenen Menschen zur Grundlage hätte. »Eine Theorie, die im Menschen nichts anderes sieht als das Ensemble seiner sozialökonomischen Verhältnisse, d. h. ein Sozialismus, der seine Substanz in nichts anderem hat als in der Freisetzung von naturalen Interessen und Bedürfnissen, kann als Resultat keine Humanität zeitigen.«[34]

Auch ein Rückschlag in autoritäre Verhältnisse wäre indes bedenklich, denn der Schritt in die Diktatur, wie sie uns im Sowjetkommunismus und Nationalsozialismus auf schreckliche Art vor Augen geführt wurde, ist nur klein. Natürlich darf man autoritäre und totalitäre Regime nicht miteinander gleichsetzen.[35] Die markanten Unterschiede in der Struktur zwischen Demokratie und autoritären beziehungsweise totalitären Regimen sind deutlich: Nehmen wir etwa die Freiheit der Meinungsäußerung. Demokratische Regierungen folgen der öffentlichen Meinung, autoritäre Regierungen dämpfen oder knebeln sie, totalitäre Regime versuchen sie im Sinne ihrer Ziele zu formen und dulden keinerlei Abweichung. Oder betrachten wir die Freiheit der politischen Betätigung!

Sie wird in Demokratien ermutigt, von autoritären Regierungen möglichst unterbunden, in totalitären Regimen dagegen von oben mobilisiert. Was schließlich die Möglichkeit gesellschaftlicher Veränderungen betrifft, so resultieren diese in Demokratien aus den andauernden Interessenkonflikten. Autoritäre Regierungen hemmen diesen Wandel, so gut sie können. Totalitäre Regierungen hingegen fördern den gesellschaftlichen Wandel bis zur völligen Uniformierung aller sozialen Bereiche. Sie wollen ihre Utopie mit Zwang verwirklichen. Wenn es nicht gelingt, die ökonomische und soziale Frage in Osteuropa zu lösen, kann ja doch in absehbarer Zeit der Wunsch nach der »guten alten Zeit« wieder erwachen. Wahlergebnisse in den baltischen Staaten oder in Polen sollten als Signal in diese Richtung ernst genommen werden. Ohne Zukunftsperspektive für die Völker des Ostens wird der Ruf nach dem starken Mann laut werden.

Wie lange wird Jelzin in Rußland die Zufriedenheit der Militärs noch erhalten können? Die alten Kommunisten werden nicht müde, daran zu erinnern, daß in ihrer Zeit niemand arbeitslos war. Man hatte zwar wenig, das aber sicher. In diesem Lichte ist auch Jelzins Telegramm an die in Wien im Oktober 1993 tagenden Mitglieder des Europarates zu verstehen. Er möchte mit Rußland dieser europäischen Familie angehören, weil ohne substantielle Hilfe vom Goldenen Westen das zarte Pflänzchen der neuen Freiheit im Osten verkümmern wird. Freiheit hat für uns alle einen Preis. Und der wird nicht gering sein. Es geht dabei nicht nur um finanzielle Hilfe. Fast noch wichtiger ist die Antwort auf die Frage, ob es gelingen kann, Arbeitsmoral und Leistungsbewußtsein der Menschen im Osten zu heben. Der reale Sozialismus hat die Seele der Menschen kaputtgemacht und ihnen die elementaren Tugenden wie Pflichtbewußtsein, Verantwortung und Leistung geraubt. Freiheit ohne Verantwortung ist nicht von Dauer. Wer aber die europäische Geschichte betrachtet, weiß, daß der Zeitfaktor bei allen Entwicklungen eine bedeutende Rolle spielt. Wie wäre die deutsche Geschichte wohl verlaufen, hätte die Weimarer Republik die Kraft aufgebracht, ihr in mancher Hinsicht vielversprechendes Wirtschaftsprogramm noch durchzusetzen? Hitler wäre niemals an die Macht gekommen, denn dieses Programm war erfolgreich. Hitler hat wichtige Elemente dieses Programms aufgegriffen und mit den Vorstellungen der Reformer unter den Ökonomen verknüpft. So wurde eine Beschäftigungspolitik in Gang gesetzt, die Millionen Arbeitslose von der Straße in die Betriebe zurückgebracht hat. Hätte die letzte Weimarer Regierung noch Zeit gehabt, diese Saat zu ernten, ein wirtschaftlich erstarktes demokratisches Deutschland hätte möglicherweise auf die Nachbarstaaten im Osten und Südosten positiv ausgestrahlt und diese in seinen Einflußbereich gebracht. In der Folge hätte es schon zu diesem Zeitpunkt zur europäischen Einigungsbewegung kommen können, die dann erst nach dem Ende des Zweiten Weltkrieges möglich wurde. Die Zeit war zu knapp. 50 Millionen Menschen mußten diese Zeitnot mit ihrem Leben bezahlen. Wir haben daher keine Zeit zu verlieren, wenn Freiheit und Frieden in Europa tatsächlich gewünscht werden!

Die europäische Geschichte ist Beweis für ein unaufhörliches Ringen von Freiheit und Unfreiheit, offener Gesellschaft und Despotie. In diesem Ringen hat sich die Freiheit stark erwiesen. Die Grundlage dafür ist ein früher Pluralismus gesellschaftlicher Kräfte und Institutionen wie Klassen, Kirche, Parteien, Vereine und Verbände, Medien und wissenschaftliche Einrichtungen. Sie ließen despotische Tendenzen immer wieder scheitern. Nach Ernst Nolte liegen die Wurzeln für diesen Pluralismus in der Trennung von religiöser und politischer Macht im abendländischen Christentum.[36] In einer solchen abendländischen Gesellschaft ohne beherrschendes Zentrum konnten Entwicklungen stattfinden, in denen Revolution und Reaktion, Ökonomie und Politik, Fortschritt und Rückschritt dialektisch miteinander verbunden sind. Nur innerhalb eines freiheitlichen Systems ist es möglich, ohne vernichtende Sanktionen den jeweiligen Gegner des totalitären Anspruchs zu bezichtigen. Noch im Jahr 1930 sagte ein nationalsozialistischer Gauleiter Hitler ins Gesicht, er sei »kein Führer im germanischen Sinn«, sondern ein »orientalischer Despot«.[37] Nach 1933 war dies ohne existenzbedrohende Folgen in Deutschland nicht mehr möglich, und die in den frühen zwanziger Jahren auch von Marxisten auf die Sowjetunion angewandte Bezeichnung »terroristische sowjetische Diktatur« mußte unter Stalin selbstverständlich zur Liquidierung führen.

In freiheitlichen Systemen können absolute Ansprüche der Machthaber als zumindest latent despotisch bezeichnet werden, ohne daß vernichtende Sanktionen die Folge wären. So bemerkt auch Karl Popper, es sei eben der Vorteil einer offenen Gesellschaft, eine unfähige Regierung ohne Blutvergießen beseitigen zu können. Maximilien de Robespierre stellte die paradoxe Behauptung auf, die Revolution sei der »Despotismus der Freiheit gegen die Tyrannei«.[38] Danach gibt es also auch so etwas wie eine totalitäre Demokratie, etwa die Jakobinerherrschaft während der Französischen Revolution. Auch solche Staatsformen stehen im absoluten Gegensatz zur offenen Gesellschaft in einem freiheitlichen System.[39] Diese offene Gesellschaft obsiegt allerdings nicht zwangsläufig nach dem Zusammenbruch von Totalitarismen.

Nicht nur Václav Havel mußte feststellen, daß sich seit dem Umbruch von 1989 in Europa die Orientierungslosigkeit ausbreite, daß die westlichen Demokratien mit dem Zusammenbruch des Kommunismus eigentlich gar nichts anzufangen wüßten.[40] In jedem Fall war und ist es ein Fehler, die Menschen in Osteuropa dem Wechselbad von chaotischer Kommandowirtschaft und reiner liberaler Marktwirtschaft ohne Übergang auszusetzen. Eine gelenkte Marktwirtschaft, so wie sie nach dem Krieg in Österreich den langsamen Prozeß zur liberalen Ökonomie einleitete, wäre nicht zuletzt aus sozialen Gründen sinnvoll. Es kann jedenfalls nicht befriedigen, wenn große Teile jener Gelder, die der Westen in Osteuropa investiert, infolge des dort herrschenden Chaos in die Hände der Mafia gelangen, die dieses leicht verdiente Vermögen bei den Schweizer Banken sicher anlegt. Was dort im Augenblick geschieht, ist jedenfalls völlig widersinnig; es untergräbt die Autorität der Kräfte von Reform und Demokratie! Ein gelenkter Übergang könnte bewirken, daß die Pest des Marxismus und des realen Sozialismus endgültig beseitigt wird. Die soziale Marktwirtschaft ist ein innerhalb eines philosophischen Freiheitsmodells integrierter Teil eines ganzheitlichen Ordnungsmodells. Die Legitimation muß also nicht über den Nachweis von Effizienzkriterien und Nützlichkeit erfolgen, sondern über eine humanistische Beweisführung, die Zweifler gewinnt und Anhänger sicher macht.

Die konformistische Gefährdung der Freiheit

Auch im Westen lauern Gefahren für die Freiheit. Die Wohlfahrtsstaaten von heute haben in der Geisteshaltung der Gesellschaft Schaden angerichtet. Hedonismus, Gruppenegoismus und Verbraucherwahn haben Schönwettergesellschaften geschaffen, die Anspruchsdenken an den Staat mit distanzierter Gleichgültigkeit gegenüber Gemeinschaftspflichten verbinden.[41] Diese Situation ist Ergebnis einer Entwicklung, die durch die Emanzipationsbewegung Ende der sechziger Jahre eingeleitet wurde. Es war der Versuch des Neomarxismus in humanitärer Verkleidung, die Selbstentfremdung des Menschen zu überwinden. Diese neomarxistische Kulturrevolution mit ihrem Konzept der permanenten Veränderung und Infragestellung alles Tradierten ist kläglich gescheitert. Die antiautoritären Demokratisierer und Kommissionspropheten haben eine Generation hervorgebracht, die realitätsfern, kommunikationsschwach, narzißtisch und intolerant ihren Frust kultiviert. Einer ihrer großen Lehrmeister und Ideologen, Jürgen Habermas, räumt selbst ein, daß kein Fortschritt in der Überwindung der Selbstentfremdung erreicht wurde, sondern daß eine Regression eingetreten sei.

Doch der Marsch durch die Institutionen hat diese gescheiterte 68er Generation in die führenden Positionen unserer Gesellschaft gebracht. Sie hat erhebliche Macht im Kultur-, Bildungs- und Medienbereich wie auch im Sektor des Wissenschaftsbetriebes. Dort kultiviert sie ihr ungestilltes ideologisches Bedürfnis und richtet sich an künstlichen Feindbildern auf. Als neuzeitliche Inquisition sorgt sie für ein geistiges Klima, das unter dem Vorwand liberaler Offenheit einen lähmenden Konformismus erzeugt. Geistige Intoleranz ist das prägende Element, das Anderssein nicht verträgt.

Die Freiheitsgefährdung durch geistige Uniformität und ideologische Unterwerfung sollte nicht unterschätzt werden. Betrachten wir den Fall des Burgtheaterdirektors Peymann, der aus seiner Sympathie für die Mörderbande der RAF nie ein Hehl gemacht hat und als erklärter Linker ein durchaus autoritäres Selbstverständnis von der angeblichen Freiheit der Kunst an den Tag legt. Das geht so weit, daß er lieber für ein Theater ohne Publikum arbeitet, als die Wünsche seines Publikums auch nur zur Kenntnis zu nehmen. Widerspruch wird als provinziell diffamiert. Das steigende Defizit und die finanziellen Pleiten der Kulturideologen freilich tragen alle Steuerzahler. Der Grundsatz »Wer zahlt, schafft an« gilt da nicht.[42] Kulturpolitik ist offenbar Gesellschaftspolitik und muß ganz im Stil der DDR als Waffe gegen Andersdenkende eingesetzt werden. Die Clique um den österreichischen Kultusminister bildet den Generalstab im Kulturkampf. Die bürgerlichen Feiglinge in Regierung und öffentlichen Institutionen räsonieren hinter vorgehaltener Hand. Thomas Bernhard zeichnet diese Situation in *Heldenplatz* treffend:

»Jetzt hat alles den Tiefpunkt erreicht
nicht nur politisch gesehen alles
die Menschen die Kultur alles
in ein paar Jahrzehnten ist alles verspielt worden
das ist in Jahrhunderten nicht mehr gutzumachen
wenn man bedenkt was dieses Österreich
einmal gewesen ist
daran darf nicht gedacht werden
das forderte ja den Selbstmord geradezu heraus
Ich war nie ein Anhänger der Monarchie
das ist ganz klar
das waren wir alle nicht
aber was diese Leute aus Österreich gemacht haben
ist unbeschreiblich
eine geist- und kulturlose Kloake
die in ganz Europa ihren penetranten Gestank verbreitet
und nicht nur in Europa
dieser größenwahnsinnige Republikanismus
und dieser größenwahnsinnige Sozialismus
der mit Sozialismus schon seit einem halben Jahrhundert
nichts mehr zu tun hat
was die Sozialisten hier in Österreich aufführen
ist ja nichts als verbrecherisch . . .«[43]

Sozialismus ist vollendete Demokratie, hieß es einst (SPÖ-Programm). In der Realität ist Sozialismus vollendete Demagogie, mit der politische Ketzerverfolgung betrieben wird. Sie scheut vor psychisch-moralischer Vernichtung nicht zurück. Ich habe damit meine eigenen Erfahrungen. Mit Millionenaufwand subventionierte der österreichische Unterrichtsminister das Stück »HJ kommt« des Phönix-Theaters in Linz.

Höhepunkt der politischen Agitation, die auf mich zielt: Ein fetter Pfaffe (offenbar Bischof Krenn) zeugt mit einer Kriemhilde (ehemalige FPÖ-Landtagspräsidentin mit festen Grundsätzen gegenüber der linken Kulturschickeria) eine braune Kröte ... Die offene Auseinandersetzung wird vermieden. Statt dessen appelliert man mit solchen Aktionen an niedrige Instinkte, wie es auch die Nationalsozialisten nicht hätten besser besorgen können.

Kürzlich berichtete meine ältere Tochter von einem Kabarett in der Schule. Der schulfremde Kabarettist erzählte eine Geschichte vom Haiderlein, das alle gern hätten, weil es so lustig und vorlaut sei. Das Haiderlein ging durch den Wald und aß zu viele Blaubeeren. Die Folge war, daß es lauter kleine braune Häufchen machte ... Die Tendenz ist klar. Auch in der Schule soll den Kindern die angeblich braune Tendenz des politischen Feindes verständlich gemacht werden, weil ich als Herausforderer des Systems den schändlichen Geist der Verhetzung und Anpassung bekämpfe. Mein Verbrechen besteht offenbar darin, daß ich nicht bereit bin, Mitglied einer antielitären Beifallsgesellschaft zu werden, die jedem auch noch so großen Schwachsinn applaudiert. Wer Widerstand leistet, wird ausgegrenzt und muß die Abstempelung zum gesellschaftlichen Außenseiter in Kauf nehmen. Ich habe den Fehdehandschuh aufgenommen und zeige auf die immer größer werdende Kluft zwischen veröffentlichter und öffentlicher Meinung für den Bürger. Das Volk denkt anders. Das Bildungsbürgertum denkt anders, und jene Intellektuellen, die sich ein kritisches Bewußtsein bewahrt haben, schweigen verschämt.

Darin liegt auch die Ursache für den politischen Erfolg unserer Bewegung, daß wir entgegen der veröffentlichten Meinung des medialen und politischen Establishments die öffentliche Meinung breiter Bevölkerungsschichten artikulieren. Die schweigende Mehrheit, die die Last dieses Staates trägt, hat ein Recht, gehört zu werden.

Die Linke will eine andere Gesellschaft, will ein neues Volk, weil sie ihr eigenes Volk nicht leiden kann. Sie schwärmt von einem multikulturellen Europa, will durch Zuwanderung neue Mehrheiten im Volk erzwingen, betreibt durch Geschichtsfälschung gezielte Verhetzung der Jugend in den Schulen und schürt den Klassenkampf zwischen Klerus und Laien in der Kirche, um dem Volk den Anker des Glaubens und der moralischen Orientierung zu nehmen. Destabilisieren, auflösen, entwerten und ausgrenzen lautet die Devise. Mit nahezu militanter Konsequenz wird der Vollzug ideologischer Maximen sichergestellt. Dabei steht natürlich der Populist im Wege.

Die Populisten von heute machen aber den Bürgern Mut, ungeniert alle Fragen öffentlich zu stellen, die sie bewegen. Demokratie ist Diskussion. Wer die Diskussion verweigert, ist kein Demokrat. Die herrschende politische Klasse will die notwendigen Debatten in unserem Land verhindern. Die Jugend und die Bauern glauben der öffentlichen EG-Euphorie einfach nicht. Breite Arbeitnehmerschichten zeigen Unmut über die verfehlte Ausländerpolitik, und bürgerliche Eliten entziehen sich dem schulischen Chaos, das durch den hohen Ausländeranteil in den Klassen der Volks-, Haupt- und Berufsschulen erzeugt wurde, durch den Weg in die Privatschulen. Offiziell darf aber darüber nicht geredet werden. Diese Diskussion hat nicht stattzufinden. Jeder, der aufbegehrt, wird in die Schranken gewiesen.

Die veröffentlichte Meinung ist fest im Griff der herrschenden politischen Klasse, weil die aus der Gesellschaft hervorgegangene private Meinungsbildung gegenüber dem Staat als Akt bürgerlicher Freiheit und Selbstbestimmung verlorengegangen ist. »Die liberalistische Interpretation des bürgerlichen Rechtsstaates ist re-aktionär: Sie reagiert auf die Kraft der anfänglich in dessen Institutionen mitaufgenommenen Idee der Selbstbestimmung eines räsonierenden Publikums, sobald dieses von besitzlosen und ungebildeten Massen unterwandert wird.«[44] Ein dialektischer Prozeß der fortschreitenden Verstaatlichung der Gesellschaft bei gleichzeitiger Vergesellschaftung des Staates hat die klassische Trennung von Staat und Gesellschaft aufgehoben und somit die Grundlage der bürgerlichen Öffentlichkeit zerstört. Das private Publikum hat im Wege der Öffentlichkeit zwischen Staat und Gesellschaft vermittelt, Standpunkte und Meinungen der Bürger transportiert. Diese Funktion der Vermittlung ist vom Bürger auf Institutionen übergegangen, »die sich wie die Verbände aus der Privatsphäre oder wie die Parteien aus der Öffentlichkeit herausgebildet haben und nun Machtvollzug und Machtausgleich im Zusammenspiel mit dem Staatsapparat intern bestreiten«.[45]

Genau das haben die marxistischen 68er erkannt und zu nutzen verstanden. Die verlorene Vision wird durch Machtgebrauch ersetzt, und damit läßt sich trefflich ein Kulturkampf führen. Die eigentlich treibende Kraft dieser konformistischen Gefährdung der Freiheit ist der totalitäre Anspruch im Denken vieler Angehöriger dieser 68er Generation. Allerdings ist in ebendem Maß, wie sie sich gesellschaftlich durchgesetzt hat, die eigentliche intellektuelle Strahlkraft verlorengegangen. Der revolutionäre Geist ist in der Sonne der Toskana verdunstet. Aber der Marsch durch die Institutionen ist mehr oder weniger abgeschlossen, die Lebensweise durchaus bürgerlich geworden. Im Grund sind sie heute Strukturkonservative, die nur noch für nackte Machtansprüche, für die Erhaltung des eigenen Einflusses stehen. Es geht ihnen also nicht mehr um eine bessere Welt, um eine gerechtere Gesellschaft, sondern nur noch um die Erhaltung ihrer errungenen Positionen. Eine Vision, eine faszinierende Perspektive haben sie nicht mehr, weder für die Gestaltung eines künftigen Europa noch für die Bewältigung der Krisen des Wohlfahrtsstaates.

Die ideologischen Restbestände der alt gewordenen neuen Linken bestehen also nur noch aus Machtbesessenheit. Sie ist zu einem geistigen Antiquitätenladen geworden, der nichts mehr anzubieten hat. Ralf Dahrendorf stellt für unsere Tage völlig zu Recht fest, daß man »ohne Wenn und Aber« sagen müsse, »daß der Sozialismus tot ist und daß keine seiner Varianten sich wiederbeleben läßt für eine Welt, die vom doppelten Alptraum des Stalinismus und des Breschnewismus erwacht ist«.[46] Und Friedrich August von Hayek schreibt in einer seiner letzten Veröffentlichungen, daß der Sozialismus die Menschen geradezu umbringe: »Die Auseinandersetzung zwischen der Ordnung des Marktes und dem Sozialismus ist nicht weniger als eine Frage des Überlebens.«

Der sozialistischen Moralität folgen hieße einen großen Teil der Menschheit vernichten und den Rest in Verarmung stürzen.[47] Mit ihrem Kulturkampf haben die Konkursverwalter des Sozialismus ein Instrument der Machtsicherung gefunden und nach ihrem ideologischen Bankrott mit Eroberung der Bildungs- und Informationseinrichtungen eine geradezu meisterliche Raffinesse bei der Strategie der Machterhaltung an den Tag gelegt. Daraus wird auch gar kein Geheimnis gemacht. Im Gefolge des freiheitlichen Volksbegehrens zum Thema Ausländer wurden mit medialer Unterstützung »mutige Lehrerinnen« vom Frauenkomitee der SPÖ geehrt, die im Unterricht gegen das Volksbegehren auftraten. Wer sich anpaßt, hat Vorteile. Auch die »Helden der Sowjetunion« hat es einmal gegeben. »Abweichler« werden pauschal zu Faschisten, Neonazis und Rechtsextremen abgestempelt. Die extremistische Reaktion von Jugendlichen in Deutschland dient als willkommene Bestätigung, obwohl diese mehr das Ergebnis einer sinnentleerten und entwurzelten Gesellschaft darstellt.[48]

Unsere Bewegung in Österreich hat bisher durch eine klare Position in den sensiblen Fragen der Gesellschaft dazu beigetragen, daß es nicht zu ähnlichen extremistischen Reaktionen in Teilen der Bevölkerung gekommen ist wie in unseren Nachbarländern. Dafür haben wir uns nun den Vorwurf des Populismus eingehandelt, und das empfinden wir durchaus als ehrenwert. In einer Demokratie muß das Volk gehört und ernst genommen werden! Befehlsausgaben aus dem Elfenbeinturm der herrschenden politischen Klasse, deren Verachtung für das gemeine Volk somit sichtbar wird, haben mit einem System der Freiheit nichts gemein. Gerade staatspolitische Verantwortung müßte es aber gebieten, Sorgen und Ängste des Volkes ernst zu nehmen und durch politisches Handeln mögliche Gefahren und Bedrohungen frühzeitig abzuwenden.

Die Herrschenden aber reagieren nur. Politik verkommt zur Reparaturanstalt verpaßter Gelegenheiten und verkürzter Zukunftschancen. Wir dagegen haben rechtzeitig Perspektiven für das Land und seine Bürger entwickelt, denen sich auch die herrschende Klasse nicht entziehen kann. Wir Freiheitlichen haben Zukunftsperspektiven, wenn es um ein konföderatives Europa der Bürger geht! Wir wissen, was wir wollen, wenn wir die NATO als Grundlage unserer eigenen Sicherheit begreifen, wir haben konsequente Strategien beim Umbau des Sozialstaates, und wir konnten in der Ausländerfrage eine geistige Wende auch in der herrschenden politischen Klasse erzwingen. Oder ist es Opportunismus und Angst vor einem Vertrauensverlust beim Wähler, wenn Teilnehmer an Lichtermeeren gegen Fremdenhaß wie der sozialistische Kanzler Franz Vranitzky plötzlich davon reden, daß Österreich »keine polnischen und tschechischen Salamihändler« auf den Straßen Wiens benötigt? Ist es reiner Opportunismus, wenn der österreichische Gewerkschaftsbund, der mit Arbeitergeldern die Lichterketten mitfinanziert und auf Plakaten fordert: »Schicke meinen Freund nicht nach Hause!«, plötzlich den Abbau der seit Jahren in Österreich lebenden Gastarbeiter verlangt?

Wir denken voraus, und unsere Gegner folgen uns immer dann, wenn sie von der Wirklichkeit der gesellschaftlichen Verhältnisse eingeholt werden. Gleichzeitig aber verfolgen sie jeden, der sie zum Umdenken zwingt – als sei er ein Staatsfeind. Davon kann der Publizist und Ehrenvorsitzende der Journalistengewerkschaft Dr. Dr. Günther Nenning ein Lied singen. Die Tatsache, daß er als Sozialist es wagte, mit uns gemeinsame Diskussionen zu veranstalten, und daß er in der Ausländerfrage wenig Differenzen zu unserer Position hat, brachte ihm in linken Kreisen einen unangenehmen Rechtfertigungszwang ein. Wer nicht täglich einen Haider verbal ermordet, muß abends Selbstanzeige wegen Wiederbetätigung erstatten, meinte er sinngemäß. Nenning ist nicht der einzige, der sich vor den Hohenpriestern der reinen Ideologie zu verantworten hat. Ein namhafter österreichischer Publizist und Chefredakteur, der bei einer großen Tageszeitung arbeitet, schrieb einen Artikel über mich. Obwohl er zu den kritischen Beobachtern unserer Partei zählt, fiel der Artikel durchaus positiv aus. Sofort erhielt er vom Herausgeber einen geharnischten Brief, daß eine derart positive Haider-Berichterstattung mit der Linie des Blattes nicht vereinbar sei. Aus Gründen der Diskretion möchte ich nur einige Sätze aus dem mir vorliegenden Schriftwechsel zitieren: »Mit größtem Befremden haben die Herausgeber Deinen Hintergrundartikel ... in dem Du Deine Meinung zum TV-Sommergespräch mit Jörg Haider schilderst, zur Kenntnis nehmen müssen. Wir möchten Dir nun in aller Form die Frage stellen, was Dich bewogen hat, über Haider, dem gegenüber nach unserer oft geäußerten Meinung größte Reserve geboten erscheint, einen so groß aufgemachten, mehr als freundlichen und lobenden Artikel zu verfassen ... Das Herausgeberkollegium ersucht Dich, sehr geehrter Herr Chefredakteur, ihm eine Stellungnahme zu diesem Schreiben zukommen zu lassen.« Das ist ein klarer Beweis für den Versuch einer Knebelung journalistischer Meinung in einer sogenannten unabhängigen Zeitung! Abgesehen davon, daß es eine unerhörte Beleidigung für einen erfahrenen Journalisten bedeutet, sich so rechtfertigen zu müssen, gewinnen wir Einblick in die Mentalität der »Herren über die veröffentlichte Meinung«.

Das ist geistige Disziplinierung durch intolerante Kommissare, die ihr Unwesen noch dazu in sich christlich und liberal nennenden Medien treiben! Metternich hätte seine Freude daran, wenn er wüßte, daß die »Karlsbader Beschlüsse« noch immer in den Köpfen der Freiheitsfeinde festsitzen.

Wer nicht mitspielt, bekommt Schwierigkeiten, ob es sich dabei nun um einen Tennisstar handelt, der sich in einem Interview positiv über Jörg Haider äußert und vom Bundeskanzler in der Folge dafür zur Rede gestellt wird, oder um einen privaten Mineralölgroßhändler, der wegen seiner Sympathieerklärung für die FPÖ eine umfängliche Steuerprüfung ins Haus bekommt. Im Umgang mit den politischen Gegnern ist die Linke gnadenlos. Das sichert zumindest ein Heer von Mitläufern. Diese Beispiele stehen für viele, und es geht nicht nur um die FPÖ. Es geht um die Darstellung des Psychoterrors in einer formalen Demokratie, von der die kulturellen und politischen Despoten Besitz ergriffen haben. Die Gefahr, daß auch in einer freiheitlich rechtsstaatlichen Ordnung Kräfte auf einen geistig dressierten Menschen hinarbeiten, sind nicht von der Hand zu weisen. Zumindest bleibt es nicht verborgen, daß im österreichischen Staatsrundfunk nicht nur zahllose sozialistische Parteigänger und Lohnschreiber untergebracht sind, sondern auch solche Personen an Einfluß gewinnen, die direkt aus der kommunistischen Bewegung oder aus Schulungskursen in Moskau kommend, in diesem Medium ans Werk gehen. Und allen ist eines gemeinsam: Es fehlt ihnen der Respekt vor der Freiheit der Person, der dann um so größer sein muß, wenn diese Meinung nicht geteilt wird. Jene, die so handeln, und die öffentliche in der veröffentlichten

Meinung verfälschen, sind die falschen Propheten! Sie wollen in Wirklichkeit eine geschlossene Gesellschaft, die eine Rückkehr zu den Kerkern, Käfigen und Ketten bedeutet, »es ist diese Einstellung – die Ablehnung der Idee der Gleichberechtigung im politischen Leben, d. h. im Gebiet jener Probleme, die die Gewalt von Menschen über andere Menschen betreffen –, die ich verbrecherisch nenne«.[49]

Meinungsmonopole als Freiheitsbedrohung

Die Macht der Medien als »Vierte Gewalt« im Staat läßt sich im kleinen und überschaubaren Österreich besonders deutlich beobachten. Österreich ist das Land mit der höchsten Pressekonzentration in Europa. Im Bereich der elektronischen Medien gibt es bis heute ein Staatsmonopol. Die drei größten österreichischen Tageszeitungen decken insgesamt über 60 Prozent der Gesamtauflage ab, in der Bundesrepublik Deutschland sind es nur 38 Prozent. Die Druckauflage der Tageszeitungen ist mit 2,77 Millionen Exemplaren weitgehend mit der Schweiz vergleichbar.

Medienpolitik in Österreich, das bedeutet in erster Linie politische Einflußnahme über die staatliche Presseförderung. Rund 300 Millionen Schilling pro Jahr werden unter dem Titel »Presseförderung« an die Tageszeitungen ausgeschüttet. Dazu kommen noch Druckereiförderungen in dreistelliger Millionenhöhe. Welche Zeitung welchen Betrag erhält, ist ein von den Regierungsparteien eifersüchtig gehütetes Geheimnis. So ist beispielsweise bis heute nicht offengelegt worden, wie hoch die Subventionen für die jahrelang marode sozialistische Parteizeitung *Arbeiterzeitung (AZ)* tatsächlich waren, bevor sie schließlich doch eingestellt werden mußte.

Der Fall »AZ« ist überhaupt eines der haarsträubendsten Beispiele für verdeckte finanzielle Transaktionen in Parteieninteresse. Der sozialistische Vorwärts-Verlag, in dem die *AZ* erschien, war mit 12,5 Millionen Schilling am Grundkapital der Österreichischen Nationalbank beteiligt. Zusätzlich zu den massiven Direktförderungen aus dem Bundeskanzleramt wurden der Verlag und die *AZ* also auch noch aus den Dividenden der Nationalbank finanziert. Angesichts der immer aussichtsloseren wirtschaftlichen Lage der sozialistischen Parteizeitung kam die SPÖ im Frühjahr 1992 auf die Idee, eine Aufstockung des Grundkapitals der Nationalbank von 150 auf 600 Millionen Schilling vorzunehmen, was aus den Rücklagen der Bank finanziert werden sollte. Dies hätte die Gesellschafter-Anteile vervielfacht und damit auch die Dividendenzahlungen für den Vorwärts-Verlag entsprechend erhöht.

Daß diese ungenierte Parteienfinanzierung der einzige Sinn und Zweck der Aktion war, geht in entwaffnender Offenheit aus einem Brief hervor, den der damalige Geschäftsführer des Vorwärts-Verlags, SPÖ-Bundesrat Konecny, an Bundeskanzler Sinowatz richtete. In einem als »Persönlich-Vertraulich« gekennzeichneten Schreiben Konecnys vom 8. Mai 1984 heißt es unter anderem: »Lieber Genosse Sinowatz, im Zusammenhang mit dem Bemühen, die künftige Finanzierung der *AZ* sicherzustellen, möchte ich Dich noch auf eine weitere Möglichkeit aufmerksam machen, die zumindest indirekt eine substantielle Entlastung für die ›*AZ*‹ bzw. für den Eigentümer Bundespartei darstellen könnte ... Seitens der verantwortlichen Genossen der Nationalbank wurde bereits wiederholt ein Vorstoß unternommen, um eine Erhöhung des Grundkapitals auf zumindest 600 Mio. Schilling zu erreichen ... Von seiten der ÖVP-nahen ÖNB-Aktionäre besteht gegen eine solche Maßnahme kein Einwand. Nach meinen Informationen ist lediglich Präsident Koren einem solchen Schritt gegenüber negativ eingestellt. Angesichts der durchaus kooperativen Behandlung der jüngsten Personalfragen der ÖNB hat aber wohl die SPÖ bei ihm ein moralisches Guthaben, das – wenn das in nächster Zeit der Fall ist – wohl in Anspruch genommen werden könnte ...« Ein Sittenbild des politischen Alltags in Österreich, wie es entlarvender nicht sein könnte. Nur durch massive Proteste der FPÖ und eine dringliche Anfrage der Freiheitlichen Nationalratsfraktion an Bundeskanzler Vranitzky konnte der Deal im letzten Moment verhindert werden.

Parteipolitik beherrscht auch das Geschehen im öffentlich-rechtlichen Rundfunk ORF. Schon in den Anfängen der ORF-Geschichte wurde der Grundstein für das gelegt, was bis heute die Programm- und Personalpolitik bestimmt: SPÖ und ÖVP erfanden das sogenannte »Reißverschlußsystem«. Das bedeutet nichts anderes, als daß alle leitenden Funktionen flächendeckend nach dem rot-schwarzen Proporz besetzt werden. So steht zum Beispiel einem roten Informationsintendanten ein schwarzer Unterhaltungsintendant gegenüber, jedem schwarzen Abteilungsleiter ein roter Stellvertreter und umgekehrt.

Die Herrschaft der Partei- und Ministersekretäre im Staatsrundfunk ist sprichwörtlich. Sie garantiert den täglichen Verfassungsbruch des Grundrechts der Presse- und Meinungsfreiheit. Übt etwa ein SP-Führungsfunktionär Kritik am roten Kanzler, wird er innerhalb weniger Stunden seines Amtes enthoben, der ORF verzichtet auf eine Meldung, erst nach einer Schreckpause von einem Tag bequemt er sich zu einer Nachricht, nachdem auch die Printmedien bereits darüber berichtet haben. Wenn hingegen in der FPÖ der vierte Subkassier von Tamsweg im Lungau zurücktritt, wird dies als Beweis für eine ernsthafte innenpolitische Krise an prominenter Stelle in den Nachrichtensendungen gemeldet.

Schon einmal wurde der Versuch gemacht, den Parteieneinfluß im ORF zurückzudrängen. Verschiedene Printmedien starteten 1965 das sogenannte »Rundfunkvolksbegehren«, das von 800 000 Österreichern unterschrieben wurde. Die daraufhin beschlossene Rundfunkreform war jedoch nicht von langer Dauer; schon 1974 entschärfte der damalige sozialistische Bundeskanzler Bruno Kreisky das Gesetz und setzte damit Parteien und Interessenvertretungen wieder in ihre »alten Rechte« ein. Sie machen bis heute davon Gebrauch, und zwar gründlich.

Die Basis für die großkoalitionäre Parteienmacht im ORF bildet, wie schon erwähnt, die Personalpolitik. Das »richtige« Parteibuch ist nach wie vor die beste Voraussetzung für eine Bilderbuchkarriere im ORF: so verdiente sich Informationsintendant Johannes Kunz seine Sporen als Sekretär des sozialistischen Bundeskanzlers Kreisky. ORF-Pressesprecher Andreas Rudas übersiedelte aus dem Büro von SPÖ-Innenminister Blecha in den ORF. Der ehemalige Sekretär von Bundeskanzler Sinowatz, Gerhard Zeiler, brachte es unter Generalintendant Podgorski immerhin bis zum ORF-Generalsekretär, sein Nachfolger in dieser Funktion ist der langjährige ÖVP-Nationalratsabgeordnete Kurt Bergmann. Franz Kreuzer kam von der sozialistischen Arbeiterzeitung zum ORF, schied dann aus dem Unternehmen aus, um Regierungsmitglied zu werden, und wurde nach einem kurzen Intermezzo als SPÖ-Gesundheitsminister im ORF wieder mit offenen Armen aufgenommen.

Auch als Redakteur macht man mit dem richtigen politischen Hintergrund schnell Karriere, wobei sich besonders eine Tätigkeit in der SPÖ-Parteizeitung *AZ* als vorteilhaft erweist. Eine beträchtliche Zahl ehemaliger *AZ*-Redakteure hat im ORF eine neue berufliche Heimat gefunden: Josef Broukal (stellvertretender Leiter der *Zeit im Bild*), Hans Besenböck (Chefredakteur des Hörfunks), Robert Hochner (vom ZIB-2-Moderator zum *AZ*-Chefredakteur und wieder retour), Hans Dittlbacher (Aktueller Dienst Hörfunk), Franz Kreuzer (*Seitenblicke*-Chef), Robert Wiesner (ORF-Auslandsredaktion) und andere. Nach dem Motto »Je weiter links, desto besser« avancierte auch Fritz Wendel als ehemaliger Redakteur des kommunistischen Zentralorgans *Volksstimme* zum Redakteursprecher im ORF.

Angesichts dieser Fakten kann es auch nicht weiter verwundern, daß eine Umfrage aus dem Jahr 1992 ergab, daß 50 Prozent der Österreicher der Meinung sind, in der täglichen Berichterstattung des ORF sei der Einfluß von Politikern und Parteien zu bemerken. Nur 34 Prozent der Befragten glauben, daß der ORF in allem parteiunabhängig ist. Auf die Frage »Welcher Partei steht das österreichische Fernsehen Ihrer Meinung nach am nächsten?« antworteten 53 Prozent »der SPÖ« und 11 Prozent »der ÖVP«. Daß diese Zustände kein Streben nach mehr Objektivität bewirken, sondern lediglich den ÖVP-Generalsekretär zu der Aussage »Die ÖVP will die Macht im ORF« provozieren, ist bezeichnend für das Selbstverständnis jener, die für sich in Anspruch nehmen, die Medienpolitik in diesem Lande zu gestalten. Für die »Mediensprecher« der roten und schwarzen Parteisekretariate sind nur zwei Dinge von Interesse: erstens Art und Umfang der Berichterstattung über ihre jeweilige Partei und zweitens die Karrierefortschritte ihrer jeweiligen Schützlinge im ORF. Journalisten, die den Mut haben, sich dem politischen Druck zu widersetzen, kostet dies meistens ihre Karriere.

Der rot-schwarze Proporz bei der Postenbesetzung, die daraus resultierenden Abhängigkeiten und die massiven Interventionen aus den verschiedenen Partei- und Ministerbüros führen dazu, daß die Berichterstattung des ORF in vielfacher Hinsicht dem gesetzlichen Auftrag zur Wahrung der Objektivität der Berichterstattung kraß widerspricht.

Eines der empörendsten Beispiele für die Verletzung der Objektivitätspflicht, mehr noch, für massive Manipulation, stellte die Berichterstattung des ORF über das von der FPÖ initiierte Volksbegehren »Österreich zuerst« dar. Zum einen hat der ORF in keiner einzigen Nachrichtensendung des Fernsehens vollständig über die 12 Punkte des Volksbegehrens, das zudem ausnahmslos als »Ausländer-Volksbegehren« bezeichnet wurde, berichtet, was eine grobe Verletzung der Informationspflicht darstellt. Damit aber noch nicht genug: Die Leiterin der Redaktion »Gesellschaft, Jugend und Familie« des Fernsehens, Frau Burgl Czeitschner, erteilte in einer Redaktionssitzung sogar eine schriftlich festgehaltene Weisung an ihre Mitarbeiter, »in allen Sendungen unauffällig gegen das Volksbegehren zu arbeiten«. Trotz dieses offensichtlichen groben Verstoßes gegen das Objektivitätsgebot wurde eine entsprechende Beschwerde der FPÖ von der »Beschwerdekommission zur Wahrung des Rundfunkgesetzes« abgewiesen.

Dies ist nur eines von vielen Beispielen dafür, wie im staatlich monopolisierten ORF einzig und allein im Sinne der Regierungsparteien berichtet wird, wie kontroverse Themen, wenn sie von der Opposition aufgegriffen werden, totgeschwiegen werden und wie regierungskonforme Politik betrieben wird. So erfolgte zum Beispiel in zahlreichen Sendungen des ORF monatelang eine völlig unkritisch positive Berichterstattung über das von den Regierungsparteien favorisierte EXPO-Weltausstellungsprojekt. Am 10. Mai 1991 veröffentlichte die Tageszeitung *Standard* eine Weisung von ORF-Generalintendant Bacher, wonach das Thema EXPO nicht als Auseinandersetzung um die EXPO zu behandeln sei, weil der ORF an diesem Unternehmen beteiligt sein werde. In diesem Sinne wurde auch dem Landesparteiobmann der Wiener FPÖ, Dr. Erwin Hirnschall, die Teilnahme an einer *Journal Panorama*-Diskussion über die EXPO verweigert, obwohl Hirnschall mit der von ihm eingeleiteten Sammlung von 55 000 Unterschriften in Wien die EXPO-Volksbefragung erzwungen hatte. Im Nationalratswahlkampf 1990 erfand der ORF zusätzlich zur üblichen Fernsehdiskussion zwischen den Spitzenkandidaten aller im Parlament vertretenen Parteien die sogenannte »Diskussion der Kanzlerkandidaten«, womit man für den SPÖ-Bundeskanzler und den ÖVP-Vizekanzler die Möglichkeit eröffnete, ungestört von lästigen Fragen der Opposition aufzutreten.

»Erlaubt ist nur, was den ORF-Granden gefällt« – diese Erfahrung mußte sogar der Bundespräsident machen, als er im Sommer 1993 in Salzburg mit dem deutschen Bundeskanzler Kohl zusammentraf. Obwohl ein ORF-Team Kohl und Klestil den ganzen Tag lang begleitete, durfte der Bundespräsident in der Berichterstattung nur am Rande in Erscheinung treten. Dagegen wurde über ein Treffen zwischen Kohl und SPÖ-Bundeskanzler Vranitzky abendfüllend berichtet. Wie überhaupt der Bundeskanzler innerhalb kürzester Zeit zum Mega-Star der ORF-Berichterstattung wurde: Gleichgültig, ob der Bundeskanzler im fernen Amerika ein Basketball-Match mit seiner Anwesenheit beehrt oder ob seine Gattin ein Golf-Turnier veranstaltet, der ORF enthält seinen Zuschauern keine dieser weltbewegenden Sensationen vor. Professor Kurt Vorhofer kommentierte die Hofberichterstattung über den Bundeskanzler: »Dieses Pressefoyer nach dem Ministerrat ist nichts anderes als ein ORF-Propagandastudio zur Verherrlichung des Regierungschefs. Vranitzky kann jeden Dienstagabend in der ZIB 1 beim Gemeinschaftsempfang der Nation agieren, als wäre er der souveräne Chef einer Alleinregierung.«

Aber nicht nur in der Tagespolitik, sondern auch in der Aufarbeitung historischer Themen herrscht im ORF die Zensur der Parteisekretariate. So wurde im März 1988 im ORF ein Fernsehfilm über den Partisanenkrieg im ehemaligen Jugoslawien gezeigt. Der Österreich-Korrespondent der *Welt* und Balkan-Experte Carl Gustaf Ströhm bezeichnete diesen Film »als ein Musterbeispiel dafür, wie man mit echten Bildern einen falschen Eindruck erwecken und uninformierte Zuschauer in die

Irre führen kann«. Ströhm meint zu diesem Film in einem Kommentar in der *Kleinen Zeitung* vom 6. März 1988: »Der ORF-Film übernimmt unkritisch die inzwischen auch in Jugoslawien immer häufiger angezweifelte romantische Darstellung der Partisanenbewegung. Daß es sich nicht nur um einen ›Volksbefreiungskampf‹ gegen ausländische Okkupanten, sondern zugleich um einen erbarmungslosen Klassen- und Bürgerkrieg gegen eigene Landsleute handelte, wird verschwiegen. Daß die kommunistischen Partisanen z. B. in Slowenien rücksichtslos nichtkommunistische Widerstandskämpfer (vor allem aus dem katholischen Lager) ermordeten, kommt im Film überhaupt nicht vor ... Die Schlußbemerkung des Filmes, Jugoslawien sei im Mai 1945 wieder ein ›freies Land‹ geworden, mag für jene zutreffen, die sich eine kommunistische Ordnung wünschten. Was aber ist mit den Anhängern der westlichen Demokratie, die es damals in Jugoslawien gab? Sie wanderten in die Gefängnisse der neuen Machthaber.«

64 Prozent der österreichischen Wahlberechtigten bezeichnen das Fernsehen als ihre wichtigste politische Informationsquelle. Die scheinbare Authentizität des Bildmediums, der Eindruck, politische Vorgänge und Ereignisse unmittelbar und mit eigenen Augen verfolgen zu können, scheint den Menschen ein ungefiltertes und objektives Bild der politischen Realität zu vermitteln. Wer also das Medium Fernsehen kontrolliert, verfügt über ein sehr wirksames Manipulationsinstrument.[50]

Meinungsfreiheit und Medienmonopole widersprechen sich. Das ORF-Monopol steht im Gegensatz zur Konvention zum Schutze der Menschenrechte und Grundfreiheiten, die in Österreich seit 1960 in Kraft ist und wo es in Artikel 10 heißt, daß »jedermann Anspruch auf freie Meinungsäußerung hat. Dieses Recht schließt die Freiheit der Meinung und die Freiheit zum Empfang und zur Mitteilung der Nachrichten und der Ideen ohne Eingriffe öffentlicher Behörden und ohne Rücksicht auf Landesgrenzen ein.« Dies umfaßt ebenso das Recht, Nachrichten zu empfangen, wie das Recht, Nachrichten zu senden. Schon der Text des Artikel 10 Absatz 1 EMRK läßt eindeutig erkennen, daß die Rundfunkfreiheit Teil der Meinungsäußerungsfreiheit ist, somit das Recht auf Zugang zum Rundfunk also im Prinzip jedermann zukommt. Österreich ist einer der letzten Konventionsstaaten, die ein Rundfunkmonopol in dieser Form aufrechterhalten. Frankreich, Italien, Großbritannien, die Niederlande, Spanien, die Bundesrepublik Deutschland, die Schweiz, Schweden, Norwegen und Dänemark haben private Rundfunkstationen – teils zu Hunderten – bereits zugelassen.[51] Es gehört zu den abstrusen Auswirkungen des österreichischen Rundfunkmonopols, daß noch zu einer Zeit, in der der Eiserne Vorhang existierte, private Radiosender von jenseits der ungarischen Grenze nach Österreich senden mußten, weil es ihnen in unserer westlichen Demokratie untersagt war.

Da die österreichische Bundesregierung und die in ihr vertretenen Parteien das ORF-Monopol als eines ihrer wichtigsten Machtinstrumente mit Zähnen und Klauen verteidigen und alle parlamentarischen Initiativen der FPÖ mit dem Ziel, eine Änderung dieses menschenrechtswidrigen Zustandes zu erreichen, abgeschmettert haben, blieb als letzter Ausweg eine Beschwerde bei der Europäischen Kommission für Menschenrechte. Am 15. Januar 1992 hat die Kommission die Zulässigkeit dieser Beschwerde bestätigt. Am 25. Mai 1993 fand vor dem Europäischen Gerichtshof für Menschenrechte die letzte Verhandlung statt. Das Urteil ist noch für dieses Jahr zu erwarten.

Noch nach dieser letzten Verhandlung des Europäischen Gerichtshofes und im Wissen darüber, daß das Monopol nicht aufrechtzuerhalten ist, haben die Regierungsparteien das »Regionalradiogesetz« beschlossen, das nach wie vor keine konventionsgemäße Gesetzeslage schafft und nicht mehr als eine Alibiaktion darstellt. Auch mit diesem Gesetz bleibt das Fernsehmonopol in vollem Umfang erhalten, im Radiobereich tritt lediglich an die Stelle eines Monopols ein Oligopol. Die wichtigen Frequenzen bleiben weiterhin dem ORF vorbehalten, der magere Rest wird durch eine politisch zusammengesetzte Kommission vergeben, und dies wird vor allem zu sogenannten Verlegerradios führen. Vielfalt ist immer noch die beste Chance, die Manipulation der öffentlichen Meinung zu verhindern. Dies muß natürlich nicht automatisch zu einer Qualitätssteigerung der Berichterstattung und der Kommentierung führen, es bedeutet aber immerhin eine Reduzierung des Manipulationspotentials. Mediale Monopole sind mit den freiheitlichen Grundsätzen nicht vereinbar, und ihre Abschaffung wird daher weiterhin eine der Hauptaufgaben unserer Politik bleiben. Dabei geht es nicht um das Unterhaltungsmonopol, das im Zeitalter des Satelliten- und Kabelfernsehens ohnehin nicht mehr existiert, sondern es geht um das staatliche Informations- und damit um das politische Manipulations-Monopol.

Mehr Wettbewerb im Bereich der Information wird die Medienproduzenten dazu zwingen, sich der täglichen Abstimmung durch die Konsumenten zu stellen. Wie weit sich nämlich die veröffentlichte Meinung bereits von der öffentlichen Meinung entfernt hat, dafür ist die FPÖ ein hervorragendes Beispiel. Keine Unterstellung, keine Diffamierung wurde ausgelassen, um die FPÖ und ihre Repräsentanten medienwirksam in ein schiefes Licht zu rücken. Das reicht vom Vorwurf der Steuerhinterziehung, der Bestechung, der Erpressung bis hin zum jüngst in einem Boulevard-Magazin erhobenen Vorwurf, der FPÖ-Obmann sei kokainsüchtig. Beweise? Nein, so räumt das Magazin ganz offen ein, Beweise gibt es keine. Aber man kann es ja ruhig einmal behaupten, in der Hoffnung, daß irgend etwas hängenbleiben wird.

Parallelen zu anderen Systemen, in denen politische Gegner als geisteskrank diffamiert wurden, drängen sich auf. Monatelang mußte ich mich mit dem Vorwurf des Nachrichtenmagazins *profil* herumschlagen, einem Politiker »Schweigegeld« angeboten zu haben. Andere Medien stiegen groß ein, da sie eine Chance sahen, dem lästigen Herausforderer des maroden politischen Systems einen Strick zu drehen. Im Fernsehprogramm des Staatsrundfunks gab es sogar noch einen »Runden Tisch« zu diesem Thema. Das ist immerhin eine prominente Nachrichtensendung. Über das FPÖ-Volksbegehren zum Thema Ausländer vermied es derselbe Monopolrundfunk, auch nur eine einzige kontroverse Diskussion mit uns durchzuführen. Ich habe den Prozeß inzwischen in allen Instanzen gewonnen. Eine breite öffentliche Erörterung findet nicht mehr statt, da sich das erhoffte »Schlachtfest« nicht ereignet hat. Andererseits wurde aber nach dem Urteil in erster Instanz auf die zuständige Richterin von Medien und Mächtigen in der Politik ein so brutaler Druck ausgeübt, daß sie sich genötigt sah, ab diesem Zeitpunkt eine Erledigung von Angelegenheiten, die mich betreffen, zu verweigern. Wer da noch glaubt, dieses System brauche keine Reform an Haupt und Gliedern, ist mehr als blauäugig.

Wer sich gegen die Mächtigen stellt, wer nicht mitmacht und sich nicht anpaßt, der wird zum medialen Freiwild erklärt. Je erfolgreicher die FPÖ ist, je mehr sie das jahrzehntelang festgefügte System von Parteienmacht und Funktionärsherrschaft demaskiert, desto lauter bläst die mediale Jagdgesellschaft zum Halali. Was man im demokratischen Wettbewerb nicht schafft, versucht man um so eifriger über die Redaktionsstuben zu erreichen.

Natürlich sind Freiheitsbedrohungen in totalitären Systemen – insbesondere was physische Gewalt betrifft – wesentlich brutaler, aber deshalb auch leichter als solche zu erkennen. Die Freiheitsbedrohung in westlich-liberalen und demokratischen Systemen ist subtiler. Während man im Dritten Reich oder in der DDR ins Konzentrationslager oder ins Zuchthaus kam, wenn man eine abweichende Meinung vertrat, bedeutet dies im pluralistischen System die potentielle politische und gesellschaftliche Ächtung und die mediale Diffamierung. Die physische Bedrohung ist hier nicht gegeben – das ist zweifellos ein nicht zu unterschätzender Vorteil. Existenzvernichtung kann es aber trotzdem bedeuten. Eine abweichende Meinung gegenüber den herrschenden Machtstrukturen kann gleichbedeutend sein mit Berufsverbot, kann wirtschaftliche Schwierigkeiten für den Betreffenden zur Folge haben und Diskriminierung nach sich ziehen. In Österreich sind etwa die beruflichen Chancen für den, der sich im Widerspruch zu den etablierten Machtparteien befindet, äußerst gering. Selbst der bestqualifizierte Jurist wird niemals Mitglied des Verfassungsgerichtshofes werden, selbst der beste Medienmann niemals Abteilungsleiter im staatlichen ORF, selbst der größte Finanzexperte wird in der Nationalbank keine Karriere machen, wenn er nicht die richtigen »Freunde« hat.

Das einzige, was meine Gegner verwirrt, ist, daß sich die auflagenstarke *Kronen Zeitung* und seit geraumer Zeit auch das Boulevardblatt *täglich Alles* nicht an der FPÖ-Jagdgesellschaft beteiligen. Immer wieder werden Vermutungen über meine besonderen Beziehungen zur mächtigen *Kronen Zeitung* und zu Hans Dichand angestellt. Die Wahrheit ist einfach: Dichand sah die rot-schwarzen Fouchés, die die mediale Guillotine rücksichtslos bedienten, wenn es um die FPÖ ging. Es war einfach ein Ausdruck des Gerechtigkeitsdenkens, das zu einer ausgeglichenen Haltung der *Kronen Zeitung* geführt hat. Fortan rufen unsere Gegner, daß Dichands Vertrauensmann, der ehemalige Parteisekretär der SPÖ und Feind der FPÖ, Hans Mahr, an Einfluß gewinnen und die *Kronen Zeitung* in die rotschwarze Volksfront einbringen wird. Es hieße aber Hans Dichand unterschätzen, wenn man glauben wollte, er würde eine solche Entwicklung hinnehmen. Denn gerade diese Distanz zu den geifernden Schreibtischtätern in den rot-schwarzen Redaktionsstuben ist es, die den Erfolg seiner Zeitung ausmachen. Seine veröffentlichte Meinung ist die öffentliche Meinung. Und dabei treffen sich unsere Wege, zumindest stehen wir einander nicht im Wege, und keiner ist dem anderen verpflichtet. Die Fairneß des Herausgebers Hans Dichand hat bewirkt, daß mancher Keulenschlag der Volksfrontmedien gegen die FPÖ ohne Wirkung geblieben ist. Gerade wenn man Politik so exponiert betreibt, wie das die Freiheitlichen tun, muß man viele Gefahren überstehen. Ich selbst bin schon im Auf und Ab der Ereignisse durch viele Höhen und Tiefen gegangen. Treue Freunde, eine liebevolle Familie und gute Nerven bewahren vor Resignation in Augenblicken der Schwäche. Wer solche Situationen meistert, ist auch in staatspolitischen Krisen standfest und verläßlich.

Weder in der österreichischen Bundesverfassung noch im bundesdeutschen Grundgesetz ist die Errichtung einer »Vierten Gewalt« in Form der Medien vorgesehen. Allerdings besteht diese Vierte Gewalt heute faktisch, von niemandem gewählt, von niemandem kontrolliert. Sie hat sich in der Praxis zu einer Diktatur der Meinungsmacher entwickelt, mit all jenen Erscheinungen, die auch Diktaturen auszeichnen: dem Mißbrauch der Freiheit durch einzelne zum Schaden aller, der Rechtlosigkeit ihrer Opfer und der Desinformation in wesentlichen Bereichen.[52] Die Medien der westlichen pluralistischen Welt huldigen einem geradezu süchtigen Konformismus, der im Grunde genommen genau das Gegenteil wirklicher Pressefreiheit bedeutet.

2

Der Kampf um die kulturelle Hegemonie

Auch wenn wir es nicht wahrhaben wollen, in und um Europa tobt ein ideologischer Kampf. Widersprüchliche Geistesströmungen wollen sich in das Bewußtsein der Menschen einschleusen. Aber die wirkliche Veränderung, die Revolution, muß zuerst in den Köpfen der Menschen stattfinden. Wer den bestimmenden Einfluß auf das Bewußtsein der Menschen hat, der hat die Macht. Es handelt sich also um die kulturelle Hegemonie in unserer Gesellschaft. Sie muß durchaus nicht von denen ausgeübt werden, die im gesellschaftlich-wirtschaftlichen Bereich Macht haben. In der modernen Massengesellschaft hat sich die Kultur völlig von der Sozialordnung gelöst.

Noch Karl Marx glaubte, in der bürgerlichen Gesellschaft sei die Kultur Reflex und Überbau der Ökonomie. Auch Max Weber sah dies ähnlich. Für ihn waren Denken, Handeln und gesellschaftliche Struktur in Bereichen wie Recht, Wissenschaft, Bildung, Wirtschaft und Kultur rational geprägt und somit eine integrierte Einheit. In unserer modernen Gesellschaft gibt es diese Bindung und Bedingtheit jedoch nicht mehr. Soziales und kulturelles Leben sind weitgehend entkoppelt. Diesem Umstand ist es zu »verdanken«, daß es in einer bürgerlichen Gesellschaft mit einem marktwirtschaftlichen System die geistige Vorherrschaft der Linken im kulturellen Sektor gibt. »... die Protagonisten der Feindkultur (haben) aufgrund der historisch-subversiven Auswirkungen auf die traditionellen bürgerlichen Wertvorstellungen heute einen beträchtlichen Einfluß auf das kulturelle Establishment, wenn sie es nicht gar beherrschen; gemeint sind hier die Verlage, Museen, Galerien, wichtigere Nachrichten, Medien, Zeitschriften, kulturelle Wochen- und Monatsblätter, Theater, Film und Universitäten.«[53]

Wollte Karl Marx noch die Produktionsverhältnisse revolutionieren, um zur kulturellen Hegemonie zu gelangen, schlugen seine Epigonen eine andere Strategie ein. Die Brechung der Vorherrschaft des bürgerlichen Denkens war für die Linken »68er« die Voraussetzung, um über Kapitalismuskritik, Diffamierung herrschender gesellschaftlicher Kräfte (»Trau keinem über 30!«) und Antiamerikanismus zur kulturellen Hegemonie zu gelangen. Der Marsch durch die Institutionen war erfolgreich. Mit »Atomangst, Natoangst, Faschismusangst« baute die Linke in den siebziger und achtziger Jahren ihre »intellektuelle« Vorherrschaft aus und verstand es meisterhaft, ihre scheinbare moralische Überlegenheit ins rechte Licht zu rücken. Die Linke war die Hüterin des Guten, der Werte der Aufklärung und des Humanismus, allein dem universellen Frieden, den globalen Menschenrechten verpflichtet. Anders die »Rechte« mit ihren nationalen und konservativen Kräften. Sie wurde in einen ständigen Rechtfertigungszwang gesteuert und immer wieder mit der NS-Vergangenheit in Zusammenhang gebracht. Der politischen Linken gelang es, europaweit nicht nur ihre Kader in den Massenmedien und Gazetten zu etablieren, sondern auch als Lehrer und Professoren die Bildungseinrichtungen bis zu den Universitäten in die Hand zu bekommen oder zumindest einen wesentlichen Einfluß auszuüben.

Die 68er Generation hat sich eingenistet, ja fett gefressen im politischen System. Eine Kostprobe ihres unerbittlichen ideologischen Willens gab sie beispielsweise anläßlich des Volksbegehrens, das von der Freiheitlichen Partei zur Ausländerproblematik initiiert wurde. Lehrer der 68er Generation traten an österreichischen Schulen massiv dagegen auf. Der Respekt vor der vielgepriesenen Meinungsfreiheit, auch von

Kindern und Schülern, galt dabei nicht viel. Die von Angehörigen der 68er Generation einstmals bekämpfte »repressive Toleranz« wurde von ihnen selbst gegen die Schuljugend ausgeübt. Aber auch im öffentlich-rechtlichen Rundfunk Österreichs (ORF) finden sich neben Partei-, Gewerkschafts- und Ministersekretären der beiden Regierungsparteien SPÖ (Sozialistische Partei Österreichs) und ÖVP (Österreichische Volkspartei) etliche leitende Redakteure, die als 68er noch eine fundierte Ausbildung in Moskau oder einem anderen kommunistischen Zentrum erhalten haben.

Für Deutschland hat Jürgen Habermas die »Linksverschiebung des politischen Spektrums« mit Genugtuung registriert.[54] Die geistige Verblendung dieser Linken zeigt sich aber auch darin, daß sie selbst nach dem Zusammenbruch des Kommunismus im Osten die Öffnung und den Fall der Mauer kritisiert haben. So vertritt der Schriftsteller Erich Kuby allen Ernstes die Auffassung, man hätte Österreich und Ungarn bitten müssen, »keine DDR-Wirtschaftsflüchtlinge mehr durchzulassen«, und die Mauer hätte nicht »so früh« geöffnet werden dürfen, um die »Preisgabe der Errungenschaften des Sozialismus« zu verhindern.[55]

Der Vormarsch der Linken ins Bewußtsein der westlichen Menschen wäre wohl nicht mehr aufzuhalten gewesen, hätte es da nicht den Betriebsunfall gegeben, der in Wirklichkeit etwas Endgültiges war: den Sturz des Kommunismus. Mit dem Scheitern des Sozialismus ist die Linke im Westen in Konfusion und Unsicherheit geraten, so als hätte man ihr den Teppich unter den Füßen weggezogen. Der Ablaufplan für die geistige Umerziehung ist erheblich gestört. Jürgen Habermas hat dies auch erkannt und macht sich Sorgen: Der »im ganzen progressive Wandel in Motiven und Einstellungen« der bundesdeutschen Bevölkerung könne durch die Wiedervereinigung einen Rückschlag erleiden, »denn die DDR hat den dramatischen Wandel der Wertorientierungen, der sich in der

Bundesrepublik mit den späten sechziger Jahren vollzogen hat, noch nicht nachgeholt«.[56] Rainer Zitelmann hat dazu kritisch angemerkt: »Man ahnt, was Habermas meint: Multikulturelle Visionen, feministische Utopien, progressiver Antifaschismus und engagierter Anti-Antikommunismus, also all jene Einstellungen, die seit der bundesdeutschen Kulturrevolution von 1968 zum guten Ton in der aufgeklärten und kritischen Öffentlichkeit gehören, finden in der Ex-DDR nur wenig Anklang.«[57] Dies ist ein Ärgernis für die Linksintellektuellen und zugleich eine Chance für die freiheitlichen Kräfte in Deutschland.

So kann es auch nicht verwundern, mit welcher Verbissenheit die Linke zur Zeit an einem neuen Feindbild arbeitet, um geistiges Chaos und Resignation in den eigenen Reihen zu überwinden.[58] Dabei hat sie bereits eine neue »antifaschistische« Plattform gefunden, in die sie auch weltanschaulich fremde Institutionen wie die Kirchen einbinden zu können glaubt: Ausländerfeindlichkeit und Neonazis sind das bevorzugte Thema der Linken nach dem Fall der Mauer und des Sozialismus. Es ist aufschlußreich, daß sich die Linke dieser Thematik sehr rasch angenommen hat, während der Holocaust auf dem Balkan als Thema der linken Friedensbewegung seit mehreren Jahren sorgfältig gemieden wird und man zu diesen schlimmen Vorkommnissen nichts zu sagen hat.

Das Thema »Ausländerfeindlichkeit« ist ein geeignetes Vehikel, um einen weiteren Zuzug von anderen Staatsangehörigen im Sinne des Zieles einer multikulturellen Gesellschaft politisch und praktisch zu fördern und dabei durch allmähliche Veränderung des Staatsvolkes die ersehnte Destabilisierung des politischen Systems herbeizuführen. Der Konflikt auf dem Balkan ist dagegen nicht für die politischen Ziele der Linken zu instrumentalisieren. »Nach dem Zusammenbruch des real existierenden Sozialismus hat die bundesdeutsche Linke ein neues Betätigungsfeld gefunden. Die Rituale aus der Mottenkiste des Antifaschismus können neu durchexerziert werden: Die Teilnahme an Mahnwachen vor Ausländerwohnheimen kommt dem Gefühl nahe, als aufrechte Kämpfer rechtzeitig gegen den Faschismus aufzutreten.«[59] Überraschend ist die Brutalität, mit der in dieser Kampagne vorgebliche Ausländerliebe zu tatsächlichem Inländerhaß führt. Manchmal hat man den Eindruck, daß die »Ausländerfeindlichkeit« sogar nur eine Funktion der Inländerfeindlichkeit ist. Die Selbstanklage des »Masorassismus« soll verängstigte und labile bürgerliche Seelen zur Parteinahme für das multikulturelle Experiment gewinnen helfen, weil nationales Denken und Heimatbewußtsein natürlich nicht zum Zeitgeist gehören.

Sicherlich, auch die Völker Mitteleuropas sind Mischprodukte mit einander überlagernden ethnischen Schichten – dies aber als Ergebnis vielhundertjähriger, organischer evolutionärer Bewegung und Begegnung und nicht als Ergebnis einer massenhaften Landnahme im Kernterritorium der Heimat. Diese Fehlentwicklung ist auch eine Ursache für das traurige Neonaziproblem. Ich halte es allerdings für falsch, aus der Existenz einer radikalen jugendlich-dumpfen Protestbewegung die Gefahr des Wiederaufstiegs des Nationalsozialismus zu konstruieren. Martin Walser hat zu Recht erklärt: »Jetzt machen wir Rechtsradikale aus Jugendlichen, die ihren Protest so kraß wie möglich kostümieren. ... Von Politik ist bis jetzt noch kaum die Rede bei diesen Verwirrten und Versprengten. Wenn sie den Mund aufmachen, kommt zäh Hilflosigkeit heraus. Und wenn sie mit Requisiten des Nationalsozialismus auftreten, dann doch wohl, weil sie wissen, daß das uns am meisten weh tut und daß man damit am schnellsten weltweit ins Fernsehen kommt.«[60]

Gerade in der ehemaligen DDR sind Jugendliche mit zahlreichen Krisenphänomenen konfrontiert, so mit dem Verlust der – wie auch immer verlogenen – Gemeinschaftsbindungen sowie einer scheinbar ausweglosen Arbeitslosigkeit. Wenn dann noch eine steigende Zahl von »Asylanten« aus der ganzen Welt wirklich oder vermeintlich die Arbeitsplätze und vor allem die innere Sicherheit bedroht, dann wird es kein Volk auf der ganzen Welt geben, das dies mit Gleichmut hinnimmt. Gesellschaft und Politik müssen sich dieser Krise stellen und wieder Perspektiven für die gefährdeten Jugendlichen aufzeigen. Andernfalls machen sie sich mitverantwortlich, daß die Kinder dieser Gesellschaft tatsächlich den Nazis oder Pseudonazis in die Arme getrieben werden, weil diese ihnen zwar auch nicht helfen können, sich ihnen aber wenigstens zugewandt haben.

Im Grunde fehlt es an einer Dialogbereitschaft und Gesprächskultur mit gefährdeten Jugendlichen. »Ohne den Willen zu Kompromiß, ohne den Verzicht auf Ausgrenzung Andersdenkender kann Demokratie aber nicht lebendig bleiben«.[61] Rasch ist man auch bereit, das alte Freund-Feind-Denken zu beleben. Da gibt es die guten Linken und die bösen Rechten. Ein österreichischer Gerichtspräsident versuchte dies einmal damit zu erklären, daß eben die Linken die Utopie einer besseren Gesellschaft hätten, was ihre Gewaltbereitschaft in einem positiveren Licht erscheinen ließe, während Rechte schlichtweg dumpfe Biertischdemagogen ohne akzeptable Visionen seien. Daher wird es dem ehemaligen Fraktionssprecher der Grünen, Rainer Trampert, großzügig nachgesehen, wenn er die Parteien des deutschen Bundestages pauschal beschimpft und erklärt, daß es ihm »schwerfällt, die eigenen Gewaltfantasien gegen dieses Pack zu zügeln«.[62] Offenbar funktioniert in diesen Fällen das Erinnerungsvermögen selbsternannter Hüter der Demokratie überhaupt nicht, ansonsten müßte es ihnen doch auffallen, daß schon einmal Parlamente als »Quatschbuden« bezeichnet und sehr rasch durch ein totalitäres Regime ausgeschaltet wurden.

»Wehret den Anfängen!« Oder doch nicht? Gewalt als Mittel der Politik zur Ausschaltung des Andersdenkenden ist in keinem Fall, zu keinem Zeitpunkt und aus keinem Grund zu rechtfertigen. Wer zu Gewalt greift, ist mit seinen Argumenten am Ende und beweist, daß er überhaupt nichts begriffen hat, weder die Gesellschaft noch das tägliche Leid in der Welt, noch die Demokratie oder das humanen Gesellschaften zugrundeliegende Ethos. Aber gerade das unterstreicht die Sinnkrise unserer westlichen Wertegemeinschaft. Da warfen sich westliche Staatslenker kommunistischen Diktatoren in der DDR oder andernorts an den Hals und arbeiteten an der »Vernünftigmachung« der Teilung (M. Walser), weil die Wiedervereinigung »ohnedies die Lebenslüge der Deutschen sei« (Willy Brandt vor dem Fall der Mauer). Da erklärt eine österreichische Regierung sofort gegenüber den Putschisten in Moskau (Sommer 1991) ihr Wohlverhalten; da übersehen die westlichen Länder nobel das Blutbad der rotchinesischen Regierung gegen Studenten, um nur ja keine Geschäftskontakte zu zerstören. Und da reden Journalisten in Talk-Shows dummdreistes Zeug über Gewalt und Neonazis und erzeugen in ihren Medien ein Klima, das Gewalt, Mord und Totschlag zur gesellschaftlichen Normalität erklärt. In Wirklichkeit haben sich all diese politischen und medialen Heuchler mit dem Unrecht längst arrangiert, in der Hoffnung, daraus Vorteile zu ziehen. In Wirklichkeit verschließen sie die Augen vor der Tatsache, daß die Freiheit von Menschen und Völkern gefordert wird, denen sie sich aus Mutlosigkeit, Bequemlichkeit oder vordergründigem Vorteilsdenken verweigern. Freiheit ist nicht standpunktlos und erfordert einen klaren Blick. Wer die Freiheit aus dem Auge verliert, wird im Nebel des Geschehens ohne Orientierung bleiben und sich durch die Geschichte durchzulavieren versuchen. In jedem Fall betoniert er dabei die Unfreiheit von anderen. Manche freilich merken auch gar nicht, daß sie Opfer eines großen semantischen Betruges geworden sind.

Sie heulen mit den grauen, roten, schwarzen Wölfen und wissen gar nicht, warum.

Es ist schick und modisch, für alles, was in der Welt nicht so recht im Sinne der neuen Weltordnung funktionieren will, den »Nationalismus« verantwortlich zu machen. Und in der Tat, er ist da: in Armenien wie in der Ukraine, in Korsika wie im Baskenland und in Slowenien wie in Litauen. Er ist da: als unerfüllte Sehnsucht nach Geborgenheit, Bindung und Selbstbestimmung sprachlich, kulturell und geschichtlich miteinander verbundener Menschen. »Die moderne europäische Geschichte ist eine Geschichte des Suchens nach der nationalen Eigenständigkeit und demokratischen Identität. Diese zwei Ziele schließen einander nicht aus, sondern im Gegenteil, sie bedingen einander. Nationale Eigenständigkeit ist Ausdruck und zugleich Verständnis der Verschiedenartigkeit des Lebens. Sie bedeutet Freiheit der Nation, basiert jedoch nicht auf dem Gefühl ihrer Überordnung, sondern auf dem Gefühl ihrer Zusammengehörigkeit mit den anderen. Ein freies Volk kann nur aus freien Menschen bestehen. Ausdruck der menschlichen Freiheit ist die Demokratie. Darum wird wirkliche nationale Eigenständigkeit nur von einem demokratischen Rechtsstaat gesichert.«[63] Der Wille zur nationalen Eigenständigkeit hat allen Versuchen, Identität und kulturelle Unterschiedlichkeit etwa durch den Imperialismus der Sowjetunion, der Franzosen oder der »Jugoslawen« zu unterdrücken, erfolgreich widerstanden. Nationale Eigenständigkeit markiert kulturelle Grenzen, und zwar Grenzen der Geistigkeit im Sinne der Zusammengehörigkeit – woraus die kulturelle Buntheit und Vielfalt in diesem Europa entstanden ist – und nicht Grenzen der Überordnung, wie Havel richtig sagte. Mit dem Zerfall des Nachkriegseuropas, das die Retortenstaaten von 1918 und 1945 beseitigte, ist Europa im Begriff, seine Buntheit oder »Bundheit« wiederzufinden. »Die Polen haben in den Jahrzehnten der Diktatur und der Bedrükkung erfahren, daß der Mensch auf dreifache Weise Geborgenheit sucht und Geborgenheit nötig hat. Nämlich:

1. Die Geborgenheit in der Familie und unter Freunden;
2. Die Geborgenheit in der Heimat, in der gesellschaftlichen seelischen, geistig-religiösen Heimat, in der man und von der man lebt;
3. Die Geborgenheiten in einem Nationalstaat, der die Möglichkeit der Identifikation bietet.«[64]

Die europäische Geschichte zeigt uns, daß der Friede am sichersten ist, wenn die Nation geborgen und frei ist – freilich mit der Einschränkung, daß nationale Selbstbestimmung ohne ein gesamteuropäisches Minderheitenrecht undenkbar ist, an dem es in Europa vor allem fehlt. Am Beispiel des zerfallenden Jugoslawien und der dortigen »ethnischen Säuberungen« wird das nur zu deutlich. Von UN-Generalsekretär Boutros Boutros-Ghali bis zum Bundespräsidenten Richard von Weizsäcker wird freilich als Ausrede für die Schutzverweigerung gegenüber der Minderheit gern darauf hingewiesen, daß es eben den Europäern verwehrt sei, bei innerstaatlichen Konflikten, wie beispielsweise in Jugoslawien, einzugreifen. Wann aber soll das Selbstbestimmungsrecht wirklich zur Geltung kommen, wenn nicht in einem klassischen Fall des Zusammenbruchs einer scheinstaatlichen Scheinlegitimität? Die jämmerlichen Reaktionen des Westens, insbesondere der EG-Staaten, auf diese »ethnischen Säuberungen« zeigen, daß die in der KSZE-Akte niedergelegten Grundsätze nicht einmal das Papier wert sind, auf dem sie geschrieben wurden. Der bekannte deutsche Sozialdemokrat Klaus v. Dohnanyi hat zu Recht festgestellt: »Nicht der Nationalismus ist in erster Linie schuld am Ausbruch gewalttätiger Nationalitätenkonflikte, sondern seine Unterdrücker, ... nicht die Nation ist überlebt, sondern ihre Bevormundung.«[65] Diese Einschätzung wird bei manchem historisch unbedarften Zeitgeistler verständnisloses Kopfschütteln hervorrufen. Wie kann man im Zeitalter des vereinten Europa derart »anachronistische« Gedanken über Heimat, Volk und Selbstbestimmung äußern? Alle wollen doch Europäer sein! Wozu muß es da die graue Nation geben, wo doch Europa so bunt, so vielfältig, so offen ist? Genau deshalb. Wenn dieses Europa kein kultureller und sprachlicher Einheitsbrei aus dem Fleischwolf der Brüsseler Bürokraten werden soll, dann muß die Entwicklung zu einem Europa der Völker und Volksgruppen ermöglicht werden. Eine abstrakte europäische Kultur und die dazu passenden Menschen gibt es nicht. Es gibt nur konkrete Identitäten von Menschen und Völkern.

Auch im österreichischen Staatswesen bestehen nebeneinander verschiedene Identitäten. Die Österreicher waren oder sind Kelten, Illyrer, Slowenen, Kroaten, Ungarn, Zigeuner, Juden und in der überwiegenden Mehrheit deutscher oder bairischer Abstammung. In dieser Einheit in Vielfalt haben wir unsere eigene Identität gewonnen und darüber hinaus deutsche Kulturgeschichte gestaltet. Was wäre auch die deutsche Geschichte ohne den österreichischen Beitrag? Gerade am österreichischen Beispiel zeigt sich, daß der Weg in eine ganz andere Richtung geht, als es die Einheitseuropäer wollen. Im Rahmen der deutschen Volks- und Kulturgemeinschaft hat Österreich seinen eigenständigen Weg beschritten, der ihm eine unverkennbare kulturelle Identität sichert: unverwechselbar, unvergleichbar, unverletzbar! Das heißt eben nicht, sich aus der gemeinsamen Geschichte zu verabschieden, weil es einfacher wäre, keine »Verantwortungsgemeinschaft für die Geschichte der Deutschen« (Lothar de Maizière) bilden zu wollen. Das tun die Deutschen ohnedies selbst. Über 40 Jahre lang war das Wort »Nation« aus dem Sprachschatz der Eliten verbannt, weil es im NS-Regime mißbraucht wurde. Man glaubte, mit dem blutleeren Begriff des »Verfassungspatriotismus« (Dolf Sternberger) auszukommen, aber der Wunsch eines jeden Volkes nach nationaler Identität, mit einem Gemeinwesen, in dem Grund- und Menschenrechte gelten, ist letztlich stärker als solche ideologischen Konstrukte. Die brüchige Krücke »Verfassungspatriotismus« ist zwar ohne Bedeutung, aber auch die logische und historische Konsequenz aus dem Umstand, daß die politische Klasse dieses Volkes es zugelassen hat, die eigene Geschichte insgesamt zu kriminalisieren, anstatt sie aufzuarbeiten. Der Selbsthaß und der nationale Masochismus dieser Deutschen ist so tragisch-erbarmungswürdig, daß wir Österreicher schon aus diesem Grunde nicht dazugehören wollen, sondern unsere eigenen Wege suchen und gehen. Da wird immer noch von Kollektivschuld geredet. Auch in der Selbstzerknirschung wollen die Deutschen Weltmeister sein. Sie sollten aber manchmal bei den Gedanken des großen Sozialdemokraten Kurt Schumacher Anleihe nehmen, der selbst zehn Jahre im Konzentrationslager der Nationalsozialisten eingesperrt war, aber gegen jede kollektive Anschuldigung auftrat und seine Gespräche mit ehemaligen Angehörigen der Waffen-SS als »eine menschliche und staatsbürgerliche Notwendigkeit« bezeichnete, um »der großen Masse der früheren Angehörigen der Waffen-SS den Weg zu Lebensaussicht und Staatsbürgertum frei zu machen«.[66] Schumacher und andere mutige Staatsmänner (auch Adenauer, Carlo Schmid) haben klargemacht, daß Schuld nur individuell zurechenbar ist. Wer kollektiv verurteilt, schützt die wahren Schuldigen. Das gilt für den nationalsozialistischen Holocaust ebenso wie für die Massenverbrechen des Stalinismus, die über Jahrzehnte von linken Intellektuellen verschwiegen und verharmlost wurden. Wer die Vergangenheit bewältigen will, muß nicht nur die Lehren daraus ziehen, sondern diese Konsequenzen auch leben. So gesehen hat gerade die Kriegsgeneration bewiesen, daß sie den Weg in die Demokratie gefunden und dem demokratischen

Rechtsstaat ein starkes Fundament gegen Gefahren eines neuen Totalitarismus/Faschismus/Stalinismus gegeben hat.

Trotzdem nehmen die Anfeindungen gegen diese Generation nicht ab, sondern eher zu. Kinder werden in den Schulen gegen ihre Großeltern und Eltern aufgehetzt. In den Medien häufen sich Filme und sogenannte Dokumentationen zu diesem Thema. Offenbar ist die Zahl der noch Lebenden aus dieser Zeit schon klein genug, um sie (für die Demokratie als nicht mehr wahlentscheidend) an den Pranger zu stellen. Dabei geht es aber schlicht und einfach um Gerechtigkeit und Selbstachtung eines ganzes Volkes. Ich selbst soll mich immer wieder verteidigen, weil ich etwa am Ulrichsbergtreffen, einem europäischen Friedenstreffen der Veteranen, teilnahm und in Zukunft teilnehmen werde. Dort begegnen die Feinde von einst einander als Freunde. Auch Bischöfe und politische Vertreter aller Richtungen halten dort Ansprachen. Trotzdem ist die Polemik gegen diese Feier in Kärnten durch linke Kreise ungebrochen und unerträglich. Offenbar wollen sie keine ehrliche Auseinandersetzung mit der Geschichte und den historischen Wunden Europas. Sie pflegen lieber ihre Vorurteile, verletzen die Gefühle von anständigen Menschen und treten die mit Füßen, auf deren Schultern ihre eigene Existenz hoffnungsfroh aufgebaut wurde. Es ist wohl keine Frage, daß wir alle die moralische Pflicht haben, die Gedächtnislast einer zum Teil fürchterlichen europäischen Geschichte zu tragen, insbesondere auch der deutschen und österreichischen Geschichte.

Helmut Schmidt, der ehemalige Oberleutnant im Reichsluftfahrtministerium, hat zu Recht bemerkt: »Wer aber ein selektives Gedächtnis pflegt, wer sich nur an die Höhepunkte und Heldentaten der eigenen Geschichte erinnern will, wer als Christ die Ketzer und Hexenverfolgungen, als Deutscher den millionenfachen Mord an den Juden oder als Kommunist die Verbrechen des Stalinismus verdrängen und verschweigen will, der gibt Moral und Gesittung preis.«[67] So denkt auch das Volk. Nur will das die halbgebildete Schickeria der Linken nicht zur Kenntnis nehmen. Daher muß das Volk den sonderbaren Selbsthaß der Linksintellektuellen wohl noch eine geraume Weile ertragen. Es kann uns nur hoffnungsfroh stimmen, daß jüngere konservative, liberale und linksnationale Intellektuelle den Nationalallergikern zunehmend entgegentreten.

Kultur ist nicht nur »expressiver Symbolismus«[68], der in ideeller und intellektueller Weise Sein und Wesen menschlicher Existenz auszuleuchten und darzustellen bestrebt ist. Kultur hat heute in Malerei, Poesie und Literatur vielfach Halt und Grenzen verloren und gleitet in einen schwerverständlichen Synkretismus ab. Kultur als Fundgrube für neue und übrigens auch wiederbelebte alte ästhetische Erfahrung verkommt zur Deponie für das Warenlager des Synkretismus, und das hat nichts mehr mit der Freisetzung schöpferischer Begabungen zu tun.

Und wenn das alles nicht reicht, muß die gesellschaftliche Provokation herhalten! Ob es sich dabei um den »Babyficker Urs Allemann« handelt, der Sexualgewaltverbrechen an Kindern verharmlost, oder ob es um die orgiastischen Exzesse des »Künstlers« Hermann Nitsch geht, der mit einem Amalgam aus Blut, Sperma und Gotteslästerung ästhetisches Grundempfinden von Menschen verhöhnt, ist weniger wichtig. Kulturelle Hegemonie sichert ihnen öffentliche Beachtung, Applaus antielitärer Eliten und Zuschüsse aus dem Steuertopf, die in einer funktionierenden Demokratie vom Volke verweigert würden. Spätere Generationen werden solche Erscheinungen als Zeichen einer fortgeschrittenen Dekadenz der westlichen Gesellschaften werten.

3

Recht auf Heimat oder multikulturelle Gesellschaft

Heimat ist keinesfalls nur ein Ort, eine Gegend oder eine Region. Heimat bedeutet vielmehr Vertrautheit im umfassenden Sinn, mit der Landschaft, mit den Sitten und Gebräuchen und der Kultur, mit der Geschichte und der Sprache. Heimat wird nicht nur ererbt, man muß sie sich auch seelisch und geistig erwerben und erarbeiten. Die bloße Anwesenheit in einer Gegend macht diese noch nicht zur Heimat. »Aber mit der Heimat geht man immer herum, durch die Welt, dort und dort« (Peter Handke).[69] Die Verbundenheit mit Gegenwärtigem und Vergangenem, mit materiell Greifbarem und Immateriellem und die Bereitschaft, dafür einzustehen, all das macht in der Summe erst Heimat aus.

Heimat ist für viele von uns etwas so Selbstverständliches geworden, daß uns das Wort – »Heimat« – schon gar nicht mehr geläufig ist. Die sogenannten »Heimatfilme«, »Heimatabende« für Touristen und die »Heimatlieder« in den Schlagerparaden haben den Begriff »Heimat« in den Bereich der Folklore verbannt. Heimat als sinnstiftendes Lebenselement, als Ausdruck der Geborgenheit in einer Gemeinschaft wird in unserer postindustriellen Lebenswelt zunehmend schwerer erlebbar. Besonders augenfällig ist diese Entwicklung im großstädtischen Bereich, wo man nicht einmal mehr den Nachbarn hinter der Tür nebenan kennt, wo alte Menschen ihren Lebensabend oft in vollständiger Isolation und Einsamkeit verbringen müssen, wo Jugendliche ihre Sehnsucht nach Gemeinschaft allzu oft in kriminellen Banden oder Drogenkreisen stillen und wo der Raubbau an der Umwelt alle Wurzeln zerstört, aus denen die Besonderheit des Kulturellen erwachsen ist. Wer kann in solch einer Umgebung mit dem Begriff »Heimat« noch etwas anfangen? Wie soll da das Bewußtsein dafür wachsen, daß man »Heimat« pflegen, bewahren und schützen muß?

Mit der Heimat verhält es sich so wie mit der Freiheit: Ihren wahren Wert erkennt man meist erst dann, wenn man sie verliert, wenn sie einem genommen wird. »Heimat ist das, was war . . .« sagt Peter Handke. Die Vertreibung und Vernichtung der indianischen Urbevölkerung in Nord- und Südamerika, die jüdische Diaspora und das Schicksal von Millionen Juden im Nationalsozialismus, die Vertreibung von Millionen Deutschen nach dem Zweiten Weltkrieg, die Heimatlosigkeit der Palästinenser, das Schicksal der Armenier, der Kurden, der Tibeter – Millionen von Menschen, die auf gewaltsame Weise ihres Rechts auf Heimat beraubt wurden. Heute sind wir wieder Augenzeugen von Heimatvernichtung auf dem Balkan, mitten in Europa.

All diesen Menschen, Völkern und Volksgruppen wurde eines der elementaren Grundrechte genommen, ihr Recht auf Heimat. Dieses »Recht auf Heimat« ist in den Menschenrechten nicht als eigener Artikel enthalten, aber es ergibt sich aus deren Wesensgehalt insgesamt. Wenn es auch nirgends explizit ausgesprochen wird, so durchzieht es doch wie ein roter Faden alle Grundrechtskataloge. Dies gilt sowohl für die UNO-Satzungen wie auch für die beiden Menschenrechtspakete aus dem Jahre 1966, deren Artikel 1 jeweils das »Selbstbestimmungsrecht aller Völker«, und zwar »politisch, wirtschaftlich, sozial und kulturell« festlegt. Am deutlichsten heißt es in den Menschenrechtspaketen: »Alle Völker verfügen für ihre Ziele frei über ihren natürlichen Reichtum an Ressourcen . . . In keinem Fall darf ein Volk seiner eigenen Existenzgrundlagen beraubt werden.« Jedes Volk hat also ein Recht auf Schutz vor Fremdbestimmung, ob diese nun gewaltsam oder gewaltfrei ist.

Der Artikel 13 der UNO-Menschenrechtserklärung enthält überdies das Recht der Niederlassungsfreiheit innerhalb eines Staates, ein Recht auf Niederlassung in einem anderen Staat gibt es nicht. Nach Artikel 14 besteht überdies das Recht auf »Asyl vor Verfolgung«. Eine weitere wichtige Bestimmung ist der Artikel 25 des Pakets über bürgerliche und politische Menschenrechte, der jedem Staatsbürger »in allen öffentlichen Angelegenheiten« das Recht auf direkte oder repräsentativ-demokratische Mitbestimmung sichert. Gemäß dem Paket über wirtschaftliche, soziale und kulturelle Menschenrechte hat ein Staat gegenüber seinen Bürgern überdies die Pflicht, für die »stetige Verbesserung der Lebensumstände« und die »Bewahrung der Kultur« Sorge zu tragen.

Darüber, wie man Heimatrecht und damit Bürgerrecht, also Staatsbürgerschaft, erwerben kann, gibt es zwei unterschiedliche Auffassungen, das Abstammungsprinzip auf der einen und das Territorialprinzip auf der anderen Seite. Das Abstammungsprinzip umfaßt nicht nur das Recht, in der Heimat zu bleiben, sondern es bietet ethnischen Minderheiten auch das Recht auf Rückwanderung und Einbürgerung. So können nach diesem Prinzip Juden aus aller Welt nach Israel einwandern, Siebenbürger und Banater nach Deutschland oder Argentinier italienischer Abstammung nach Italien. In diesem Sinne durften beispielsweise auch Nachkommen kroatischer Auswanderer an den jüngsten kroatischen Wahlen teilnehmen. Auch den Landlern, die zur Zeit der Gegenreformation aus Oberösterreich und Kärnten ausgesiedelt wurden, sollte dieses Recht auf Heimat nicht vorenthalten werden.

Das Territorialprinzip findet hauptsächlich in ehemals deklarierten Einwanderungsländern wie den Vereinigten Staaten Anwendung. Frankreich, das für seine ehemaligen Kolonien eine Mischform aus beiden Systemen kannte, ging inzwischen zum Abstammungsprinzip zurück. Das Territorialprinzip wird heute in Europa in erster Linie von denen propagiert, die einer schrankenlosen Einwanderung das Wort reden. Ihre Anhänger berufen sich zwar häufig auf die Menschenrechte, übersehen dabei aber, daß sie damit gerade das Recht auf Heimat negieren und die Überlebensrechte ethnischer Minderheiten preisgeben. Sie übersehen, daß es sehr wohl ein Grundrecht auf Heimat, aber keinesfalls ein Recht auf Einwanderung gibt. Wie anders sollten denn auch die Rechte ethnischer Minderheiten gegenüber einer quantitativ überlegenen Zuwanderung in einem bestimmten Heimat-Territorium geschützt werden?

Eben dieses Grundrecht auf Heimat in Verbindung mit der längst notwendigen Schaffung eines europäischen Volksgruppenrechtes im Sinne der Identitätssicherung von Minderheiten muß als Voraussetzung für den europäischen Frieden betrachtet werden. Daß aber die großen europäischen Staaten auch heute noch nicht bereit sind, das Grundrecht auf Heimat wirklich ernst zu nehmen, haben die Ergebnisse des jüngsten Europaratsgipfels in Wien deutlich gezeigt.

Ein europäisches Minderheitenrecht würde dem Bestreben auch mancher westlicher Staaten nach gesellschaftlicher Uniformität entgegenstehen. Man denke an die Situation der Korsen oder Bretonen in Frankreich, man denke aber auch daran, daß dieser »Geist der Uniformität« Belgien die staatliche Einheit de facto bereits gekostet hat und es nur eine Frage der Zeit ist, wann Italien auseinanderfällt. Die Klammer kann nur ein gesamteuropäisches Volksgruppen- und Minderheitenrecht sein. Die multikulturelle Alternative ist demgegenüber in der ganzen Welt kläglich gescheitert.

Das Schlagwort von der »multikulturellen Gesellschaft« ist längst zu einer Ideologie geworden. Nachdem die Utopie von der klassenlosen Gesellschaft im Sinne des realen Sozialismus kläglich gescheitert ist, gibt es nun ein neues Dogma der unbarmherzigen Zwangsbeglückung. Nachdem es der Linken trotz aller Macht nicht gelungen war, die Menschen zum realen Sozialismus zu bekehren, stand sie vor einem ideologischen Vakuum. Was gab es noch für eine Existenzberechtigung für die linken Klassenkämpfer und Weltverbesserer, nachdem die friedliche Revolution in Osteuropa den Traum vom kommunistischen Einheitsmenschen ein für allemal zerstört hatte?

Die vereinigten Linken waren auf der Suche nach einer neuen Ideologie und nach neuen Feindbildern. Sie fanden ersteres in der Idee von der multikulturellen Gesellschaft und das zweite in allen, die damit nicht rückhaltlos einverstanden waren. An die Stelle des »Klassenfeindes« trat der »Ausländerfeind«, im Klartext jeder, der nicht einer schrankenlosen Einwanderung das Wort redet. »Die Verkündung einer multikulturellen Gesellschaft ist die Totalideologisierung einer partiellen und segmenthaften Einwanderungsbewegung, und das Vokabular der Bezichtigung, das über Nichtanhänger und Uneinsichtige ausgegossen wird, macht die multikulturelle Gesellschaft zur Ideologie, zur gesinnungstüchtigen Waffe im intellektuellen Positionskampf.«[70] Wenn es um die Durchsetzung ihrer gesellschaftspolitischen Vorstellungen ging, waren die Linken noch nie besonders zimperlich. Eine Mitbestimmung der Bürger war im realen Sozialismus genausowenig gefragt wie heute bei den Multi-Kultis.

Und so, wie man 1968 wohlbestallt im mondänen Paris die Segnungen des Kommunismus pries, während Millionen Menschen zwischen Moskau und Hanoi in Unterdrückung und Terror lebten, so huldigt man heute in den Schickeria-Treffs und Szene-Cafés der Nobelviertel einer Vision von der multikulturellen Gesellschaft, während die kleinen Leute in den weniger exklusiven Gegenden sehen müssen, wie sie damit zurechtkommen.

Freilich, in der Theorie klingt die These von der Multikultur genauso edel wie jene von der klassenlosen Gesellschaft. Aber in der Praxis ist das eine wie das andere unmöglich. Das

Experiment der multikulturellen Gesellschaft hat noch nirgends funktioniert. Immense soziale Probleme, Ghetto- und Slumbildung, hohe Kriminalitätsraten und soziale Unruhen waren überall die Folge, wo man es versuchte. Die USA sind dafür das beste Beispiel. Im amerikanischen »melting-pot« ist weder ein sozialer noch ein kultureller Ausgleich gelungen. Die Unruhen von Los Angeles sind dafür nur ein Beleg von vielen. »Der Schmelztiegel kocht über, aber die Menschen verschmelzen nicht zu etwas, was man den Amerikaner nennen könnte«, schreibt Carl T. Rowan, selbst ein schwarzer Amerikaner in der *Chicago Sun-Times.*[71] Jede Einwanderungsgesellschaft ist eine Ellenbogengesellschaft; Diskriminierung und soziale Ungerechtigkeit gehören zu ihrem Wesen.

Nirgendwo auf der Welt hat die Idee von der multikulturellen Gesellschaft ethnische Minderheiten aus der Desintegration befreit, geschweige denn, ihnen mehr Wohlstand und Sicherheit beschert. Wer diese Realität leugnet und statt dessen in verantwortungsloser Weise mit Schlagworten Politik macht, der gefährdet den sozialen Frieden in unserer Gesellschaft. Selbst jene, die ursprünglich zu den vehementesten Verfechtern der »Heimat Babylon« zählten, wie der Parade-68er Daniel Cohn-Bendit, haben dies inzwischen erkennen müssen: »Kein Zweifel, je intensiver eine Gesellschaft von verschiedenen Nationalitäten, Ethnien, Kulturen und Lebensstilen geprägt wird, desto spannender wird es ... D. h. aber gerade nicht, daß die multikulturelle Gesellschaft harmonisch wäre. In ihr ist vielmehr – erst recht dann, wenn sich wirklich fremde Kulturkreise begegnen – der Konflikt auf Dauer gestellt. Die multikulturelle Gesellschaft ist hart, schnell, grausam und wenig solidarisch, sie ist von beträchtlichen sozialen Ungleichgewichten geprägt und kennt Wanderungsgewinner ebenso wie Modernisierungsverlierer, sie hat die Tendenz, in eine Vielfalt von Gruppen und Gemeinschaften auseinanderzutreiben und ihren Zusammenhalt sowie die Verbindlichkeit ihrer Werte einzubüßen.«[72]

Bereits ein Jahr später, nachdem er als Dezernent für multikulturelle Angelegenheiten der Stadt Frankfurt Gelegenheit hatte, auch praktische Erfahrungen zu sammeln, wurde Cohn-Bendit noch viel deutlicher. Als die deutschen Grünen im Mai 1992 auf ihrem Parteitag in Berlin beschlossen, jeder Ausländer müsse das Recht auf Einwanderung nach Deutschland haben, nannte Cohn-Bendit das »gemeingefährlichen Unsinn«. In einem offenen Brief an die Partei schrieb er, er sei nicht gewillt, sich in seiner täglichen Arbeit als Dezernent für multikulturelle Angelegenheiten an diesen Beschluß zu halten. Der nütze niemandem und diene nur dazu, seinen Urhebern ein Gefühl moralischer Überlegenheit zu verschaffen. »Ich bin nicht mehr bereit, dieses Spiel mitzumachen. Ich möchte mich nicht im Gefühl meiner besseren Einsicht und meiner moralischen Überlegenheit baden – ich möchte *diese* Republik, die sich zusammen mit anderen Ländern Europas in einer schwierigen und vielleicht gefährlichen Situation befindet, erhalten und verbessern ... Das Subjekt einer Demokratie sind die in ihr lebenden Bürgerinnen und Bürger. Allein sie und ihre Institutionen können entscheiden, wie und in welchem Umfang die Bundesrepublik Einwanderungsland sein soll. Mit Eurem Beschluß habt Ihr Euch großspurig an die Völker der Welt, nicht aber an die Bürger und Bürgerinnen dieses Landes gewandt.«[73]

Staatliche Ordnung beruht auf einem Minimalkonsens der Werte. Dieser ist dann in Gefahr, wenn unvereinbare Normen in zu engem Rahmen aufeinandertreffen. Hier liegt auch das zentrale Problem der multikulturellen Gesellschaft. Am deutlichsten wird dies, je unterschiedlicher die Kulturen und Wertvorstellungen sind, die aufeinandertreffen. In vielen europäischen Metropolen wird dies in der Frage der Zuwanderer islamischen Glaubens spürbar. In Frankreich leben über drei

Millionen Moslems, in Großbritannien rund eine Million, in Deutschland ca. 1,7 Millionen. Die Gesellschaftsordnung des Islam ist unseren westlichen Werten entgegengesetzt. Menschenrechte und Demokratie sind mit der mohammedanischen Glaubenslehre ebensowenig vereinbar wie die Gleichberechtigung der Frau. Das Individuum und sein freier Wille zählen im Islam nichts, der Glaube und der Glaubenskampf – Djihad, der heilige Krieg – alles. Keine Weltreligion verbreitet sich derzeit so schnell wie der Islam. Die *Süddeutsche Zeitung* schreibt in diesem Zusammenhang von der drohenden »grünen« statt der überwundenen »roten« Gefahr und stellt die Frage, ob »700 Jahre nach den Kreuzzügen die arabischen Moslems zum Gegenschlag an(setzen), ›zum Sturm auf die Zitadellen des Wohlstandes, der Freiheit und der Demokratie‹«.[74]

Wie man auch die Gefahr des islamischen Fundamentalismus einschätzen mag, die Probleme im alltäglichen Aufeinandertreffen zweier so unterschiedlicher Kulturkreise sind vorhanden. Wie schwierig sie zu bewältigen sind, zeigt das Beispiel Frankreichs mit der Auseinandersetzung über die Frage, ob islamische Mädchen in der Schule den Tschador tragen dürfen oder nicht. Auch in Österreich hat diese Thematik die Öffentlichkeit aufgerüttelt, als islamische Eltern verlangten, in den Schulklassen das Kruzifix abzunehmen; es störe das religiöse Empfinden ihrer Kinder.

Hier wird eines der Grundprobleme der multikulturellen Gesellschaft offenbar. Nicht die Einwanderer integrieren sich in die Gesellschaft und Kultur, die sie hier vorfinden, sondern sie erwarten von den Einheimischen, daß diese sich den neuen Sitten und Gebräuchen anpassen. Integration und Assimilation sind eben nicht Ziele einer multikulturellen Gesellschaft. Es ist indes mehr als zweifelhaft, ob fundamentalistische religiöse Überzeugungen im Interesse einer friedlichen Integration einem »laizistischen« Staats- und Einwanderungskonzept untergeordnet werden können.

Eine Gesellschaft, die auf keiner gemeinsamen Wertebasis beruht, führt unweigerlich ins Chaos, zur Auflösung von Recht und Ordnung. Dies mag für die Verfechter der linken Lehre mit ihren anarchistischen Tendenzen eine durchaus akzeptable, wenn nicht gar wünschenswerte Konsequenz sein. Für Bürger, die in ihrer Heimat in Frieden leben wollen, wird gerade deshalb die Utopie von der multikulturellen Gesellschaft zum Alptraum.

Die Argumente der Befürworter der multikulturellen Gesellschaft sind nicht nur blauäugig und praxisfern, sie sind auch größtenteils ausgesprochen zynisch. Dies gilt beispielsweise für das Argument, wir bräuchten ein hohes Maß an Einwanderung, um die Geburtenrückgänge wettzumachen. Dieselben Leute, die der völligen Freigabe der Abtreibung und der ständig fortschreitenden Abwertung der Familie das Wort reden, führen die daraus resultierenden Folgen zur Begründung und Rechtfertigung für die schrankenlose Zuwanderung an.

Die verfehlte Familienpolitik der letzten Jahrzehnte hat dazu geführt, daß die Entscheidung für oder gegen Kinder häufig nur noch unter einem finanziellen Gesichtspunkt getroffen wird. Für die Armen wird es zur Existenzfrage, für die Wohlhabenden zur Frage der Einschränkung in ihrem Wohlstand und Freizeitvergnügen. Wir brauchen also notwendigerweise familien- und gesellschaftspolitische Maßnahmen, die es wieder attraktiv machen, ja zum Kind und ja zur Familie zu sagen.

Nächstenliebe und Sehnsucht nach »Buntheit und Offenheit« sind bei den wenigsten Multikultis die Triebfedern des Handelns. Die meisten von ihnen, vor allem die linken Ideologen, scheinen in erster Linie vom Haß auf das eigene Volk getrieben, das nicht bereit ist, ihren Utopien zu folgen. »Die Österreicher stinken und stehlen«, titelte die Österreichische Sozialistische Jugend in einer ihrer Werbebroschüren für eine offene Einwanderungspolitik.

In den Ausländern glaubt man das neue »Proletariat« gefunden zu haben, das Instrument für eine Neuauflage des Klassenkampfes, der nun zwischen In- und Ausländern ausgetragen werden soll. Und man bedient sich auch gleich wieder der alten Denkmuster: Wer gegen eine schrankenlose Einwanderung ist, wer Zweifel an Sinn und Möglichkeit der multikulturellen Gesellschaft äußert, ist ein »Ausländerfeind«, ein »Rassist«, ein »Faschist« oder »Nazi«. Günter Nenning bringt das sehr richtig zum Ausdruck, wenn er sagt: »Das Volk hat ab und zu recht und die Intellektuellen sind ab und zu blöd. Vielleicht ist euer ständiges Denunziantentum – wer nicht eurer Meinung ist, ist ein halber oder ganzer Faschist – ein Kainsmal, ein Aschenkreuz auf der Stirn von Verzweifelten und Untergehenden. Das wahllose Herumwerfen mit der Faschismus-Vokabel ist die letzte Kampfesdisziplin, in der die heimische Intelligenz noch Meister ist. Sonst fällt euch nix ein.«[75]

So wie die Ausländerfrage von den Linken als Instrument der ideologischen Eigendefinition und politischen Auseinandersetzung mißbraucht wird, so gilt das auch für die extreme Rechte. Die extremen Linken hoffen auf einen neuen Klassenkampf, die extremen Rechten auf einen neuen Rassenkampf. Diesen Apologeten des Bürgerkriegs ist mit derselben Entschiedenheit entgegenzutreten wie ihrem linksradikalen Gegenüber. Wer meint, die Ausländerfrage gewalttätig lösen zu müssen, sei er politisch motiviert oder auch nur emotionell aufgeputscht, dem muß der Staat mit der vollen Härte des Gesetzes entgegentreten. Es ist dringend geboten, daß der Staat sein Gewaltmonopol gegenüber jeder Art von Extremismen behält und durchsetzt, gerade und besonders in der ohnehin so brisanten Ausländerfrage.

Jedem demokratisch verantwortungsvollen Politiker stellt sich vor allem eine Frage: Was ist den Bürgern und der Gesellschaft eines Landes zumutbar? Wie viele Fremde können wir aufnehmen, ohne den sozialen Frieden und die Sicherheit in unserem Land zu gefährden? Wer ermächtigt die Politiker, die eigenen Bürger zu Fremden in der Heimat zu machen?

Es ist nur recht und billig, den Bürgern die Entscheidung zu überlassen, weil sie schließlich auch die Folgen zu tragen haben. Im Zusammenhang mit dem freiheitlichen Volksbegehren »Österreich zuerst« ist immer wieder das Argument aufgetaucht, die Einwanderungsfrage sei ein Gegenstand, der für eine demokratische Abstimmung »nicht geeignet« sei. Über »so eine Frage« könne man das Volk nicht entscheiden lassen. Immer wenn das Volk in der Demokratie nicht so abstimmt, wie die Mächtigen das wollen, dann wird sofort an eine Änderung gedacht: Entweder darf das Volk, weil zu dumm, nicht mehr abstimmen, oder die Mächtigen machen sich ein neues Volk. Erfreulicherweise ist der österreichische Alt-Bundespräsident Dr. Rudolf Kirchschläger solchen Diskussionen, wie sie im Zuge des FP-Volksbegehrens zur Ausländerfrage entfacht wurden, deutlich entgegengetreten: Jeder Gegenstand der Politik, so erklärte er, eigne sich für eine Abstimmung durch die Bürger, also auch für ein Volksbegehren.

Wer behauptet, die Bürger seien nicht fähig oder in der Lage, über eine Frage wie die Einwanderungspolitik zu entscheiden, der unterstellt den Österreichern damit generell nicht nur Unmündigkeit, sondern auch Ausländerfeindlichkeit. Diese böswillige und dumme Unterstellung wird durch eine ganze Reihe von Fakten widerlegt. Sowohl 1956 nach Niederschlagung der ungarischen Revolution wie auch 1968 nach Unterdrückung des Prager Frühlings wurden Hunderttausende Flüchtlinge mit offenen Armen in Österreich aufgenommen.

Dasselbe passierte nach dem Militärputsch in Polen. Und bis heute hat kein Land so viele Flüchtlinge aus dem ehemaligen Jugoslawien aufgenommen wie Österreich, das auch in seinen humanitären Hilfsleistungen für Slowenien, Kroatien und vor allem Bosnien in ganz Europa Vorbildfunktion hat.

Es ist für die Unehrlichkeit der ganzen Diskussion um Einwanderung und multikulturelle Gesellschaft symptomatisch, daß hier zwei in Ursache und Konsequenz völlig unterschiedliche Problemstellungen miteinander vermengt werden: die Flüchtlingsfrage auf der einen Seite und das Problem der Wirtschaftsimmigranten auf der anderen Seite. Österreich war als Asylland für Verfolgte seit jeher vorbildlich und wird es auch bleiben. Österreich ist aber kein Einwanderungsland und kann es auch gar nicht sein. Wir sind schlicht und einfach nicht in der Lage, jeden aufzunehmen, der sich auf der Suche nach einer materiellen Verbesserung seiner Lebensverhältnisse auf Dauer bei uns niederlassen will. Wir sind, wie es der österreichische Bundespräsident Dr. Thomas Klestil ausgedrückt hat, »ein Land der Gastfreundschaft, aber kein Trampelpfad für überflüssigen Durchzugsverkehr und kein Auffanglager für alle Hoffnungslosen dieses Kontinents ... Es wäre aber falsch verstandene Humanität, die Grenzen so lange zu öffnen, bis die soziale Stabilität bei uns gefährdet ist.«[76]

Wir können Einwanderer nur in dem Maß aufnehmen, wie wir ihnen Arbeitsplätze, Wohnungen und schulische Integration für ihre Kinder bieten können. »Ein Europa, das nur so viele Menschen aufnimmt, wie es in seine sozialstaatlichen Strukturen integrieren kann, hat sehr viel größere Chancen, ein harmonisches Miteinander zuwege zu bringen, als eine grundsätzlich offene Gesellschaft, in der wegen andauernder Zuwanderung schließlich alle Gruppen tiefe Furcht vor der Überwältigung durch die Übermacht der anderen und entsprechende Aggressionen entwickeln«, schreibt Horst Afheldt.[77]

Er beschäftigt sich auch mit der Frage, wer die Entscheidung treffen soll zwischen diesen beiden Leitbildern – hier der europäische Sozialstaat mit seinen kulturellen und sozialen Besonderheiten, dort die weltweite offene Wanderungsbewegung von Menschen, Gütern, Geld und Armut: »Alle

Staatsgewalt geht vom Volke aus, sagt das Grundgesetz – doch kommt sie offenbar nie wieder zum Volk zurück (A. Mechtersheimer). Natürlich durften wir – das Volk in München und anderswo – eindrucksvolle Lichterketten bilden, aber über Maastricht oder die für jeden mindestens ebenso existentielle Problematik Sozialstaat und Asylrecht abstimmen, das dürfen wir nicht.«

Ich bin der Meinung, daß es keine Frage geben kann, über die die Bürger nicht abstimmen »dürfen«. Wer die Rolle des Volkes als dem obersten Souverän in Frage stellt, der stellt die Demokratie überhaupt in Frage. Die Bürger haben nicht nur das Recht, alle vier Jahre eine Partei zu wählen, sondern sie haben selbstverständlich auch das Recht, über die entscheidenden Zukunftsfragen ihres Landes zu entscheiden. Dazu gehört zweifellos auch die Frage, in welchem Ausmaß und in welcher Form sie Einwanderung akzeptieren können und wollen. Aus diesem Grunde haben ich mit meiner Partei zu Anfang des Jahres 1993 das Volksbegehren »Österreich zuerst« eingeleitet, das folgende 12 Punkte umfaßte:

1. *Verfassungsbestimmung: »Österreich ist kein Einwanderungsland«.*
   Aufgrund seiner Größe und Siedlungsdichte ist Österreich kein Einwanderungsland. Liegt der europäische Durchschnitt bei 100 Einwohnern je Quadratkilometer besiedelbares Gebiet, beträgt dieser in Österreich 230 Einwohner.
2. *Einwanderungsstopp bis zur befriedigenden Lösung der illegalen Ausländerfrage, bis zur Beseitigung der Wohnungsnot und Senkung der Arbeitslosigkeit auf 5%.*
   In Wien leben ca. 100 000 Ausländer illegal, also ungesetzlich. Dadurch wird zusätzlicher Druck auf den Wohnungs- und Arbeitsmarkt ausgeübt. Nur durch einen Zuwanderungsstopp können weitere soziale Konflikte zwischen In- und Ausländern verhindert werden.

3. *Ausweispflicht für ausländische Arbeitnehmer am Arbeitsplatz, wobei aus diesem Ausweis die Arbeitsgenehmigung und die Anmeldung zur Krankenversicherung hervorzugehen hat.*
Nur mit Kontrollen kann die illegale Beschäftigung von Ausländern unterbunden werden, die nicht nur Steuerhinterziehung und Umgehung der Beitragspflicht zur Sozialversicherung bedeutet, sondern auch das Lohnniveau durch ausländische Billigarbeitskräfte senkt. Der Bedarf nach einer derartigen Regelung wurde von der Regierung zwar 1990 im Arbeitsübereinkommen erkannt, jetzt lehnt sie aber die Verwirklichung ab.
4. *Aufstocken der Exekutive (Fremdenpolizei, Kriminalpolizei) sowie deren bessere Bezahlung und Ausstattung zur Erfassung der illegalen Ausländer und zur wirkungsvolleren Kriminalitätsbekämpfung, insbesondere des organisierten Verbrechens.*
Um die gestellten Aufgaben im Exekutivbereich effektiv erfüllen zu können, bedarf es einer Personalaufstockung. Mehr Personal kann jedoch nur durch eine Attraktivitätssteigerung des Berufsbildes des Exekutivbeamten erreicht werden. Dazu zählen in erster Linie eine Verbesserung der Bezahlung sowie die Bereitstellung einer ausreichenden, dem Standard der Zeit entsprechenden Infrastruktur.
5. *Sofortige Schaffung eines ständigen Grenzschutzes (Zoll, Gendarmerie) statt Bundesheereinsatz.*
Der Assistenzeinsatz des Bundesheeres an Österreichs Grenzen wurde mittlerweile zur Dauereinrichtung. Die Schaffung einer eigenen Grenzschutztruppe, die aus Gendarmerie- und Zollwachebeamten besteht, ist daher unbedingt notwendig.
6. *Entspannung der Schulsituation durch Begrenzung des Anteils von Schülern mit fremder Muttersprache in Pflicht- und Berufsschulklassen auf höchstens 30%; bei einem mehr als 30%igen Anteil von fremdsprachigen Kindern Einrichtung von Ausländer-Regelklassen.*

Die Erhaltung unserer kulturellen Identität, die Erreichung der Bildungsziele und die Sicherstellung der Integration machen eine Begrenzung des Anteils fremdsprachiger Kinder unerläßlich.

7. *Entspannung der Schulsituation durch Teilnahme am Regelunterricht nur bei ausreichenden Deutschkenntnissen (Vorbereitungsklassen).*
In den Vorbereitungsklassen sollen den schulpflichtigen Kindern fremder Muttersprache Kenntnisse der deutschen Sprache vermittelt werden, die eine Teilnahme am Unterricht in Regelschulklassen ermöglichen.

8. *Kein Ausländerwahlrecht bei allgemeinen Wahlen.*
Diese Forderung von SPÖ, ÖVP und Grün-Alternativen ist zu vordergründig auf das Erschließen von neuen Wählerstimmen gerichtet, die in zunehmendem Maße diesen Parteien verlorengehen.

9. *Keine vorzeitige Verleihung der österreichischen Staatsbürgerschaft.*
Die FPÖ fordert, daß an der im Gesetz festgelegten 10-Jahres-Frist festgehalten wird, und der Ermessensspielraum hinsichtlich der Ausnahmefälle äußerst streng gehandhabt wird.

10. *Rigorose Maßnahmen gegen illegale gewerbliche Tätigkeiten (wie z. B. in Ausländervereinen und -klubs) und gegen Mißbrauch von Sozialleistungen.*
Viele Vereins- und Klublokale stellen immer häufiger Gastronomiebetriebe dar, die die gewerberechtlichen, sanitäts- und baupolizeilichen Auflagen weitgehend nicht erfüllen. Zum Teil dienen sie auch als Zentren für den Schwarzhandel.

11. *Sofortige Ausweisung und Aufenthaltsverbot für ausländische Straftäter.*
Die Fremdenkriminalität in Österreich, vor allem in Wien, ist sprunghaft angestiegen, wodurch die Schaffung zu-

sätzlicher Hafträume erforderlich wird. In der Praxis können mitunter Schubhäftlinge wegen des akuten Mangels an Hafträumen nicht arretiert werden.

12. *Errichtung einer Osteuropastiftung zur Verhinderung von Wanderungsbewegungen.*
    Damit kann der Grundstein zu einer bleibenden Verbesserung der Lebensbedingungen für die Bevölkerung in ihrem Heimatland gelegt werden. Gezielte wirtschaftliche Hilfe im Ausland kann Abwanderungen aus wirtschaftlichen Gründen verhindern.

Gegen dieses Volksbegehren wurde in noch nie dagewesener Weise im ganzen Land agitiert und mobilisiert. Politische Parteien, Kammern und Verbände, Gewerkschaften und Kirchenvertreter, Lehrer und Künstler, Printmedien und Fernsehen, sie alle waren sich einig darin, daß diese Initiative zutiefst verwerflich war. Gemeinsam gründete man die Aktion »SOS-Mitmensch«, die ein »Lichtermeer« veranstaltete. Unter dem Slogan »Anständigkeit zuerst« gab man zu verstehen, wer das Volksbegehren unterschreibe, sei »unanständig«. »Bringt die Nazis her, heute brennen sie im Lichtermeer«, lautete der türkische Schlachtruf von Teilnehmern am Lichtermeer in Wien. Es war ein wirklich eindrucksvoller Beweis von »Anständigkeit«.

Wo man fürchten mußte, daß der mediale Druck nicht ausreichen würde, scheute man auch nicht davor zurück, auf die einzelnen Bürger ganz unmittelbar Druck auszuüben. Stellvertretend für viele möchte ich an dieser Stelle ein Beispiel anführen, das typisch für die österreichische Befindlichkeit ist. In einem von den zahlreichen Briefen, die mich in Zusammenhang mit dem Volksbegehren erreichten, heißt es:

»Sehr geehrte Herren!

Aus gegebenem Anlaß möchte ich Ihnen einige Praktiken schildern, die zur Zeit von der SPÖ gehandhabt werden.

Ich kann Ihnen nicht meinen Namen nennen, da ich in der VOEST-ALPINE arbeite. Sie wissen sicher, daß die VOEST noch immer Arbeitsplätze abbaut und jede Abteilung weiß, daß sie bis zum Jahresende Arbeitskräfte »freisetzen« muß. Deshalb wurde den Leuten, die bis dahin noch keiner Partei angehörten, geraten, sich in die SPÖ eintragen zu lassen.
Obwohl ich bis zu diesem Datum »parteilos« war, das heißt, ich war nicht bei einer Partei eingeschrieben, habe aber seit meinem 19. Lebensjahr schon immer FPÖ gewählt, mußte ich nun der SPÖ beitreten.
Das tat mir nicht weiter weh, denn das Wahlrecht ist ja Gott sei Dank noch immer geheim.

Nun zum Volksbegehren:
Viele von meiner Abteilung waren fest entschlossen zu gehen.
Aber die SPÖ legte vor 3 Wochen Rundlaufzettel mit dem Inhalt: Ich bin gegen das Volksbegehren: Name, Adresse, Unterschrift in jedem Büro auf. Diese blieben so lange liegen, bis sich auch der letzte Kollege eingetragen hatte. Man wurde sogar vom Chef dazu aufgefordert, seine Unterschrift abzugeben. Und jeder unterschrieb.
Wie kann man jetzt noch das Volksbegehren unterschreiben, wenn doch nun schon Name und Adresse GEGEN das Volksbegehren aufliegt?
Wir waren sehr empört, aber eben nur leise, da keine(r) weiß, wer der nächste ist, der gehen muß.
Aber dies ist nicht die einzige Schweinerei.

Meine Nachbarin, sie ist Pensionistin und Sozialhilfeempfängerin, wohnt ebenfalls in einer VOEST-Wohnung.
Sie wurde von der SPÖ zu einer Pensionistenversammlung gekarrt, und hier wurde den alten Leuten mitgeteilt, falls sie das Volksbegehren unterschreiben, dann sei mit Ende 1993 Schluß mit den Sozialzuschüssen der VOEST.
Ich bin noch relativ jung, d. h. ich habe keinen 2. Weltkrieg mitgemacht und kenne Hitler nur von den Geschichtsbüchern. Aber so muß es damals wohl gewesen sein.«

Wir haben dieses Volksbegehren vor allem deshalb durchgeführt, weil es, wie schon erwähnt, das Recht der Bürger eines Landes ist, selbst darüber zu entscheiden, wie viele Einwanderer sie aufnehmen können. Es ist eine bittere Erfahrung der Geschichte, daß die Politik nur kurzfristig handelt, daß man auf Entwicklungen, die man längst hätte erkennen können, nicht vorbeugend und vorausschauend reagiert, sondern erst dann, wenn die negativen Folgen bereits eingetreten sind. Die Übergriffe auf Ausländer in Deutschland, Frankreich und anderswo in Europa sind ein erschütternder Beweis für das Versagen einer Politik, die sich in verantwortungsloser Weise über die Sorgen und Nöte der Menschen hinwegsetzt. »Kein Volk der Welt würde es ertragen, wenn jedes Jahr eine halbe Million Ausländer dazukommt wie zu uns ... 500 000 Menschen, das ist einfach zuviel!« stellte der ehemalige deutsche Bundeskanzler Helmut Schmidt fest. Und der ehemalige Münchner Oberbürgermeister Kronawitter warnte davor, daß »bei einem ungehemmten Zuzug von Ausländern nach Deutschland ein Volksaufstand zu befürchten« sei.[78]

Dieser Entwicklung wollten wir mit dem Volksbegehren Einhalt gebieten. Auf die Bestätigung der Richtigkeit brauchten wir nicht lange zu warten. Bereits ein halbes Jahr nach dem Volksbegehren begannen die Regierungsparteien die Linie zu ändern. Ein SPÖ-Funktionär fordert plötzlich eine generelle

Ausweispflicht für Ausländer, wie sie im Volksbegehren gefordert wurde. Die Gewerkschaft ist plötzlich für den Abbau der Gastarbeiter, eine Forderung, die noch weit über das Volksbegehren hinausgeht. Die Regierung selbst ist hin- und hergerissen zwischen Bekenntnissen zu einer schrankenlosen Einwanderung und restriktiven Maßnahmen. Der sozialistische Kanzler gibt sich in TV-Interviews im Ausland als liberaler Einwanderungsanhänger, in Österreich vermelden die Medien Gegensätzliches aus seinem opportunistischen Munde.

Es ist eine ebenso dumme wie gefährliche Vereinfachung, die Befürwortung einer schrankenlosen Einwanderung zum Grunderfordernis und Synonym für Ausländerfreundlichkeit zu machen. Professor Horst Knapp hat dies auf den Punkt gebracht, wenn er in den *Finanznachrichten* schreibt: »Auch wenn das manchen Leuten nicht in den ideologischen Kram paßt: Österreicher, die sich mit der wunderschönen Idee einer Multikulturellen Gesellschaft nicht anfreunden können, verhalten sich nicht rechtsextremistisch, sondern völlig normal.«

Zweifellos ist die Migration eine globale Frage, die kein Land für sich allein lösen kann. Das Wohlstandsgefälle zwischen Nord und Süd einerseits und zwischen Ost und West andererseits hat riesige Wanderungsbewegungen in Gang gesetzt, die alle Staaten Europas vor eine existentielle Herausforderung stellen. Die Massenarmut in der Dritten Welt, verursacht durch Bevölkerungsexplosion ebenso wie durch die Vernichtung von Lebensraum durch eine dramatisch fortschreitende Umweltzerstörung, hat zur Folge, daß allein 40 Millionen Afrikaner nicht mehr in ihren Geburtsländern leben, sondern anderswo auf der Suche nach einer Überlebensmöglichkeit sind.

Mindestens ebenso problematisch ist der Einwanderungsdruck aus dem Osten. Gelingt die wirtschaftliche und politische Stabilisierung in Ost- und Südost-Europa nicht, dann wird sich diese Entwicklung noch dramatisch verschärfen. Umfragen haben gezeigt, daß allein aus dem Gebiet der ehemaligen Sowjetunion Millionen von Menschen auswandern möchten, sobald sie die Möglichkeit dazu haben.

Weder eine noch so großzügige Einwanderungspolitik noch die völlige Öffnung der Grenzen für alle, die zu uns kommen wollen, können das Problem lösen. »Selbst wenn die Staaten Westeuropas alle Flüchtlinge dieser Welt – das sind, folgt man einmal den Statistiken des UNHCR, derzeit ca. 15 Millionen – und nochmals die gleiche Zahl von einwanderungswilligen ›Arbeits- und Armutsflüchtlingen‹ aufnehmen würden, würde sich an der Problematik wenig ändern. Keine der Ursachen wäre beseitigt, neue Zuwanderungswellen würden folgen, und wir würden im nächsten oder übernächsten Jahr vor demselben Problem stehen.«[79]

Unsere Aufgabe muß es daher sein, die Wanderungsursachen zu bekämpfen. Wer in seiner Heimat keine Zukunftsperspektive sieht, wird naturgemäß versuchen, sie woanders zu finden. Das darf nicht dazu führen, einer verdeckten Landnahme auf dem Rücken der eigenen Bevölkerung das Wort zu reden. Das Wort von der »Weltbürgerschaft« Kants wird von den Anhängern der multikulturellen Gesellschaft absichtlich mißverstanden. Es geht nicht um Eindringen und Besitzergreifen von fremder Heimat, sondern um ein Besuchsrecht. Wer als Gast kommt, hat sich aber auch als solcher zu benehmen und sein Gastland als solches zu respektieren.

Alle Staaten im Westen müssen die Chance wahrnehmen, den bedrängten Völkern in der Welt so zu helfen, daß ihnen ein Verbleib in ihrer Heimat möglich gemacht wird. Hilfe zur Selbsthilfe, das ist unsere Aufgabe und Verantwortung, damit wir vor allem den jungen Menschen Mut zum Wiederaufbau ihrer Heimat und Hoffnung für eine gute Zukunft geben. Dabei soll an die Generation unserer Eltern erinnert werden, die aus dem zerbombten und darniederliegenden Deutschland und Österreich nach 1945 auch nicht weggelaufen sind, um ihr Glück im »Goldenen Westen« zu versuchen. Mit Fleiß und Verzicht auf die heute gängigen Segnungen des Sozialstaates wurde die Heimat wiederaufgebaut. Das hätte Vorbildcharakter auch für die Jugend in Osteuropa. Oder wollen die Jungen von zu Hause weglaufen und die alten Menschen, denen der Kommunismus ohnehin ihr Leben zunichte gemacht hat, alleine im Chaos zurücklassen?

4
Identität zwischen Vergangenheitsbewältigung und Zukunftsangst

Die Schrecken des 20. Jahrhunderts mit zwei Weltkriegen und der ersten industriellen Massenvernichtung von Menschen haben alle Greuel der Geschichte in den Schatten gestellt. Niemals zuvor gab es so viele Millionen ziviler Opfer durch Rassenverfolgung, Städtebombardements und Vertreibung. Das Epizentrum dieser Beben war Mitteleuropa. Der Erste Weltkrieg nahm auf damals österreichischem Gebiet, in Sarajewo, seinen Ausgang. Der Höhepunkt an Gewalt, Radikalisierung und Entmenschlichung wird mit einem Namen verbunden: Hitler, einem gebürtigen Österreicher.

Alle Sieger beschönigen ihre Rolle, alle Verlierer trifft die volle Härte des Urteils. Für die wiedererstandenen Demokratien Deutschlands und Österreichs hat sich eine historische Last ergeben, die, ob man es wahrhaben will oder nicht, auf das Gewissen drückt. Vergangenheitsbewältigung ist zum Schlüsselwort dafür geworden, ob wir wieder den klaren Blick für unsere Geschichte gewinnen, aus der die Zukunft wächst.

Nur: Man kann die Vergangenheit nicht bewältigen. Bewältigen muß man die Gegenwart. Das wird aber viel leichter, wenn man aus der Vergangenheit lernt.

Ralf Dahrendorf hat einmal gemeint: »Ein Land, das mit sich im reinen ist, sollte sich über die Zukunft streiten, aber keine wesentlichen Differenzen über seine Geschichte haben.« In Österreich viel mehr noch als in Deutschland gibt es diese wesentlichen Differenzen über die Geschichte. Aber noch schlimmer ist in Österreich die Versuchung, aus der Geschichte überhaupt zu fliehen. Wissen über die Geschichte ist aber ein wesentliches Merkmal der Identität: Wer seine Geschichte nicht kennt, ist dazu verurteilt, sie erneut zu durchleben.

Die Schrecken der siebenjährigen NS-Herrschaft nach dem Anschluß 1938 haben in Österreich dazu geführt, mit dieser Verantwortung auch gleich die Verantwortung für die Vorgeschichte abzuschütteln. Nichts könnte dies deutlicher beweisen als die zunehmenden Versuche, die für 1996 geplanten Feierlichkeiten zum Millenium Österreichs zu 50-Jahr-Feiern der Zweiten Republik und damit der herrschenden Proporzparteien umzufunktionieren. Diese beiden Parteien versuchen dies nicht ohne Grund.

Von Vergangenheitsbewältigung wird gesprochen, Geschichtsfälschung jedoch betrieben. Ein Bild wurde konstruiert, das maßgeschneidert war für die Einbettung in eine Nachkriegsordnung und für die Anpassung an die Mächte im Westen wie im Osten, die diese Ordnung diktierten. Mit der Fiktion, Österreich sei das »erste Opfer Hitlers« gewesen, schob man die Mitverantwortung ab. Mit der Forcierung des Begriffs der Österreichischen Nation wollte man weniger die Heimatliebe fördern als die kulturellen Bande zu Deutschland durchtrennen. Die natürliche, mitgestaltende Funktion, die einer vielseitigen mitteleuropäischen Identität entsprach, wurde durch Passivität in einer ost-west-bestimmten Neutralität ersetzt. Zur Festigung des Gebildes wurde aus der Not, den Souveränitätsbeschränkungen des Staatsvertrags von 1955 und dem Preis, der dafür zu zahlen war, der Neutralität, eine Tugend gemacht.

Mitunter muß man heute an elementare Tatsachen erinnern. Österreich ist nicht erst fünfzig Jahre alt, und davor war nicht nur das Böse. Ganz im Gegenteil: In der tausendjährigen Geschichte Österreichs überwog bei weitem eine friedliche Entwicklung, eine ebenso ausgleichende wie verbindende Funktion zwischen verschiedenen Völkern und eine kulturelle

Hochblüte. Politische Ziele Österreichs wurden nicht durch Eroberungskriege erreicht, sondern im Verhandlungsweg bis hin zur sprichwörtlichen Heiratspolitik: »Tu felix Austria nube.«

Österreichs Geschichte und Identität ist untrennbar mit der deutschen Geschichte verbunden. Die Kaiser des Heiligen Römischen Reichs Deutscher Nation waren in überwiegender Zahl Österreicher. Nur einige Beispiele: Maximilian I., Karl V., Maria Theresia, deren Name in Wahrheit für ihren Gemahl steht, und ihr Sohn, der große Aufklärer, der ganz Deutschland eine Französische Revolution ersparte, Joseph II. Der erste tatsächlich »österreichische« Kaiser, Franz I., wurde dies, um ohne die Hilfe, ja sogar gegen andere deutsche Fürsten den Befreiungskampf gegen Napoleon fortzuführen. Er tat es, wie bis heute am Denkmal des Siegers über Napoleon in der Schlacht bei Aspern, Erzherzog Karl, auf dem Wiener Heldenplatz zu lesen ist, »für Deutschlands Ehre«. Auch in der Folge führte Österreich bis 1866 den Vorsitz im Deutschen Bund. Im Bruderkrieg von 1866 führte, was bei den heute verbreiteten Geschichtsbildern paradox erscheinen mag, Österreich die deutschen Farben Schwarz-Rot-Gold, für den Bund und gegen Preußen, in die Schlacht.

Österreichs Geschichte ist also, wie man allein anhand dieser wenigen Beispiele sieht, viel tiefer und auch viel verzweigter in der Geschichte Deutschlands, ja Gesamteuropas verwurzelt, als es die heute übliche Beschränkung auf Habsburger- und k.u.k.-Nostalgien erscheinen läßt.

Deutschlands Geschichte wäre arm ohne den Beitrag Österreichs. Dies zu betonen hat gar nichts mit deutschnationaler Sentimentalität oder gar Revanchismus zu tun. Aber es ist unerläßlich, damit man alles, was danach geschah, erklären und begreifen kann. Nur wer die Ursachen für Fehlentwicklungen kennt, kann neuen vorbeugen.

Das Bekenntnis zur deutschen Nation stand keineswegs im

Gegensatz zum Österreichbekenntnis. Andernfalls müßte man dem legendären Kaiser Franz Joseph I. mangelndes Österreichbewußtsein vorwerfen, eine Lächerlichkeit, zu der sich doch noch keiner vorgewagt hat. Es war auch gar nicht so sehr der nationalstaatliche Vereinigungswunsch, der nur einen Teil der Österreicher bewegte und zu den Anschlußbekenntnissen am Ende des Ersten Weltkriegs führte. Es war vielmehr die Konsequenz aus den Kriegszielen der Siegermächte: allen voran Präsident Wilsons und seiner vierzehn Punkte, die eine Neugliederung Europas in Nationalstaaten auf der Grundlage des Selbstbestimmungsrechts vorsahen. Um so größer war dann die Enttäuschung und Verbitterung der neuen republikanischen Vertreter Österreichs, und zwar aller Lager, als sie erkennen mußten, daß für sie das Zeitalter der Selbstbestimmung mit der erzwungenen Abtrennung Südtirols, dem Verlust der Sudetengebiete und einem Anschlußverbot begann.

Die brutalen Auflagen des Friedensdiktats der Pariser Vorortverträge und die Durchtrennung der Wirtschaftsadern der ehemaligen Monarchie durch die Grenzen zwischen den Nachfolgestaaten leiteten einen wirtschaftlichen und damit sozialen Niedergang ein. Das war der Humus, auf dem innenpolitische Destabilisierung, Radikalisierung und, als oft einziger gemeinsamer Nenner, die Empörung über ein von außen diktiertes Unglück wuchsen.

Dem »Staat, den keiner wollte«, wie Hellmut Andics ihn nannte, sprach man die Lebensfähigkeit ab, und die Umstände schienen dies auch zu bestätigen. Und das geschah, als noch kaum einer wußte, daß es einen Adolf Hitler gab.

Schamhaft wird heute verschwiegen, wie weit die Anschlußforderung verbreitet war. Praktisch die gesamte Sozialdemokratie trat dafür ein. Otto Bauer verteidigte die »Voraussetzung der gesamtdeutschen Revolution« noch nach dem Anschluß, im Juni 1938 aus der Emigration. Der ehemalige

Staatskanzler und spätere erste Bundespräsident der Zweiten Republik, Karl Renner, rief in einem Interview im *Wiener Tagblatt* für ein Anschlußvotum auf, nachdem er zuvor über den nationalsozialistischen Bürgermeister von Wien Neubacher bei Gauleiter Bürckel erfolglos erbeten hatte, einen entsprechenden Aufruf zu veröffentlichen. Auf der anderen Seite waren die Christlichsozialen im allgemeinen Wettlauf um die Patenschaft für wahres Deutschtum bemüht, zu beweisen, daß die Österreicher eben die besseren – und älteren – Deutschen seien. Kardinal Innitzer gab nach dem Anschluß 1938 auf Plakaten »freudig« seine Anschlußempfehlung ab, und mit ihm die ganze Bischofskonferenz. Dies geschah im Jahr 1938, fünf Jahre nach der nationalsozialistischen Machtübernahme in Deutschland, zu einem Zeitpunkt, als nach heute verbreiteter Geschichtsdarstellung jedem hätte klar sein müssen, daß es sich nur um den Anschluß an das abscheulichste Verbrecherregime handeln konnte.

Diese Tatsachen werden jedoch von den Machtparteien des heutigen Österreich ignoriert. Sie stören ihr Postulat, als einzige staatstragend und demokratisch legitimiert zu sein, was auch für ihre politischen Vorfahren zu gelten habe. Sie verdecken damit auch ihre eigene, keineswegs gewaltfreie Geschichte. Damit leugnen sie ihre Mitschuld daran, daß das Gefühl für Recht und Unrecht, für Demokratie und Diktatur, verlorengegangen war: verloren durch Elend, nicht bewältigte Arbeitslosigkeit, Militarisierung mit Schutzbund auf der einen und Heimwehren auf der anderen Seite, einen schwarzroten Bürgerkrieg, die Ausschaltung des Parlaments und schließlich eine vierjährige Diktatur des Austrofaschismus. Sie verdecken, daß 1938 vielen Bürgern die Wahl zwischen Diktatur und Diktatur gleichgültig sein konnte und sie daher nach existentiellen Interessen entschieden. Doch die Verantwortung können die beiden Proporzparteien von heute nicht leugnen, durch ihre geistigen Vorfahren politische Zustände geschaffen zu haben, die das Land in einen Bürgerkrieg zwischen Rot und Schwarz verstrickten und für viele den Anschluß 1938 als etwas Wünschenswertes erscheinen ließen.

Wenn heute in Österreich, wo niemand der slowenischen oder kroatischen Volksgruppe ihr ethnisch-kulturelles Nationalbewußtsein abspricht, sich auch ein österreichisches Nationalbewußtsein im Sinne des französischen oder amerikanischen Staatsnationsbegriffs entwickelt hat, so ist dies als Festigung des Heimatbewußtseins gut. Es darf aber niemand daran gehindert werden, ein anderes Nationalbewußtsein zu haben, das sich nicht an politischen Grenzen, sondern an einer anderen historischen wie kulturellen Ebene orientiert. Bewußtsein und Gefühle dekretiert man nicht: Sie sind Freiheitsbestandteile. Fragen in diesem Zusammenhang sind daher zutiefst liberal.

Im Verlauf der Diskussionen um das »Bedenkjahr« 1988, fünfzig Jahre nach dem Anschluß, sprach ich im historischen Kontext von der »Mißgeburt« der Österreichischen »Nation«. Ein Sturm der Entrüstung brach los. Das Erschrekkendste war für mich, daß unter denen, die am lautesten schrien, viele waren, die nicht nur Bescheid wußten, sondern aus eigener Erfahrung die Entwicklung kannten. An höchster Stelle zählte der damalige Bundespräsident Kurt Waldheim dazu. Der wahre historische Hintergrund ist kein Geheimnis. Während im Einklang mit allen anderen politischen Kräften am 1. Mai 1936 die illegale KPÖ noch die Parole ausgegeben hatte: »Für das arbeitende deutsche Volk in Österreich!«, forderte am selben Tag über Weisung Moskaus der Generalsekretär der Komintern, Dimitrov, von den österreichischen Genossen: »Die KPÖ muß ihren Kampf für die demokratische Republik mit dem Kampf für die nationale Selbständigkeit Österreichs verbinden.« Nicht lange danach begann die KPÖ-Zeitschrift *Weg und Ziel* eine Serie zur »Österreichischen Nation«: sehr zum Erstaunen aller anderen politischen Gruppen, aber auch der österreichischen Kommunisten selbst.

Die Verbreitung der Verwendung des Begriffs »Nation« im westeuropäischen Sinn als Staatsnation im Gegensatz zur historischen mitteleuropäischen Kulturnation im deutschen Sprachraum war damals nicht im geringsten abzusehen.

Am Anfang stand also nichts anderes als ein strategischer Schachzug der Sowjets, um mit einem Mittel des Kulturkampfs die Schuschnigg-Diktatur zu rechtfertigen und mit dieser aus Moskauer Sicht geringeren Gefahr eine Vergrößerung Deutschlands zu verhindern. Der Vorsitzende des Verbands Sozialistischer Studenten Österreichs, Günter Rehak, später Kreiskys Sekretär, hat dies noch in Aufarbeitung des berühmt-berüchtigten 68er- Jahres in einem vielbeachteten Artikel in Erinnerung gerufen.

In diesem Sinn wurde der Ausdruck »Mißgeburt« in den Anfängen der Zweiten Republik auch vom ÖVP-Staatssekretär Gschnitzer verwendet. Niemand war entrüstet. Mich hat man hingegen wider besseres Wissen mit Hitler verglichen, der auch einmal den Ausdruck »Mißgeburt« verwendet hatte: allerdings, was man verschwieg, für die Eigenstaatlichkeit Österreichs. Für diese bin ich aber im Gegenteil stets mit aller Kraft eingetreten und trete gerade jetzt im Zusammenhang mit einem Maastricht-Europa weiter dafür ein.

Die Geschichtsverleugnung versucht, über das damalige Nationalbewußtsein und den damaligen Anschlußwillen hinwegzutäuschen oder diesen fälschlich auf dasjenige politische Lager abzuschieben, das nicht am heutigen Machtkartell teilzunehmen bereit war und ist. Für eigene Zwecke wurde die Theorie »Österreich als erstes ›Opfer‹« von den heutigen Machtparteien entwickelt. Alle Schuld an dem, was in den Jahren 1938–1945 geschah, wurde damit einer »anderen Nation« zugeschoben, der deutschen. Auch wenn man sich bis weit nach dem Anschluß noch in flammenden Worten selbst dazu bekannt hatte. Das ist unaufrichtig und durchsichtig: Alle Dokumente sprechen eine andere Sprache, und die Erzählungen in so gut wie jeder österreichischen Familie auch.

Mit Heuchelei zerstört man den Glauben an die Demokratie. Es ist bezeichnend, daß heute diejenigen »Demokraten« in Österreich daran arbeiten, die bereits vor dem Weltkrieg die Demokratie zerstört haben. Aber sie ziehen keine Lehre daraus.

Alles ist erklärbar: auch Hitler. Politische Lager, die sich heute als seine heftigsten Antagonisten darstellen, haben durch ihr Versagen zu seinem Aufstieg beigetragen. Wenn elementare Grundbedürfnisse der Menschen nicht mehr gedeckt sind, wenden sie sich nur allzu leicht und unkritisch solchen Kräften zu, die glaubhaft Abhilfe versprechen. Sechs Millionen Arbeitslose in Deutschland, sechshunderttausend in Österreich standen vor dem Nichts. Hier hat der Nationalsozialismus seine Chance erkannt und genutzt. Nicht mit liberalen Wirtschaftsrezepten, aber effizient. Lange vor den Anschlußbekenntnissen schwarzer und roter Staatsspitzen war die Arbeitslosigkeit in Deutschland abgebaut. In einer Debatte im Kärntner Landtag provozierte mich der sozialistische Klubobmann angesichts meiner Kritk an der Ineffizienz und am Mißbrauch der österreichischen Arbeitsmarktverwaltung, indem er meine Ideen in einem Zwischenruf mit denen des Dritten Reichs verglich. Ich gab die Provokation zurück mit den Worten, dort habe man eine »ordentliche Beschäftigungspolitik« gemacht. Erneut meinte man, allerdings erst nach sehr langer Zeit und flüsternden Beratungen des SPÖ-Bundesparteivorstandes am darauffolgenden Tag, die Chance gefunden zu haben, mich als politischen Konkurrenten zu beseitigen. Es war allen klar, wie ich dies auch selbst betonte, daß es sich um kein Lob für das Dritte Reich gehandelt hatte.[80] Dennoch entfachte man eine Medienkampagne mit gröbsten Unterstellungen und haarsträubenden Vergleichen. Es habe sich damals schon um eine erkennbare Vernichtungsmaschinerie und Zwang gehandelt ...

Der angestrebten »Vergangenheitsbewältigung« hat man damit keinen guten Dienst erwiesen. Denn wenn man eine der wesentlichsten und weltweit unbestrittensten Erklärungen dafür, wieso es den Nationalsozialisten gelang, so viele Millionen zu verführen, leugnet, kann man die Geschichte nie verstehen. P.M. Lingens, ein mir nicht gerade freundlich gesonnener Journalist, schrieb damals in der *Wochenpresse,* was ich gesagt hätte, sei historisch jedenfalls wesentlich richtiger als die Äußerungen meiner Gegner. Die Debatte im Landtag war ohnehin nur ein Vorwand, um einen erfolgreichen Landeshauptmann, der nicht ins rot-schwarze Machtkartell paßte, loszuwerden. Wäre alles im Dritten Reich von Anfang an so leicht als verbrecherisch erkennbar gewesen, hieße das, fast eine Generation von Deutschen und Österreichern selbst zu Verbrechern zu erklären. Das waren sie nicht. Für die allermeisten gilt wohl, daß sie gutgläubig handelten, aber irregeleitet waren. Darunter waren übrigens auch viele Nachkriegsspitzenpolitiker, die heute nur zu gern mit dem Finger auf andere zeigen, wie etwa später deutsche und österreichische Staatsoberhäupter. Millionen von Frontsoldaten glaubten, aufopfernd und selbstlos ihr Leben für ein Vaterland einzusetzen, das durch die Versailler Verträge beinahe in den Ruin getrieben worden wäre und nun erneut und noch viel stärker durch Stalins Kommunismus bedroht sei. Demokratie, funktionierende Rechtsstaatlichkeit und soziale Sicherheit war diese Generation ohnedies schon längst nicht mehr gewöhnt. Welche grauenhaften Verbrechen sie mit ihrem idealistisch motivierten Einsatz unfreiwillig mit deckten, wußten sie nicht, und wenn, dann erst viel zu spät.

Diese Menschen zu verurteilen ist einfach. Human ist es nicht. Vor allem hilft es in keiner Weise, die Sinne für die Zukunft zu schärfen: damit es eine solche in die Katastrophe führende Gutgläubigkeit nicht mehr gibt. Sich offen der eigenen Geschichte zu stellen heißt, sich auch dazu zu bekennen. Jedenfalls ist Schluß mit der permanenten Kriminalisierung der eigenen Geschichte zu machen, gleichsam als wäre das Leben der Kriegsgeneration ein einziges Verbrecheralbum. Jene, die heute alles besser wissen, sollten dankbar sein, daß ihnen die Entscheidung zwischen Moral und Existenz in dieser dramatischen Form erspart geblieben ist.

Das Schlimmste am Nationalsozialismus war zweifellos der zur Massenvernichtung führende Antisemitismus und Rassismus. Solche Verbrechen sind nicht wiedergutzumachen. Deutschland hat es versucht, soweit dies in materieller Form möglich ist. Österreich hat Gleiches unter Hinweis auf seine Opferrolle den Deutschen überlassen. Erst fünfzig Jahre danach fühlte sich Österreichs Bundeskanzler bemüßigt zu erwähnen, daß auch Österreicher an den Verbrechen beteiligt gewesen seien – für einen in seinem Selbstverständnis hauptamtlichen »Antifaschisten« eine schwache und späte Leistung. Kollektivschuld lehne ich kategorisch ab. Aber eine gemeinsame Verantwortung gibt es, weil die Geschichte ein gemeinsames Erbe ist.

Die Verantwortung, die ich meine, bedeutet in allererster Linie – und zwar ganz besonders im Hinblick auf die Zukunft – zu fragen: Wie war dieser Rassenwahn möglich? Bei den Nationalsozialisten wurde er bis zur staatlich organisierten Perversion getrieben. Erfunden haben sie ihn nicht. Dafür tragen alle Verantwortung, und alle sollten sich dazu bekennen. Der christliche Antisemitismus ist so alt wie das Christentum selbst: Stigmatisierung, Gettoisierung, Pogrome, Vertreibungen und Vernichtungen durchziehen die gesamte Kirchengeschichte. Der wirtschaftliche Antisemitismus hatte prominente Vertreter auf der Linken wie z. B. Eugen Dühring. Und Karl Marx sprach vom »Finanzjudentum« und meinte: »Hinter jedem Tyrannen ein Jude.«[81] Die sozialdemokratische

Arbeiter-Zeitung hetzte bis weit in die Zwischenkriegszeit hinein gegen den »jüdischen Kapitalismus«; das Parteiprogramm der Christlichsozialen enthielt einen eigenen Absatz gegen den »zersetzenden jüdischen Einfluß«[82]. Die tragischste Entwicklung ergab sich bei den Nationalliberalen: Juden und Nichtjuden erkämpften 1848 Schulter an Schulter die Grund- und Freiheitsrechte. Sie setzten in der Verfassung vom Dezember 1867 die Gleichberechtigung der Juden durch. Theodor Herzl, der Vater des Zionismus, war wie unzählige seiner Glaubensbrüder nationalliberaler Burschenschafter. Bruno Kreisky, selbst jüdischer Abstammung, war stolz auf seine Verwandten, die Mitglieder nationalliberaler Korporationen waren. Alles änderte sich, als der Funke des Neids als politische Maxime übergriff und Teile des nationalliberalen Lagers in seinen Bann zog, verdeckt unter pseudowissenschaftlichen Rassentheorien. Das nationalliberale Lager wurde zerrissen, allerdings ließ sich ein starker Teil nicht von den alten Idealen der Freiheit und des gleichen Rechts abbringen. Bis in die dreißiger Jahre wählte ein Großteil der Wiener Juden nationalliberal, den Schober-Block, als die erträglichste Option.

Der Nationalsozialismus ist durch nichts zu rechtfertigen. Kein normaler Mensch, der im Besitz seiner fünf Sinne ist, würde das auch nur versuchen. Keine politische Partei in Österreich hat diesbezüglich ein so klares Programm wie die Freiheitlichen. Aber es gibt Erklärungen und Gründe für das Aufkommen des Nationalsozialismus und für seine Erfolge. Einem Volk, das mit seiner Geschichte ins reine kommen will, mit seiner Jugend ebenso wie mit seiner älteren Generation, dürfen diese Erklärungen und damit auch die Möglichkeit, Lehren daraus zu ziehen, nicht verweigert werden. Die beiden österreichischen Machtparteien sperren sich dagegen nach wie vor. Verunsicherung und Orientierungslosigkeit sind die Folgen – schlechte Fundamente für eine Demokratie. Antifaschistisches Gejammer ersetzt den Mangel an Vorbildern nicht.

Die Österreicher tragen für dieses dunkelste Kapitel der Geschichte keine kollektive Schuld, aber ebensoviel Verantwortung wie die Deutschen. Das ist die Wahrheit. Mit dem Erbe dieser sieben schrecklichen Jahre müssen wir in Aufrichtigkeit und Ehrlichkeit miteinander leben. Die Augen zu schließen und dieses Erbe anderen anzulasten ist unwürdig. Es ist auch politisch gefährlich, um so mehr, als damit wesentliche andere Kapitel der Geschichte und damit unserer Identität, dunkle, aber auch viele strahlende, weggewischt werden sollen.

In meiner grundsatzpolitischen *Wiener Erklärung* im Frühjahr 1992 habe ich meine Haltung so formuliert: »Wer mit mir geht, steht für eine FPÖ ohne braune Flecken, aber auch ohne Angst vor einer ehrlichen Geschichtsbetrachtung, die der historischen Wahrheit und nicht der Wahrscheinlichkeit verpflichtet ist. Wer mit mir geht, steht für eine FPÖ mit glaubwürdiger Distanz zur Zeit des Nationalsozialismus, aber mit respektvollem Eintreten für die ältere Generation, die nach bitteren eigenen Erfahrungen den Weg in die Demokratie gefunden hat. Wer mit mir geht, steht für eine FPÖ, die sich zur deutschen Volks- und Kulturgemeinschaft bekennt, aber mit der Einschränkung, daß dadurch das Bekenntnis zu Österreich als unverwechselbar in seiner Identität, unverletzbar in seinen Grenzen und unbestreitbar in seiner souveränen Existenz nicht eingeschränkt werden darf. Wer mit mir geht, steht für eine FPÖ, die nicht materialistische, sondern kulturell-ethische Werte vertritt, die den Respekt vor Minderheiten begründen und eine klare Distanz zu Rassismus und Antisemitismus bewirken.«

Welche Bewußtseinskonflikte die unter dem Titel der Vergangenheitsbewältigung begangene Geschichtsverweigerung verursacht hat, zeigte sich bereits unmittelbar nach dem Zusammenbruch der nationalsozialistischen Diktatur. Österreich feierte seine Befreiung doppelt: Zunächst 1945; dann, ein zweites Mal, feierte man 1955 die Befreiung von den Befreiern. Die Feierstimmung in der Bevölkerung war im Jahr 1945 gering. Für viele, vor allem in den sowjetischen Zonen, wurde ein Grauen durch ein anderes abgelöst: Vergewaltigungen, Plünderungen, Deportationen. Von einer Wiederherstellung der freien Demokratie wurde zwar gesprochen, aber es wurden nur politische Parteien mit Genehmigung der Alliierten zugelassen. Wer sich am wendigsten im Sinne des Komintern-Generalsekretärs Dimitrov erwies, kam zum Zug. Derselbe Karl Renner, der sieben Jahre zuvor beim NS-Gauleiter Bürckel ansuchte, für den Anschluß werben zu dürfen, wurde nun bei den Sowjets vorstellig, um mit der Regierung betraut zu werden. ÖVP, SPÖ und selbstverständlich die Kommunisten erhielten die Erlaubnis. Als ich sie dafür »Lizenzparteien« nannte, erntete ich wieder einmal Entrüstung, weil diese historische Tatsache der Parteienentstehung unter Einschränkung des Grund- und Freiheitsrechts auf Demokratie natürlich nicht in ihr geschöntes Geschichtsbild paßt.

Allgemeiner Jubel herrschte im Gegensatz zu 1945 hingegen bei der zweiten Befreiung, weil sie diesmal die Demokratie tatsächlich wiederherstellte. »Österreich ist frei«, rief Außenminister Figl vom Balkon des Schlosses Belvedere nach Unterzeichnung des Staatsvertrags 1955 mit den Alliierten. Figl sprach die Wahrheit, aber das Doppelbödige dieser Freiheit hielt er selbst in seinen Händen. Zur Beschönigung der historischen Wahrheit hatte er soeben einen »Staatsvertrag« unterzeichnet, also einen Vertrag ohne Namen. Weil man ihn aufgrund der Fiktion, Österreich sei sieben Jahre besetzt, aber nicht angeschlossen gewesen, nicht als das bezeichnen wollte, was er wirklich war: ein Friedensvertrag, der noch dazu in weiten Passagen einschließlich eines absurden U-Boot-Verbots wörtlich mit den Friedensverträgen mit den ehemaligen

Verbündeten Hitler-Deutschlands übereinstimmte. Leben die Italiener oder Finnen, denen diese Heuchelei trotz absolut wortgleicher Auflagen erspart blieb, nicht leichter? Die so zurechtgemachte eigene Wahrheit verhinderte auch zum Zeitpunkt der deutschen Wiedervereinigung, aus dem Staatsvertrag auszusteigen, um die volle Souveränität zu erlangen. Die Alliierten, die Deutschlands Wiedervereinigung akzeptierten, hatten die im Staatsvertrag geforderte deutsche Souveränitätserklärung gegenüber Österreich nicht eingefordert. Folglich haben sie sich selbst entpflichtet. Zu diesem Zeitpunkt hätte Österreich den ganzen Staatsvertrag in der Geschichte versinken lassen können und sich damit die Probleme mit den Nachfolgern der Signatarstaaten Sowjetunion und Jugoslawien erspart. Für die autochthonen Minderheiten, deren Rechte im Staatsvertrag verankert sind, hätte man eine eigene Lösung in der Bundesverfassung finden können

Nach Abschluß des »Staatsvertrags« und darauffolgendem Abzug der Österreich besetzenden Befreier wurde die »immerwährende Neutralität« vom Parlament beschlossen. Die Heuchelei liest man schon im Text des Verfassungsgesetzes: ». . . erklärt Österreich aus freien Stücken«. Hat ein Parlament es nötig, das Freiwillige seiner Entscheidung ausdrücklich im Gesetzestext festzuhalten? Oder macht man das nur, wenn größte Zweifel daran berechtigt sind?

Die Neutralität war historisch ganz zweifelsfrei der von kaum jemandem geliebte Preis für den Staatsvertrag: Sie war die Bedingung der Sowjets für ihre Zustimmung, schriftlich festgehalten im Moskauer Memorandum wenige Wochen vor Unterzeichnung des Staatsvertrags. Die sozialistischen Delegationsmitglieder in Moskau, Schärf und Kreisky, hatten größte Schwierigkeiten, und es drohte sogar ihre vorzeitige Abreise. Der VdU, Vorgänger der Freiheitlichen, stimmte im Nationalrat gegen die Neutralität. Aus ähnlichen Gründen, die den sozialistischen Widerstand bewirkt hatten. Weil die

»Stücke« alles andere als unbedingt »frei« waren und die Neutralität die Absage an die internationale Solidarität bedeutete. Die ÖVP hatte kaum solche moralischen Probleme. Die damalige, sich letztlich bei beiden Großparteien durchsetzende Doppelmoral wirkt aber bis heute belastend nach.

Wie man sieht, betrifft das Schlagwort Vergangenheitsbewältigung in Österreich keineswegs nur die Zeit bis 1945. Nicht aufgearbeitete Geschichte, Schönfärbereien, die bis zur Identitätsverzerrung und heute zu Orientierungsschwierigkeiten und Zukunftsängsten geführt haben, gab es auch danach. Aus der Not der Neutralität, die in erster Linie den Sowjets dazu dienen sollte, die NATO zwischen Deutschland und Italien zu trennen, wurde eine Tugend gemacht. Die Phrasen von der »aktiven Neutralitätspolitik« täuschten darüber hinweg, daß Neutralität grundsätzlich aus Passivität besteht. Scheinvermittlungstätigkeiten sollten den Eindruck verwischen, daß man eigentlich ohnmächtig zwischen zwei Blöcken saß und vom Gleichgewicht des Schreckens abhing. Neutralität wurde als Inbegriff der Friedfertigkeit und Friedensliebe – und zwar sehr erfolgreich – dargestellt und vermittelt. Die Wirklichkeit, nämlich die Neutralitätspflicht, auch dem wehrlosen Opfer eines Aggressors jegliche Hilfe zu verweigern, wurde übertüncht. Dank des Ost-West-Gleichgewichts hat sich der Unterschied zwischen Schein und Sein der Neutralität auch nie gezeigt. Die Neutralität wurde eigentlich nie auf die Probe gestellt.

Die Schutzfunktion, die dieses Gleichgewicht sicherte, ordnete man ebenso fälschlich wie erfolgreich der Neutralität zu, obwohl so gut wie alle Opfer militärischer Aggressionen in der Nachkriegsgeschichte »neutrale«, nämlich paktungebundene Staaten waren. Als ich am Ende der Zweiteilung Europas daran erinnerte, daß Solidarität vor Neutralität gehen müsse, kam es ebenfalls zur schon gewohnten geheuchelten Entrüstung. Darunter waren wieder viele, die sich noch selbst an die

Kontroverse um diesen Gegensatz im Jahr 1955 erinnern konnten. Inzwischen haben die beiden Lizenzparteien die Neutralität längst begraben. Sie sehen im krassen Gegensatz zu allem, was sie vor drei Jahren behauptet hatten, plötzlich kein Problem mehr zwischen Neutralität und militärischen Gewaltmaßnahmen der UNO. Sie sprechen ungeniert über die Notwendigkeit der Einbindung in ein kollektives Sicherheitssystem, über einen WEU- oder NATO-Beitritt, weil sie ja doch anhand der Schicksale Kroatiens und Bosniens an den zunehmenden Bedrohungsbildern nicht vorbei können.

Sie haben nicht den Mut zuzugeben, daß die Neutralität nie moralisch war und heute ganz sicher auch nicht einmal mehr zweckmäßig ist. »Die Funktion hat sich halt geändert, man muß die Neutralität halt neu interpretieren«, so lauten die neuen Heucheleien. Die Bürger verlieren damit noch mehr an Orientierungshilfen: Ihnen hat man die Neutralität ins Herz gepflanzt; ihr Gefühl sagt ihnen, das sei etwas Gutes, ihr Verstand läßt sie aber längst nicht mehr an den Schutz durch Neutralität glauben. Hin- und hergerissen verspüren sie Zukunftsangst. Warum? Wegen eines wesentlichen Stücks nicht ehrlich aufgearbeiteter Nachkriegsgeschichte, nicht »bewältigter« Vergangenheit.

Das rot-schwarze Kartell in Österreich hat sich außenpolitisch in seinen eigenen Widersprüchen verstrickt. Innenpolitisch ist es nicht anders: Nach Artikel 1 der Bundesverfassung ist Österreich »eine demokratische Republik. Ihr Recht geht vom Volk aus.« Jeder weiß, daß dies nicht so ist, und so wurde möglich, was in anderen Staaten nicht einmal denkbar ist, daß nämlich in der geläufigsten Verfassungsausgabe dieser Artikel gleich mit folgendem Kommentar richtiggestellt wird: »Tatsächlich ist Österreich heute ein Parteien- und Verbändestaat (›Kammer- und Gewerkschaftsstaat‹).«[83] Mehr noch: Das Schutzgut fehlt. Nach unserer Verfassung ist es möglich, durch demokratische Mehrheit undemokratische Zustände zu schaffen oder Souveränitätsrechte, die das Wesen staatlicher Autonomie berühren, abzugeben. Kammerzwang, geschützte Sektoren der Wirtschaft, staatliche Planwirtschaft, Medienmonopole und amtliche Preisregelungen sind leider die Wirklichkeit unserer Freiheitsordnung. Mit diesen zähen Strukturen werden die Machterhalter immer weniger fertig. Sie merken, daß sie ein Fossil am Leben erhalten wollen, in einem Umfeld, in dem nun Dynamik, Wettbewerbsdenken und wirkliches Freiheitsstreben auch die östliche Hälfte Europas erfaßt haben.

Die Zukunftsängste, die die Bürger verspüren, verspüren die Regierenden auch. Ihrer inneren Reformunfähigkeit sind sie sich längst bewußt. Unter fast jedem Punkt ihres eigenen Koalitionsübereinkommens steht ein großes »Nicht erfüllt«. Immer stärker versuchen sie, wie es schon bisher so verhängnisvoll war, erneut die Verantwortung auf andere abzuschieben, die Flucht aus der Verantwortung anzutreten. Diesmal heißt der künftige Sündenbock nicht Deutschland, sondern EG. Österreichs Interessen und Verhandlungsspielräume, Alternativen oder kooperative Mitgestaltungsmöglichkeiten spielen keine Rolle mehr. Niemand hätte dies trefflicher formulieren können als Bundeskanzler Vranitzky selbst: »Wir werden der EG beitreten, ohne Wenn und Aber!« Ohne Wenn und Aber aus der Verantwortung für ein Österreich, dessen nationale Identität man noch kurz zuvor pathetisch beschworen hat.

Sie tun sich schwer: als Opfer ihrer eigenen Lügen. Dabei gäbe es nicht den geringsten Grund für Zukunftsängste, denn noch nie in diesem Jahrhundert war die Funktion eines selbstbewußten Österreich in Europa so sehr gefragt wie heute, nach der Öffnung des Eisernen Vorhangs. Die Österreicher und die österreichische Politik müßten nur einerseits die Schattenseiten ihrer Identität warnend in Erinnerung behalten, aber andererseits entsprechend den unendlich zahlreicheren Lichtseiten ihrer Identität wieder an ihre gewachsene Funktion anknüpfen. Es ist dies eine mitteleuropäische Funktion, die natürlich auch eine deutsche, vor allem aber eine übernationale, verbindende ist.

Die Zeit der Schein-»Vermittlungen« ist vorbei. Nun geht es um Verbindungen: um die Wiederherstellung der Verbindungen, der kulturellen, der wirtschaftlichen wie der sicherheitspolitischen, zwischen dem deutschen Kulturraum und dem slawischen, dem ungarischen, dem italienischen. Es geht um die Verbindungen und den Ausgleich, wie sie die kulturelle Blüte in einander ergänzender Vielfalt und Jahrhunderte des friedlichen Zusammenlebens in Mitteleuropa ermöglicht haben: mit Österreich als zentralem Faktor. Sollte Österreich diese historisch und kulturell gewachsene Funktion in einem gesamteuropäischen Rahmen erfüllen können, um so besser. Im mitteleuropäischen Rahmen muß es jedenfalls geschehen. Die neuen alten Nachbarvölker warten darauf; Prag, Preßburg, Budapest, Agram und Laibach brauchen Wien, um wieder eingebunden zu sein.

In Wien aber wird die Flucht aus Geschichte, Identität und Funktion fortgesetzt. Der Binnenmarkt mit Athen und Lissabon soll davon ablenken, daß in Mitteleuropa ein serbischer Flächenbrand droht. Er hat nicht nur Bosnien und Herzegowina erfaßt, schon morgen kann auch Ungarn hineingezogen werden. Die Verweigerung elementarer Minderheitenrechte für die ungarische Minderheit in der serbischen Wojwodina kann über Nacht zu einem neuen Konflikt führen und den gesamten Karpatenbogen zu einem weiteren Krisenzentrum machen. Die Ideologisierung der Neutralität hat auch die Unfähigkeit bewirkt, Chancen und Gefahren in unserer Nachbarschaft zeitgerecht zu begreifen. Aber wer die eigene Geschichte nicht wahrhaben will, dem fehlt das feste Fundament, von dem aus die außen- und sicherheitspolitische Lage beurteilt werden kann. Die Neutralitätsapostel in der herrschenden politischen Klasse Österreichs haben nicht einmal begriffen, daß auch Deutschland dazu übergegangen ist, eine wesentlich eigenständigere und von der EG-Politik unabhängige Rolle am Balkan und in Osteuropa zu spielen. Denn die »Anerkennungslegende« zwingt Deutschland und Österreich durch eine aktive Friedenspolitik zu verhindern, wieder ein geistiges Klima wie 1914 entstehen zu lassen. Jetzt bestünde die Chance für eine aktive Außenpolitik, das in Mitteleuropa zu tun, was Deutschland und Österreich in den dreißiger Jahren an ihren Nachbarn versäumt haben. Möglicherweise droht nicht nur das. Solange sich an der Wahrheitsverweigerung nichts ändert, bleibt Zukunftsangst wohl auch berechtigt.

5

Die Kraft der politischen Erneuerung

Die Herrschaft der Altparteien (SPÖ – Sozialistische Partei Österreichs, ÖVP – Österreichische Volkspartei, KPÖ – Kommunistische Partei Österreichs) wurde begründet, als es noch kein freies Österreich gab. Mit Lizenz der Besatzungsmächte wurde der Auftrag an die Parteien erteilt, sich des Landes »anzunehmen«. Diesen Auftrag haben die Altparteien sehr ernst genommen. Bis heute ist Österreich ein Beutestück dieser Parteien. Es gibt keine westliche Demokratie, in der Parteien so viel Macht, eine so große, organisatorische Dichte und so umfassenden Zugriff auf die privaten Lebensumstände der Bürger haben wie in Österreich.

Von ihrem Selbstverständnis als weltanschauliche Integrationsparteien sind ihre gesellschaftlichen Vorstellungen kollektivistisch bzw. ständestaatlich-»bündlerisch« geprägt, deshalb bleibt für ein offenes, demokratisches System wenig Raum. Zu Recht stellt sich die Frage, ob Österreich im Hinblick auf seine politischen Grundstrukturen das östlichste Land des Westens oder das westlichste Land des Ostens ist. Selbst Publizisten, die dem Lager der Altparteien zuzurechnen sind, wie Professor Karl-Heinz Rischel, Chefredakteur der *Salzburger Nachrichten*, äußerten wiederholt die Sorge, Österreich könnte ohne grundlegende politische Erneuerung so etwas wie ein Parteienstaatsmuseum werden. Diese Gefahr ist real, zumal eine aus der Zeit der Monarchie übriggebliebene, mächtige Bürokratie eine der Hauptstützen des Systems darstellt. Politisches Bewußtsein und Freiheitsdrang der österreichischen Beamtenschaft sind leider bislang nur recht dürftig.

Der österreichische Beamte ist zuallererst einmal gegenüber dem Mächtigen loyal. Alles andere kommt danach.

Die zweite Stütze des politischen Systems der Altparteien ist das Kammerwesen. Es verkörpert den Rest – aber einen bedeutenden – der ständestaatlichen Ära Österreichs, die in einem krassen Widerspruch zum freiheitlich-demokratischen Rechtsstaat steht. Das Kammerwesen wiederum ist der Ursprung der österreichischen Sozialpartnerschaft, die zwar verfassungsrechtlich völlig losgelöst, tatsächlich aber eine Art Nebenregierung ist. Ein eigenartiger Zustand, der aber auch in der Verfassung seine Entsprechung findet.

Die österreichische Bundesverfassung ist nicht mehr zeitgemäß. Sie regelt Kammern, Parteien und öffentliche Institutionen, aber für den Menschen und seine Gemeinschaftsbeziehungen ist wenig Platz. Der Mensch ist gleichsam eine Randerscheinung des österreichischen Kammerstaates. Fast ist man geneigt zu sagen: In Österreich ist der Staat nicht um der Menschen, sondern der Mensch um des Staates willen da. Zuerst war das politische System, und für dieses System wurden die adäquaten proporzaufgeteilten Zwangskammern und disziplinierten Menschen geschaffen.

Dieses politische System in Österreich hat bewirkt, daß der Herrschaft des feudalistischen Adels die Herrschaft der proletarischen und halbgebildeten Funktionäre gefolgt ist, und deshalb wird man fragen müssen, welche politische Klasse für das Volk erträglicher war. Die in Österreich herrschende ehrenwerte Funktionärsklasse hat das Land (noch) fest im Griff. Österreich ist keineswegs mit normalen westlich-demokratischen Maßstäben zu begreifen. Während in anderen westlichen Demokratien Große Koalitionen schon aus Gründen demokratischer Hygiene eher die Ausnahme sind, ist die Große Koalition in Österreich die Regel. Sie ist Ausfluß der nach 1945 erfolgten Machtaufteilung zwischen SPÖ und ÖVP, also zwischen Rot und Schwarz.[84] Rote Arbeiterkammern, schwarze Landwirtschafts- und Handelskammern, rote und schwarze Schulen mit roten und schwarzen Direktoren, rote und schwarze Sozialversicherungsanstalten, rote und schwarze Wohnbaugenossenschaften, roter Konsum und schwarze Raiffeisengenossenschaft, rote und schwarze Staatsbetriebe, rote und schwarze Banken, rote und schwarze Autofahrerorganisationen, rote und schwarze Straßensondergesellschaften, rote Eisenbahnen und schwarze Postverwaltung, rotes Berufsförderungsinstitut und schwarzes Wirtschaftsförderungsinstitut, rote und schwarze Höchstgerichte ... Das rot-schwarze Strickmuster führt zu zahlreichen Absurditäten. So gibt es einen Erlaß im Heer, wonach nur zwei Versicherungsgesellschaften bei den Soldaten Versicherungen anbieten dürfen: nämlich die im SPÖ-Einfluß stehende Wiener Städtische Versicherung und eine der ÖVP zuzurechnende Versicherung. In den Ländern existieren unterschiedliche Gemeindereferate. So ist im Bundesland Niederösterreich für die schwarzen Gemeinden als Förderungsreferent der schwarze Landeshauptmann, für die roten Gemeinden der rote Landeshauptmannstellvertreter zuständig. Gleiches läßt sich auch in anderen Bundesländern nachweisen. Nach dem Sparsamkeitsgebot müßten alle Straßensondergesellschaften sofort aufgelöst oder zu einer einzigen zusammengelegt werden. Dies geht aber bei einer großen Koalition nicht. Also hat man kürzlich eine rot und eine schwarz geführte Straßensondergesellschaft ins Leben gerufen, um dem Machtausgleich der Altparteien Rechnung zu tragen.

Dieses Denken beherrscht den politischen Alltag der Republik. Als jüngster Zeuge sei der ehemalige Generaldirektor der Creditanstalt-Bankverein (staatliche Bank) Heinrich Treichl, ein ÖVP-Funktionär, zitiert, dem bei der letzten Hauptversammlung der Kragen platzte: »Die SPÖ hat nichts gelernt aus der Vergangenheit – sie benimmt sich noch immer so, als ob ihr die CA alleine gehört.«[85] Die Mahnungen des ÖVP-Mannes an die SPÖ, das politische Miteigentum seiner Partei an der Bank herauszugeben, wirken geradezu rührend. Aber es ist der schlagende Beweis für die getroffenen Feststellungen. Natürlich erfaßt diese politische Reichsteilung auch den staatlichen Mediensektor. So gibt es ohne jede sachliche Begründung im staatlichen Österreichischen Rundfunk (ORF) einen roten Intendanten für das Informationswesen und einen schwarzen Intendanten für den Unterhaltungssektor. Der Verfassungsrechtler Professor René Marcic sprach daher zu Recht davon, Österreich sei nicht nur *eine* demokratische Republik, sondern bestehe in Wirklichkeit aus einer Republik der SPÖ *und* einer Republik der ÖVP. Diese Republik ist für die Ansprüche der Altparteien maßgeschneidert. Auch im Schul- und Bildungssektor herrscht der Proporz. Die politischen Lehrervereine haben vereinbart, daß bei einem Gymnasium selten die Farbe durch die Bestellung eines neuen Direktors gewechselt wird, eher noch bei Pflichtschulen. Jedenfalls sind in Wien im Übereinkommen von Rot und Schwarz die Schuldirektoren im Farbenverhältnis 2:1 aufgeteilt. Als im Jahr 1987 Helmut Zilk forderte, diesen Proporz zu beenden, weil er ihn »zum Kotzen« findet, stimmte die Wiener FPÖ seiner Wahl zum Bürgermeister von Wien zu. Parteibuchfreie Ernennungen von Schulleitern oder Schulaufsichtsbeamten waren bis zum damaligen Zeitpunkt, als die Freiheitlichen durch Wahlerfolge Einfluß nehmen konnten, praktisch undenkbar.

Parteibuch und Zugehörigkeit zu einer Altpartei haben in Österreich bezifferbaren Marktwert. Das Parteibuch ist geradezu ein Schlüssel für persönliches Fortkommen im öffentlichen Dienst, bei Post oder Eisenbahn. Dies gilt selbst dann, wenn die Qualifikation des Bewerbers fraglich ist. Das Parteibuch ist nach wie vor in unserem Land ein Wertpapier, das an der hiesigen politischen Börse gehandelt wird. Ein vernichtender Kurssturz ist nur dann möglich, wenn sich die Kräfte der freiheitlichen Erneuerung durchsetzen und den politischen

Menschenhandel beenden. Diese Form der politischen Apartheid ist jedenfalls nicht mehr zeitgemäß: Als ich im Bundesland Kärnten Landeshauptmann wurde, war es möglich, erstmals nach 1945 in Österreich einen politisch Ungebundenen mit dem Amt eines Bezirkshauptmannes zu betrauen. In den letzten Jahren ist es üblich geworden, daß auch die Altparteien dem Proporz- und Parteibuchwesen abschwören – offiziell jedenfalls. In der Praxis freilich hat sich nichts geändert. So gab es 1993 die rot-schwarze Proporzbesetzung für die Präsidentenfunktionen des Verwaltungsgerichtshofes, außerdem wurde ein neuer Vorstand der Österreichischen Bundesbahn in proporzmäßiger Zusammensetzung bestellt. Entlarvend dabei war, daß nicht der zuständige Aufsichtsratspräsident aktiv wurde, so wie es das Gesetz vorsieht, sondern daß der eigentlich gar nicht zuständige Verkehrsminister die Parteibuchbesetzung per ordre de Mufti vornahm. Ein geradezu idealtypisches Beispiel für das verfilzte rot-schwarze Proporzsystem ist aber die Österreichische Nationalbank. Vom Portier bis zum Generaldirektor herrscht ein strikter Proporz. Diese Nationalbank ist sogar die einzige ihrer Art auf der Welt, an der SPÖ und ÖVP, also politische Parteien, direkt und indirekt als Aktionäre beteiligt sind – eine Pfründen- und Vetternwirtschaft, wie sie schlimmer nicht sein könnte. Aber das Volk hat sich daran gewöhnen müssen. Kurzfristigem Aufbäumen folgt schon bald allgemeine Resignation.

Nirgendwo ist also die These von Max Weber so passend wie in bezug auf die Tätigkeit der freiheitlichen Erneuerungsbewegung, wonach Politik eben das beständige Bohren harter Bretter des politischen Alltags sei. Es handelt sich keineswegs um einen normalen demokratischen Wettbewerb zwischen Regierung und Opposition. Österreich ist eine autoritäre Entwicklungsdemokratie, in der auch persönliche Verfolgung und erhebliche private und berufliche Nachteile gegenüber politischen Nonkonformisten keine Seltenheit darstellen. Die politische Unterdrückung beim Volksbegehren »Österreich zuerst«, das Beispiel des Sängers Falco in einer Talkshow und die darauffolgende negative Berichterstattung wegen seiner Verteidigung meiner Person sind offenkundig. Der autoritäre Charakter des politischen Systems ist gut getarnt. Dem Beobachter von außen mag dieses Land als eine gemütliche, etwas verschlafene Alpenrepublik erscheinen. Der Schein trügt, wie das Beispiel des Volksbegehrens »Österreich zuerst« zeigt. Durch das Volksbegehren sollten Mißstände in dem Bereich der Ausländerpolitik und vor allem in den Fragen der Kriminalität, der illegalen Ausländer und der Neuzuwanderung beseitigt werden. Es folgte ein wochenlanger, gezielter, unglaublicher Gesinnungsterror.

Unsere geforderten 12 Punkte, unter anderem

- keine vorzeitige Verleihung der österreichischen Staatsbürgerschaft,
- kein Ausländerwahlrecht bei allgemeinen Wahlen,
- sofortige Ausweisung und Aufenthaltsverbot für ausländische Straftäter,
- Entspannung der Schulsituation durch Teilnahme am Regelunterricht nur bei ausreichenden Deutschkenntnissen (Vorbereitungsklassen),
- Aufstocken der Exekutive und bessere Bezahlung

wurden durch gezielte Falschmeldungen entstellt. Behinderungs- und Einschüchterungsversuche waren an der Tagesordnung.

Viele Menschen wurden so unter Druck gesetzt, daß sie es nicht wagten, das Volksbegehren zu unterschreiben. FPÖ-Plakate zum Volksbegehren wurden in Wien heruntergerissen oder mit »abgesagt« überklebt. In Pensionisten- und Pflegeheimen wurde bei einer Unterschriftenleistung der Verlust des Pflegeplatzes angedroht, Gemeindebediensteten der Verlust des Arbeitsplatzes. Manche Bürgermeister ließen die Unterschriftenliste in ihrer Privatwohnung ausliegen oder sperrten ihre Gemeindeämter während der Eintragungszeiten einfach zu. Diese Demokratie-Verweigerung bleibt in Österreich sanktionslos, denn sie dient der Festigung der Macht der ehrenwerten politischen Proporzklasse.

Als ich an der Lichterkette von *SOS – Mitmensch gegen Ausländerfeindlichkeit und Fremdenhaß* teilnehmen wollte, wurde dies von den Veranstaltern als »düsterer Faschingsscherz« bezeichnet. Und der Grüne Bundessprecher meinte in der *Kleinen Zeitung* am 16. Januar 1993: »Bei SOS-Mitmensch will ihn keiner.« Die Lichtermeer-Initiatoren entpuppten sich schließlich als Allianz des Widerstandes gegen das Volksbegehren. Die Intoleranten werben für Toleranz.

Demokratie und Bürgerrechte sind dort in Gefahr, wo die Machtinteressen der Altparteien ins Wanken geraten. Das erklärt auch die Härte der Auseinandersetzung zwischen Altparteien und freiheitlicher Erneuerungsbewegung. Der autoritäre Charakter des politischen Systems im Griff der Altparteien wird selbst von diesen nicht mehr in Abrede gestellt. In einem Interview mit den *Salzburger Nachrichten* vom 25. März 1993 nimmt der sozialistische Finanzminister Lacina offen zu diesen Verhältnissen Stellung: »Wir hatten in Österreich eine außerordentliche Situation, die Stabilität des Systems war so stark, daß sie so nicht aufrechtzuerhalten war. Der Organisationsgrad in den Parteien war so hoch, daß man schon autoritäre Tendenzen sehen mußte. Wir wurden vom Ausland ein bißchen als ständischer Staat gesehen, was wir bis zu einem gewissen Grad waren. Was jetzt ist – und das trifft SPÖ und ÖVP – ist Teil der Entwicklung: weg von diesen autoritären Mustern.« Der Sozialist Lacina verschweigt indes, daß die eigentliche Abkehr von den »autoritären Mustern« keine freiwillige, sondern eine demokratisch erzwungene war. Erst der erfolgreiche Aufstieg der freiheitlichen Erneuerungsbewegung seit 1986 hat die absoluten Mehrheiten von SPÖ und ÖVP zu Fall gebracht, so daß ein Umdenken schrittweise erzwungen werden konnte. Aber wir stehen erst am Anfang, noch wehrt sich das System heftig. Der Politikwissenschaftler und Sozialdemokrat Norbert Leser bezeichnete in einem kürzlich erschienenen Artikel den sozialistischen Kanzler als österreichischen Gorbatschow. Er verwaltet ein zerfallendes System, aber er kann den Niedergang nicht mehr aufhalten.

Man denke nur: Bei der letzten Nationalratswahl hat die ÖVP in Niederösterreich weniger Stimmen in geheimer Wahl erhalten, als sie eingetragene Parteimitglieder in diesem Bundesland besitzt. Es gibt keinen besseren Beweis für die Erneuerungsbedürftigkeit eines politischen Systems, als daß nicht einmal die offiziellen Parteianhänger in einer geheimen Wahl für ihre Partei votieren. Machtbesessenheit und Machtversessenheit haben ein autoritäres Machtkartell etabliert, in dem den Bürgern aus Angst vor Nachteilen nur die Form des stillen Protests bleibt. Politische Angst führt auch zur Existenzbedrohung von Oppositionellen seitens der Altparteien. So verlangte der Fraktionssprecher der ÖVP einer Gemeinde in Oberösterreich die Absetzung eines Direktors einer Raiffeisenbank, weil dieser ein freiheitlicher Abgeordneter sei, und drohte in einem Brief an die im Einflußbereich der ÖVP liegende Raiffeisengruppe: »Persönliche Konsequenz: Ich werde alle Bankgeschäfte mit der Raika einstellen. Weiters werde ich mein ganzes Gewicht als Fraktionssprecher der ⅔-Mehrheitspartei in die Waagschale werfen, um alle Geschäfte der Gemeinde mit der Raika abzubrechen, die einen Großteil der Kreditauslastung der Gemeinde zu verdanken hat, sollte Herr Rudolf Scherb (FPÖ) weiter in dieser Bank beschäftigt werden.«[86]

Eigentlich ist es beschämend, daß die politische Führung eines Landes, das ohnedies einen so hohen Preis für seine Erfahrungen mit totalitären und undemokratischen Systemen zu zahlen hatte, so unfähig ist, daraus zu lernen. Österreich ist eben anders:

- Politische Verantwortung für Fehlleistungen bedeutet nicht Rücktritt vom Amte, sondern Griff in die Taschen der Steuerzahler, die für die verursachte Pleite die Zeche zu zahlen haben.
- Wer in der österreichischen Demokratie abgewählt wird, der wird mit Generaldirektorenwürden in Staatsunternehmen entschädigt oder zum Präsidenten des Aufsichtsrates eines großen öffentlichen Unternehmens gekürt.
- Manager, die Staatsbetriebe ruinieren, werden nicht entlassen. Entlassen werden die Mitarbeiter, die den Ruin des Unternehmens durch ihren Fleiß zu verhindern suchten.
- Manager in Staatsbanken, die Milliardenpleiten zu verantworten haben, werden nicht vor die Tür gesetzt, sondern erhalten Millionenabfindungen und Frühpensionen. Sie können bereits nach einem halben Jahr Arbeit Pensionsansprüche einfordern!
- Nicht die Privilegienritter und Korrupten werden ausgegrenzt, sondern die Aufdecker als »Verräter« gebrandmarkt, sobald sie nicht mehr mitspielen.
- Journalisten im Staatsrundfunk, die grober Meinungsmanipulation überführt sind, werden nicht geächtet, vielmehr klingt allerorts Bedauern an, daß sie sich so ungeschickt verhalten haben und sich dabei erwischen ließen.[87]
- Mutige Bürger, die gegen Vettern- und Parteibuchwirtschaft im öffentlichen Dienst ankämpfen, werden nicht belohnt. Belohnt werden die treuen Parteigänger, und die Kritiker werden strafversetzt.
- Rechtskräftig verurteilte Politiker müssen ihre Haftstrafen nicht in Gefängnissen verbringen, sondern halten sich als »Freigänger« nur zu Besuch stundenweise in der Strafanstalt auf, während jeder Hühnerdieb »eingelocht« wird.
- Ein verantwortungsbewußter Betriebsrat, der den Privilegiensumpf in der Österreichischen Nationalbank aufdeckte, wird nicht anerkannt und gefördert. Er erhält Haus-

verbot, weil er die Solidarität mit den unverschämten Nehmern der ehrenwerten Gesellschaft gebrochen hat. »Omertà« ist Pflicht in Österreich.

- In der Verfassung vorgesehene Volksbegehren werden behindert, mancherorts sogar verhindert. Demokratie-Behinderung ist Funktionärspflicht.

Die Politik dieses Landes muß sich ändern – und zwar gründlich, von der Wurzel her, also radikal. Dazu werden die Erneuerer viel Kraft benötigen. Dabei dürfen wir uns aber keineswegs derselben Methoden bedienen wie die Altparteien. Für freiheitliche Erneuerer bedeutet Politik vernünftiges Handeln für sittliche Zwecke. Jeder Schritt muß wohlüberlegt sein im Sinne von Verantwortungsethik. Im Unterschied zur Gesinnungsethik heißt Verantwortungsethik, auch die Folgen des Handelns zu bedenken und sie mit den moralischen Grundsätzen einer freiheitlich-rechtsstaatlichen Demokratie in Einklang zu bringen. Dabei ist es nicht immer einfach, kühlen Kopf zu bewahren. Denn die Methoden, mit denen sich das System wehrt, sind einem Demokraten in der Seele zuwider. Der Regierung, insbesondere aber dem sozialistischen Kanzler, ist der Vorwurf zu machen, aus Angst vor den freiheitlichen Erneuerern sogar im Ausland die Opposition als ›braune Bewegung‹ zu diffamieren beziehungsweise sie gegen Vorwürfe nicht zu schützen. Schon einmal mußte das Land leiden, weil die Sozialisten einen gewählten Staatspräsidenten (Kurt Waldheim) nicht zur Kenntnis nehmen wollten und ihn im Ausland wegen seiner angeblichen braunen Vergangenheit in Mißkredit brachten. Offenbar hat der Kanzler an dieser Methode Gefallen gefunden. Eigentlich ist es politisch-moralischer Landesverrat, wenn man wider besseres Wissen und Gewissen aus Angst vor den politischen Herausforderern den Ruf des eigenen Landes im Ausland gefährdet. Diffamierung und Ausgrenzung sind nicht die geeigneten

Mittel, sich den politischen Gegner vom Halse zu schaffen. In der Demokratie gibt es nur einen Weg der politischen Entscheidung, und das ist die Entscheidung an der Wahlurne. Solange aber der politische Herausforderer an der Wahlurne nicht besiegt werden kann, sollte die eigene Politik überprüft werden, anstatt den Gegner mit undemokratischen Methoden zu bekämpfen. Die »Superdemokraten« der Altparteien sollten auch Rosa Luxemburg nicht vergessen: »Die Freiheit ist immer die Freiheit der Andersdenkenden.« Woher nehmen überhaupt die Altparteien die Überzeugung, daß sie alle Anständigen vertreten, während die freiheitlichen Erneuerer nur die unanständigen, dumpfen, uneinsichtigen Biertischbürger in ihren Reihen haben? Es bleibt dabei allerdings ein gewisser Erklärungsbedarf, warum die »Unanständigen« von heute noch gestern als anständige Demokraten galten. Doch nicht etwa deshalb, weil sie zu diesem Zeitpunkt noch im Lager der Altparteien standen? »Zwei Jahrzehnte hatten sie Zeit, die ›Anständigen‹ in diesem Land, auf der Basis ihrer Machtpositionen dieses Land moralisch zu verändern. 20 Jahre erfolgreicher Marsch durch die Institutionen hinterließ eine Spur von Postenschacherei, die kaum noch einem ›Anders-Denkenden‹ eine Chance gab, in pädagogischen, medialen und kulturellen Institutionen unterzukommen.«[88]

Allmählich kommen die Ausgrenzer in Schwierigkeiten. Sie wollen keine bessere Politik für unser Land, sondern sich offenbar nur einen erfolgreichen Herausforderer vom Halse schaffen. »Wer nicht täglich geistig einen Jörg Haider ermordet, muß am Abend Selbstanzeige wegen NS-Wiederbetätigung machen«, kommentierte der sozialistische Publizist Günther Nenning den Stil der Auseinandersetzung. Und nochmals Sichrovsky: »Die Ausgrenzung der Andersdenkenden ist und bleibt ein faschistoides Verhalten. Die Kriminalisierung des politischen Gegners unter dem Vorwand, die Demokratie zu schützen, ist ein moralischer Schritt zurück und nicht einer in eine sichere Zukunft.«[89] Bisher hatte die ehrenwerte Gesellschaft der Funktionäre in den Altparteien die eigene Enttarnung noch mit einiger Mühe abwenden können, aber nicht mangels Beweisen, sondern aufgrund eines feingesponnenen Netzes der Einflußnahme bis in die höchsten Kreise der Justiz und der Exekutive. Wäre es sonst möglich, daß trotz der zahlreichen, zum Teil unerhörten Skandale im Verantwortungsbereich der Altparteien, insbesondere der Sozialisten, staatsanwaltliche Ermittlungen, gerichtliche Verfahren und polizeiliche Erhebungen in der Regel ausgehen wie das berühmte Hornberger Schießen? Wie ist es möglich, daß in einem einzigen Staatsbetrieb 13 Milliarden Schilling verschwinden, der Chef der Verstaatlichten Betriebe aber selbst Vorsitzender des Aufsichtsrates ist, und daß es dennoch keine personellen Konsequenzen gibt? Wie ist es möglich, daß man gegen einen Wirtschaftsminister gerichtlich nicht vorgehen kann, der nachweisbar ein öffentliches Unternehmen um Hunderte Millionen zu billig unter Freunden verkaufen wollte, wodurch der Republik und dem Steuerzahler, hätte die FPÖ nicht alles aufgedeckt, erheblicher Schaden entstanden wäre?

Der österreichische Wirtschaftsminister unternahm einen offenkundig ungesetzlichen Versuch, gemeinsam mit dem Vorstand des österreichischen Verkehrsbüros den Verkauf des Unternehmens am Aufsichtsrat des Unternehmens vorbeizuschwindeln. Ziel war dabei der Verkauf des Verkehrsbüros für einen Bruchteil des wahren Wertes. Dazu wäre der Aufsichtsrat jedenfalls zustimmungspflichtig gewesen (§ 95 AktG). Ohne die von mir gestellte Strafanzeige wäre diese Verschleuderung zu einem lächerlich geringen Betrag zum Schaden der Republik Österreich fast gelungen. Die Strafanzeige führte zu einer Erhöhung des Kaufpreises, allerdings noch immer nicht zu einem Verkauf für den wahren Wert.

Trotz ausführlicher Begründung in der Strafanzeige und

nachdrücklicher Zustimmung in den Wirtschaftsseiten der Medien wurden praktisch keine Ermittlungen von der Staatsanwaltschaft oder den Gerichten durchgeführt, schon gar nicht der Wirtschaftsminister zu diesem Vorgang befragt. Das Verfahren wurde sofort eingestellt: Der Justizminister als Geisel des Ministerrates hatte wieder einmal funktioniert.

Wie ist es möglich, daß im Privilegiensumpf und -skandal um die Parteienfinanzierung durch die Arbeiterkammer Steiermark nur einer der verantwortlichen Funktionäre geopfert wurde, die vielen anderen Mitverantwortlichen heute aber an den Schaltstellen des Apparates sitzen? Ob AKH (Schmiergeldzahlung bei der Auftragsvergabe für den Bau des Allgemeinen Krankenhauses in Wien), WBO (Wohnhaushandel von ÖVP-Politikern), AK-Skandal (der steiermärkische Arbeiterkammer-Präsident Rechberger hat 1991 von Geldern der AK den steiermärkischen Landes- und Nationalratswahlkampf sowie den AK-Wahlkampf finanziert), ministerieller Diebstahl von Gewerkschaftsgeldern, Verkehrsbüro- oder Nationalbankskandal, die Mitglieder der ehrenwerten politischen Klasse sind unangreifbar. Die Resignation der Bürger ist verständlich und der Unterschied zu Italien augenfällig. In Italien gibt es bereits viele Mutige in der Justiz, während es in Österreich nur einige wenige wagen, sich mit der herrschenden politischen Klasse anzulegen. Es darf daher nicht überraschen, wenn Prozesse so ausgehen, wie sich dies prominente politische Zeugen vom Range eines Parlamentspräsidenten vorher öffentlich gewünscht haben.[90] Vorauseilender Gehorsam sichert Karrieren, erspart Ärger und verhindert eine angedrohte »intelligente« Diskussion über den Richterstaat »im Falle eines der ehrenwerten Klasse nicht genehmen Urteils«. (SP-WR-Präsident H. Fischer). Daher bleiben selbst mysteriöse Todesfälle im Umfeld der Politik ohne Aufklärung. Justitia trägt eine rot-schwarze Augenbinde. Um so härter geht man gegen oppositionelle Kräfte vor. So mußte ich mich wochenlang mit der Staatsanwaltschaft herumschlagen, nur weil in einer anonymen Anzeige behauptet wurde, ich hätte mein Haus auf dubiose Weise finanziert. Meine Steuerkarte gelangte ebenfalls an die Öffentlichkeit, ebenso wie versucht wurde, die Erbschaft meines Forstbetriebes zu kriminalisieren und mich als Steuerhinterzieher an den Pranger zu stellen. Wenn freiheitliche Politiker in politischen Aufsätzen Kulturkritik üben, ist dies Anlaß für wochenlange Ermittlungen durch die Staatsanwaltschaft wegen Verstoßes gegen das Verbotsgesetz.[91] Wenn ein dubioser Zeuge, der Funktionär der Sozialistischen Partei ist, den freiheitlichen Fraktionschef einer Landtagsfraktion beschuldigt, Zeitungsdiebstahl beim Verkaufsautomaten an Sonntagen begangen zu haben, ermitteln hohe Polizeibeamte wochenlang persönlich, durchsuchen sogar die elterliche Wohnung des Beschuldigten. Außerdem müssen Gerichtsverfahren durch die Instanzen ausgefochten werden, damit der Betroffene vom böswilligen Vorwurf endlich befreit wird.[92]

Die Haider-Rechtsprechung

Im folgenden soll durch einige Beispiele gezeigt werden, wie oft auf krasseste Art in bezug auf mich und die FPÖ von der geltenden Rechtsprechung abgewichen wurde und wird, was deutlich die politische Einseitigkeit der Gerichte bzw. Staatsanwaltschaften belegt.

Unmittelbar nach meiner Bemerkung über die »ordentliche Beschäftigungspolitik« vom 13. Juni 1991 kündigte die Staatsanwaltschaft Klagenfurt unter dem erwartungsgemäßen Beifall der Medien und der Öffentlichkeit an, einen »Vorhabensbericht« an die Oberstaatsanwaltschaft Graz zu richten, damit überprüft werde, ob die »Beschäftigungspolitikäußerung« den Tatbestand der Wiederbetätigung erfülle. Jedem –

vor allen anderen der Staatsanwaltschaft und dem Justizminister – war klar, daß dieser Tatbestand nicht erfüllt war. Trotzdem wurden angeblich »Erhebungen« durchgeführt. Das Ausmaß der Ermittlungen ist nicht bekannt. Die Ankündigung wurde von der Öffentlichkeit als Einleitung des strafrechtlichen Vorverfahrens verstanden und in manchen Medien auch so dargestellt, daß dieses Mißverständnis entstehen mußte. Selbstverständlich wurde kein Verfahren eingeleitet. Die Nachricht über die Zurückweisung der Anzeige erhielt ich allerdings erst am 10. Oktober 1991. Zwischen dem 13. Juni 1991 und dem 10. Oktober 1991 lagen zwei Landtagswahlen, die letzte unmittelbar vor dem 10. Oktober 1991. Der politische Hintergrund – die absichtliche Belastung meiner Person mit dem Schein eines angeblichen Verfahrens nach dem Verbotsgesetz – war erreicht, eine Gegenwehr nicht möglich.

Ungestraft durfte mir auch auf einem KPÖ-Plakat, das im Wiener Landtagswahlkampf 1991 verwendet und auch im Nachrichtenmagazin *profil* als ganzseitiges Inserat veröffentlicht wurde, die Billigung, Förderung und Erzeugung nationalsozialistischer Gesinnung vorgeworfen werden und damit indirekt die Mitverantwortung und das Mitverschulden an der Rüstungsproduktion und den Kriegsvorbereitungen mit den Folgen von 50 Millionen Toten im Krieg, der Verschleppung von 10 Millionen »Fremdarbeitern« und dem Massenmord an 6 Millionen Juden – unter unvollständiger Zitierung der »Beschäftigungspolitikbemerkung«. Das von mir beantragte (Privatanklage-)Verfahren wurde nicht einmal eingeleitet. Rechtsmittel dagegen, einschließlich einer Nichtigkeitsbeschwerde zur Wahrung des Gesetzes an den Obersten Gerichtshof, wurden abgewiesen.

Es ist also offenkundig, daß die Staatsanwaltschaft demonstrativ vor den Augen der Öffentlichkeit in aussichtslosen Fällen *gegen* mich ermittelt und mich von meiner Schuldlosigkeit erst informiert, wenn ich die politisch erfolgte Belastung nicht mehr abwenden kann, während mir andererseits die Staatsanwaltschaft (repräsentiert durch die Generalprokuratur) und die Gerichte nicht die Möglichkeit geben, mich selbst gegen den Vorwurf der Mitverantwortung am Massenmord zur Wehr zu setzen.[93]

Als im Burgenland unter Landeshauptmann Sipötz im Jahr 1991 Bespitzelungsvorgänge bei Personaleinstellungen ans Licht kamen, erklärte Dr. Vranitzky, daß »Derartiges« bei »allen Parteien in ganz Österreich weit verbreitet« sei. Diese Äußerung genügte nach geltendem Recht bis dahin, um Privatklage wegen Ehrenbeleidigung zu erheben. Nun habe ich zwar die Privatklage eingereicht, das Verfahren wurde aber sofort eingestellt. Der sozialistische Landeshauptmann-Stellvertreter von Kärnten hatte andererseits gegen mich den Vorwurf erhoben, ich ließe private Hubschrauberflüge vom Land Kärnten finanzieren. Das von mir beantragte Privatanklageverfahren wurde nicht eingeleitet, was ebenfalls geltendem Recht widerspricht, denn diese Anschuldigung ist ein Vorwurf des Amtsmißbrauches oder gesetzwidrigen Verhaltens.

Die Pop-Gruppe EAV (Erste Allgemeine Verunsicherung) warf mir in einem Song in primitiver textlicher Gestaltung »braune Gesinnung« vor. Meine Privatklage blieb erfolglos, weil sich die Ratskammer des LG Wien weigerte, das Verfahren einzuleiten. Erfolglos blieb auch eine Nichtigkeitsbeschwerde. Auch diese Entscheidung wurde in juristischen Fachzeitschriften als unverständlich bezeichnet. Ein erfahrener Medienrichter gab folgenden Kommentar im persönlichen Gespräch: »Wenn ich das nächste Mal jemanden umbringen will, stoße ich ihn vom Balkon und singe ein Lied dazu, denn nach dieser Judikatur müßte dies dann Freiheit der Kunstausübung sein.«

Lange nach der Verfahrenseinstellung setzte übrigens der

ORF politisch noch kräftig nach: Er brachte in seiner Jugendsendung »X-Large« einen Bericht über die angeblich drohende Beschlagnahme der EAV-Kassette aufgrund des nie eingeleiteten Verfahrens und filmte auch Auslagenscheiben mit der quergestellten Überschrift »Beschlagnahme«. Gleichzeitig wurden die jugendlichen Zuschauer aufgefordert, »ihre Meinung zu dieser Beschlagnahme« kundzutun. Erst ein Brief an den Generalintendanten führte zur Beendigung dieser politischen Schützenhilfe. Es ist unvorstellbar, daß der ORF zum Zeitpunkt dieser Berichterstattung nicht schon längst wußte, daß von einer drohenden Beschlagnahme überhaupt keine Rede sein konnte.

Als der Wiener SPÖ-Stadtrat Swoboda über den SPÖ-Pressedienst den schwerwiegenden Vorwurf gegen unseren jungen Landtagsabgeordneten Westenthaler erhob, er verdrehe in bester Manier des deutschen Reichspropagandaministeriums die Fakten und behaupte das Gegenteil von dem, was andere gesagt hätten, wurde der Antrag auf Erlaß einer einstweiligen Verfügung in allen Instanzen abgewiesen. Nach bisheriger Rechtsübung konnte man davon ausgehen, daß auch ein Wertungsexzeß, also die exzessive Bewertung eines kritisierten Verhaltens, ehrenrührig und mit Unterlassungsklage bekämpfbar ist. Von diesen Grundsätzen wurde im vorliegenden Fall trotz der besonders schwerwiegenden Vorwürfe Swobodas abgewichen. Auch wenn der Wiener SP-Vizebürgermeister einen jungen FPÖ-Abgeordneten »braunen Stiefellecker« schimpft, ist dies nach Ansicht der Gerichte keine Ehrenbeleidigung. Freiheitliche müssen sich eben mehr gefallen lassen!

Sämtliche Beispiele zeigen, daß die einseitigen Verfolgungshandlungen gegen Angehörige der freiheitlichen Opposition kein Zufall mehr sein können. Die Kette der Indizien für ein subtiles Zusammenspiel des von den Altparteien beherrschten Machtzentrums wird immer dichter. In Kreisen der

Justiz wird es auch gar nicht mehr bestritten, daß es in Presseprozessen schon eine eigene »Haider-Rechtsprechung« gibt, die – wenn es dem FP-Chef schadet – zu genau gegenteiligen Schlußfolgerungen kommt, als es der langjährigen Spruchpraxis gemäß wäre.

In diesem verfilzten System von Abhängigkeiten, Vetternwirtschaft und politischer Intrige ist es sehr schwer, Ordnung zu schaffen. Viele, die heute noch mitspielen, warten aber darauf. Sie wollen frei sein – so wie es in den Grundrechten verbürgt ist. Sie wollen als Richter verurteilen und freisprechen können, weil es dem Gesetz entspricht und nicht, weil politische Erwartungen zu erfüllen sind. Sie wollen als Beamte entscheiden können, wie es dem gesetzlichen Gang der Verwaltung entspricht, ohne von oben zu einem politischen Urteil in der einen oder anderen Richtung angehalten zu werden. Die kranken Riesen wehren sich und bedrohen die Zwerge. Die kranken Riesen, die Altparteien, werden nicht mehr lange durchhalten, aber noch haben sie die Kraft, um die bedrohten Zwerge, die Bürger, durch Psychoterror in Schach zu halten. Dazu trägt der Verbund von politischer Macht und medialem Einfluß bei. In keinem anderen demokratischen System kauft sich die Regierung so unverfroren die Gunst der Medien. Jedes Jahr gibt die Bundesregierung zwischen 200 und 300 Millionen Schilling als »Presseförderung« an die Zeitungen. Wer dabeisein will, muß sich durch Wohlverhalten profilieren. Und sie profilieren sich alle. Nahezu ohne Ausnahme: Wenn dann die Journalisten der »freien Medien« bei Fernsehdiskussionen in geradezu peinlicher Unterwürfigkeit dem Regierungschef ein paar belanglose Fragen stellen, dann weiß man, daß das System von Zuckerbrot und Peitsche wirkt. Aber wer wird schließlich schon als Held geboren? Allerdings sollten sich freie Menschen auch nicht zu Jammerlappen degradieren lassen! Wer besonders angepaßt schreibt und kommentiert, hat sogar die Chance, »Rennerpreisträger« der SPÖ-Publizisten zu werden, einen Professorentitel vom Kultusminister verliehen zu bekommen oder aus dem Jubiläumsfonds der Österreichischen Nationalbank für ein Buch oder eine Publikation mit Förderungsgeldern unterstützt zu werden.

Das System wirkt und erzeugt einen angepaßten Journalismus, wie er in undemokratischen Systemen nicht anders sein könnte. Manchmal gelingt es den Mächtigen sogar, eine völlige Gleichschaltung in der Berichterstattung und in den Kommentaren zu erreichen. Freilich, Ausnahmen bestätigen die Regel, aber sie sind selten und werden entsprechend unter politischen Druck gesetzt. Dennoch gelingt es dieser politischen Klasse nicht, trotz dieser Ausgangslage die geistige Führung im Lande zu übernehmen. Das ist ein weiterer Beweis dafür, was von den antielitären Eliten in den Führungsetagen dieser Republik zu halten ist. Die Themenführerschaft hat nämlich trotz medialem Gegensturm in vielen entscheidenden Fragen die freiheitliche Erneuerungsbewegung übernommen.[94]

Dazu einige Beispiele:

- Die Diskussion um den Staatsvertrag: Der FPÖ-Obmann erklärt den Staatsvertrag von 1955 für obsolet, weil im Zuge der deutschen Wiedervereinigung die erforderlichen Souveränitätserklärungen gegenüber Österreich nicht abgegeben wurden. Er löst damit zunächst Empörung bei den Altparteien aus. Kurze Zeit später will auch der heutige Bundespräsident den Staatsvertrag von 1955 in den Tabernakel der Geschichte stellen.[95]
- Die Diskussion um die Neutralität: Der FPÖ-Chef hält die Neutralität Österreichs in einem geeinten Europa mit einem kollektiven Sicherheitssystem für entbehrlich. Wieder Empörung bei den Altparteien, der eine heftige Diskussion um die Neutralität folgt. Wenige Monate später lenken die Altparteien ein. Im Aide-mémoire an die EG von 1992 wird der Vorbehalt der Neutralität nicht einmal erwähnt.

- Es kommt zu einer Privilegiendiskussion, weil der FPÖ-Obmann die Privilegien von Politikern und Funktionären scharf angreift und ein Volksbegehren einleitet.
  Empörung bei den Altparteien! Ihr Grundtenor: Alles nicht wahr! Wenige Monate später werden sie selbst im Parlament gegen die Privilegien der Sozialversicherungsfunktionäre und gegen die Privilegien in der Österreichischen Nationalbank aktiv. »Was immer man sonst gegen Jörg Haider und die FPÖ sagen mag, in der Frage des Privilegienabbaues hat er nicht nur Ankündigungen gemacht, sondern Taten gesetzt ...«[96]
- Die Diskussion um Ausländer: Der FPÖ-Obmann spricht sich für eine restriktive Einwanderungspolitik aus und fordert einen befristeten Einwanderungsstopp. Empörung bei den Altparteien! Wenige Monate später wird eine restriktive Einwanderungspolitik durch Änderung der Gesetze und der Einwanderungspraxis eingeleitet und dem Zuzug von billigen ausländischen Arbeitskräften ein Riegel vorgeschoben. Als Innenminister Löschnak im Sommer 1993 forderte, die Zulassung von Ausländern in Österreich von der Bedingung abhängig zu machen, daß die Zuwanderer bei uns eine Arbeit und ein Dach über dem Kopf nachweisen können, ließ das die Vorkämpfer für eine ungehemmte Einwanderung auf die Barrikaden steigen. Die Debatte entzündete sich auch insbesondere an der Bestimmung in Paragraph 6, Abs. 3, die vorsieht, daß die Aufenthaltsbewilligung selbst dann erlischt, wenn die Behörde säumig wird. Laut Fremdengesetz kann aber ein Ausländer ohnehin nicht sofort abgeschoben werden. Die Politiker der Großen Koalition und der Grünen gerieten in einen Dauerstreit, und es kam sogar zu innerparteilichen Konflikten über dieses Gesetz, besonders in der ÖVP.[97]
  »Wer allerdings darauf trainiert ist, die tieferen Hintergründe der hiesigen Ausländerpolitik ... zu untersuchen,

der wird gar bald die eigentliche Ursache des so quer durch die Reihen vollführten Treibens gegen den Innenminister erkennen: Löschnak will jetzt das in die Tat umgesetzt wissen, was der Koalitions-Gottseibeiuns Haider vor ein, zwei Jahren verlangt hat. Was aber, pfui gack, von Haider kommt, hat als schlecht zu gelten, soweit das Auge reicht. Dabei wird freilich eine recht tragische Manifestation von falscher Politik offenbar ... Was Haider noch in seinem Volksbegehren zur Ausländerfrage verlangt hat, wäre damals – vielleicht – noch ausreichend gewesen. Heute werden die Maßnahmen, zu denen sich Löschnak bequemt hat, wohl zu spät kommen.«[98]

- Die Diskussion um das Berufsheer: Der FPÖ-Obmann schlägt die Abschaffung der allgemeinen Wehrpflicht vor und plädiert für die Gründung eines Berufsheeres. Die Altparteien sind empört. Wenige Monate danach bestreitet kein ernstzunehmender Altpolitiker mehr, daß ein Umbau der Verteidigungskräfte in Richtung Berufsheer erforderlich ist, um schließlich auch an einem künftigen kollektiven europäischen Sicherheitssystem teilnehmen zu können.
- EG und »Hausaufgaben«-Diskussion: Der FPÖ-Obmann warnt davor, Österreich ohne konkrete politische Vorbereitung in die EG zu bringen. Vorher müssen die »Hausaufgaben« in Steuerreform, Direktzahlungen für die Landwirtschaft, Transitfragen usw. erledigt werden. Empörte Ablehnung bei den Altparteien! Heute spricht jeder Minister von der Notwendigkeit, »Hausaufgaben« vor einem EG-Beitritt zu erledigen.
- Die Diskussionen um das Wiener Museumsquartier: Die FPÖ droht mit einer Volksbefragung gegen den geplanten Bau des Museumsquartiers in Wien, das die historische Ansicht der Wiener Innenstadt zerstören werde. Die Altparteien einigen sich, zuerst das Projekt durchzusetzen. Wenige Monate später gibt es niemanden von den Altpar-

teien, der dieses Projekt durchzuführen wagt. Denn die FPÖ hat auch in dieser Frage das Volk auf ihrer Seite.

- Die Diskussion um die Expo: Trotz gegenteiliger Meinungsumfragen ist die FPÖ gegen eine Weltausstellung 1995 in Wien. Die Altparteien sind dafür. Die FPÖ startet eine Volksbefragung (vom 14.–16. Mai 1991) und bekommt recht. Die Expo findet nicht in Wien statt.

Wer sich diese Beispiele vergegenwärtigt, wird erkennen, daß ursprünglich viele Positionen der FPÖ nicht von vornherein mehrheitsfähig waren. Aber die von den Freiheitlichen vorgeschlagenen Lösungen sind vernünftig und staatspolitisch notwendig. Dies mag auch als Hinweis dafür dienen, wie absurd der Vorwurf an die FPÖ ist, eine rein »populistische Politik« zu betreiben. Staat und Parteien müssen auch »Lehranstalten« für den Bürger sein, wie Günther Winkler, Professor für Verfassungsrecht, festgestellt hat. Auch diesem Erfordernis werden die Freiheitlichen eher gerecht als die Altparteien, die ihre Politik überhaupt nur mehr nach Meinungsumfragen und nicht mehr nach Grundsätzen und Überzeugungen ausrichten. Mitmachen, mitlaufen oder herausfordern, ändern – dies ist die Entscheidungsfrage, die sich den freiheitlichen Erneuerern stellt! Wir haben uns für die Herausforderung entschieden, weil nur so ein untaugliches politisches System überwunden und das Land aus überholten Strukturen befreit werden kann.

Wir Freiheitlichen wollen eine neue, eine Dritte Republik. Unser Wollen setzt dem Machtkalkül der Altparteien ein Ende, reduziert öffentliche Kosten, um Zukunftsaufgaben wahrzunehmen, und setzt an die Stelle der Herrschaft der Funktionäre die Mitverantwortung der Bürger.

Die Dritte Republik ist kein Schlagwort. Die Formulierung dieses Zieles ist in Anbetracht der globalen Machtverschiebungen und internationalen Veränderungen *das* Gebot der Stunde, um das Land von seinem strukturkonservativen Geist zu befreien. Die Dritte Republik muß eine zeitgemäße Antwort auf geänderte Bürgerwünsche und auf ein gewandeltes geopolitisches Umfeld sein. Wenn der Nationalstaat überhaupt eine Zukunft haben soll, dann brauchen wir eine Dritte Republik, auch als Kraft gegen die Macht der multinationalen Konzerne und der in ihrem Dienst agierenden supranationalen Bürokratien.

Ich bin dafür, am Nationalstaat festzuhalten und ihm eine neue Zukunft zu geben. Ich bin daher für mehr Gesinnung in Rot-Weiß-Rot und für weniger blauäugige Euphorie, was die Position Österreichs in supranationalen Bündnissen anlangt. Ich bin dagegen, sich materiell und geistig vom Nationalstaatskonzept zu verabschieden und auf der anderen Seite seine Institutionen in »wohlverstandenem« Funktionärsinteresse über die Zeit zu retten. Das ist das Konzept der Altparteien, soweit man in diesem Zusammenhang überhaupt von einem Konzept sprechen kann. Die österreichische Eigenstaatlichkeit siecht dahin, und gleichzeitig wird eine kompetenzentleerte Marionettenregierung am Leben erhalten. Das sind keine Zukunftsaussichten für ein selbstbewußtes Land. In der Dritten Republik muß eine zeitgemäße Antwort für die Zukunft Österreichs gefunden werden. Wir freiheitlichen Erneuerer können dazu einen wichtigen Beitrag leisten.

- Wir sind für das ganze Europa und folglich gegen eine ökonomische, politische und kulturelle Teilung in Ost- und Westeuropa;
- Wir sind für eine bürgernahe Demokratie ohne ständestaatliche Reste und bevormundende Parteibuchherrschaft;
- Wir sind für die Erhaltung der österreichischen Identität in einem Europa des ethnischen Föderalismus;
- Wir sind für eine offene Gesellschaft, die frei ist von ideologischen und religiösen Dogmen und in der eine fort-

währende Erneuerung die Kosten des Irrtums für Bürger und Staat gering hält;

- Wir sind für ein Österreich, in dem der Natur als Teil unseres Seins Eigenwürde und Grundrechtsschutz zugestanden wird.

6

Sozialstaat auf der Waage

Das schwedische Sozialstaat-Modell galt in Österreich lange Zeit als vorbildlich. Für die Regierung Kreisky war es die gesellschaftspolitische Orientierung. Nun ist Schweden überschuldet und der dortige Sozialstaat fast am Ende. Die Ursachen für diese Situation sind nicht in erster Linie in Mißwirtschaft und Verschwendung zu suchen. Der moderne Sozialstaat hat sich vom »helfenden Staat«, für den es galt, Leid und Not zu lindern (frei nach Karl Popper, »to minimize suffering, not to maximize happiness«), zum Wohlfahrtsstaat entwikkelt. Daraus wurde ein Betreuungsstaat, der in das Leben der Menschen weitgehend eingriff mit der Konsequenz, daß Freiheit und Eigenständigkeit, aber auch wirtschaftliche Berechenbarkeit verlorengingen. Schon Bert Brecht wußte, daß zuerst das Fressen kommt, dann die Moral! Dieser Zustand war so lange tragbar, als beachtliches Wirtschaftswachstum und steigende Einkommen die Sozialkassen füllen halfen. Der heutige Wohlfahrtsstaat ist auf Vollbeschäftigung angelegt, die es aber bald nicht mehr geben wird. Schon heißt es in ersten Untersuchungen, daß wir nicht in einer Zweidrittel-Gesellschaft, sondern in einer Viertel-Gesellschaft leben werden. Die Hauptursachen für diese Umbruchsituation, die leider keine nur kurzfristige Wirtschaftsflaute ist, sind der chronische Kapitalmangel der Wirtschaft und die ökologischen Grenzen des kapitalistischen Systems. Dem Kapitalismus geht nicht die Arbeit aus, sondern das Kapital. Das kapitalistische System führt aber auch, fast so schlimm wie der Sozialismus, zur Zerstörung der Umwelt. Verbrauch an Umwelt zum

Billigtarif wird es aus lebenswichtigen Gründen in Zukunft nicht mehr geben können. Systemänderungen sind aber nicht in Sicht. Das klägliche Scheitern der Umweltkonferenz von Rio 1992, die sich den Interessen der Industriestaaten beugte, mag ebenso als Hinweis dienen wie die im Zuge der Steuerreform in Österreich geplante Erhöhung der Lohnsummensteuer um 50 Prozent als echte Arbeitsplatzsteuer. Statt dessen müßte man mit der Streichung der Gewerbe- und Lohnsummensteuer den ersten Schritt zu einem ressourcensteuernden Ökosteuersystem wagen, wie es das Steuer-Reform-Programm der FPÖ vorsieht.

In Österreich weist die Diskussion eine besonders tückische Falle für den geplagten Steuerzahler auf. Man will einerseits die Arbeitsplatzsteuern erhalten, andererseits bruchstückhafte Ökosteuern neu einführen, um damit die leeren Sozialtöpfe zu füllen. Derzeit fehlen im Arbeitslosenversicherungsfonds, Familienlastenausgleichsfonds, Insolvenz-, Entgeltsicherungsfonds rund 15 Milliarden Schilling. Es geht also nicht um eine Entlastung von Arbeitsplatzsteuern, sondern um eine zusätzliche Steuerschöpfung, und das widerspricht dem Prinzip der Aufkommensneutralität bei der grundlegenden Umstellung eines Steuersystems. Immerhin muß es als Alarmzeichen gewertet werden, wenn der Sozialstaat beginnt, laufende Verwaltungsaufwendungen bereits durch Kreditaufnahmen zu finanzieren. Die Grenzen des Kapitalismus sind zugleich die finanziellen Grenzen des Wohlfahrtsstaates. Das gilt auch für den Kapitalmangel der Unternehmen. In diesem marktwirtschaftlichen System hat eine ausgeprägte Konsumneigung Platz gegriffen, die ich an anderer Stelle im Zusammenhang mit dem Hedonismus dargestellt habe. Damit wurde die Basis des kapitalintensiven und damit innovativen Wirtschaftens im Kapitalismus untergraben. Mit der Aufgabe der protestantischen Ethik hat dieses System sein mäßigendes Regulativ verloren und die Bahn frei für eine Gesellschaft gemacht, in der Luxusakkumulation zum Götzen wurde. Götzenanbetung aber war in der Geschichte immer ein verläßlicher Hinweis auf den baldigen Untergang eines Systems. Zudem ist auch die Bevölkerungsbasis brüchig geworden. Sinkende Geburtenraten, immer weniger aktive Erwerbstätige und immer mehr Pensionisten entziehen dem Sozialsystem auf Dauer jegliche gesunde finanzielle Basis. In den OECD-Ländern werden im Jahr 2010 15,3 Prozent der Bevölkerung bereits über 65 Jahre alt sein, im Jahr 2040 sind es bereits 22 Prozent. Aber im Grunde wird die Situation noch durch systembedingte Barrieren verschärft. Ein wenig effizientes Ausbildungssystem führt dazu, daß die jungen Menschen immer später ins Berufsleben eintreten und daß andererseits das Pensionsalter gesetzlich und faktisch immer weiter zurückgeht. So ist etwa bei uns seit 1970 das faktische Pensionsantrittsalter um fast vier Jahre zurückgegangen (von fast 62 auf rund 58 Jahre). Das Pensionsalter von Männer und Frauen unterscheidet sich aber nur geringfügig (weniger als ein Jahr zugunsten der Frauen). Zudem beziehen in Österreich fast alle Personen über 60 Jahre ein Ruhestandseinkommen. War schon vor der Krise der späteren siebziger Jahre die Erwerbstätigkeit von Männern und Frauen im Alter von 55 bis 64 Jahren in Österreich eine der niedrigsten im internationalen Vergleich, vergrößerte sich der Abstand zu anderen Ländern nun markant.

Unter sieben Vergleichsländern weist Österreich heute sowohl bei Männern als auch bei Frauen der Altersgruppen von 55 bis 59 Jahren und von 60 bis 64 Jahren jeweils die mit Abstand niedrigsten Erwerbsquoten auf. Die Erwerbsbeteiligung der Frauen ist auch in anderen Altersgruppen geringer als etwa in Schweden oder Großbritannien.[99]

Österreich ist in dieser Hinsicht ein Land der Frühpensionäre. Was tun? Die bisherige Praxis, einfach die Beiträge oder Steuern zu erhöhen, wenn die Sozialkassen leer sind, wird nicht mehr funktionieren. Mit 43,6 Prozent in Österreich und 42,5 Prozent in der Bundesrepublik hat die gesamtwirtschaftliche Abgabenquote eine Höhe erreicht, deren Ausweitung am Widerstand der Bürger scheitern wird. Schon heute arbeiten die Österreicher vom Januar bis zum Juni für Vater Staat und sein Abgabesystem. Erst danach geht der wirtschaftliche Ertrag in die eigene Tasche. Wo der Sozialstaat zum Steuerstaat ohne Maß und Grenzen ausartet, bleibt die Freiheit auf der Strecke. Es bleibt nur noch der Ausweg, den komfortablen Wohlfahrtsstaat den wirtschaftlichen Veränderungen anzupassen. Seine Grundlage ist der Generationenvertrag. Er wird von den Vertragspartnern nur dann eingehalten werden, wenn die Grenzen der Zumutbarkeit für die Leistungsträger nicht überschritten werden. Gegenwartsprobleme wird man nicht mehr auf die Zukunft abwälzen können. Die künftigen Generationen werden wirtschaftlich und sozial wesentlich weniger belastbar sein als heute. Soziale Besitzstände, die Form der öffentlichen Aufgabenerfüllung, wird man gründlich überdenken müssen. Das schließt die Fähigkeit der Politik ein, den Bürger auf die Notwendigkeit von Opfern vorzubereiten. Die Menschen müssen einfach wieder für die Mitverantwortung an der Gemeinschaft gewonnen werden.

Die moralische Dekadenz des Sozialsystems mit seinen zahlreichen Gefahren des Mißbrauchs besteht in der Auffassung der Bürger, sich mit ihrer Abgaben- und Steuerleistung von jeglicher Mitverantwortung freikaufen zu können. Da aber der Mensch nun einmal ein *zoon politikon* (Aristoteles) ist, gibt es im Zusammenleben viele Probleme, die nicht mit Geld zu regeln sind. Freiwillige Gemeinschaftsleistungen müssen daher belebt werden, wenn individuelle Verantwortung nicht verkümmern und die heute zu Recht oft beklagte Kälte des sozialen Systems beseitigt werden soll. Unserer Gesellschaft ist die Nestwärme verlorengegangen: Wenn es für Kinder aus sozial gestörten Verhältnissen keine passenden

Pflegeeltern gibt, dann werden diese vom System ganz einfach – nicht ohne fleißiges Zutun der Jugendämter – in die psychiatrischen Abteilungen von Krankenanstalten abgeschoben. Wenn Unwetterkatastrophen ganze Dörfer verwüsten, dann sitzen die immer zahlreicheren Zivildienstleistenden in ihren warmen Büros, anstatt für solidarische Hilfe verfügbar zu sein. Wenn nahe Verwandte zu Pflegefällen werden, schiebt man diese in die Krankenhäuser ab. Aber: Ob Feuerwehr, Rotes Kreuz, Behindertenorganisationen, Selbsthilfegruppen, Bergrettung oder kirchliche Hilfsorganisationen, es sind diese sozialen Verbände, in denen das schlechte Gewissen nicht mit klingender Münze abgegolten werden kann, sondern wo Humanität und Opferbereitschaft wirklich gefordert sind. Die Idealisten in diesen Organisationen müssen es aber als demütigend empfinden, wenn sie um Spenden betteln müssen, damit sie dem bedrohten Nächsten helfen können, während funktionslose Vorfeldorganisationen von Parteien und Verbänden mit Subventionen aus Steuertöpfen überhäuft werden.

Für den Politiker ist es ein risikoreiches Beginnen, wenn er diese Situation ändern will, denn jahrzehntelang wurde eine Gefälligkeitsdemokratie praktiziert, und niemand achtete auf ein wirklich notwendiges soziales Programm für Schwache, Arme und Schutzbedürftige. So kommt es auch, daß die heutigen Regierungsparteien nicht Volksparteien, sondern Interessenagenturen für Wählergruppen sind: Nur die Gruppen, die von ihrer Größenordnung her für den Ausgang von Wahlen relevant sind, setzen sich durch. Kleingruppen bleiben trotz ihrer sozialen Not unberücksichtigt. Ein Musterbeispiel dafür für ist der Staatsbetrieb ÖBB. Fast 70000 Eisenbahner, 72000 ÖBB-Pensionäre und alle ihre Familienangehörigen sind eine Macht, die rund 10 bis 12 Nationalratsmandate garantiert. Daher hat die SPÖ zu Lasten aller Steuerzahler (1993: 34 Milliarden Defizit der ÖBB, das die Steuerzahler abdecken müssen) mit immer neuen »sozialen Erfindungen« die Stimmen der ÖBB–Bediensteten regelrecht gekauft. Der Zulagendschungel im ÖBB-Dienstrecht treibt absurde Blüten. Da gibt es Zulagen für das Auffinden verlorengegangener Waggons, Zulagen für das Auffinden eines Heißläufers (gemeint ist ein Waggon mit heißgelaufenen Bremsen) oder eine Gefahrenzulage für das Befahren des Arlbergtunnels. Warum dann die Passagiere der ÖBB überhaupt noch zahlen sollen, wenn sie beim Befahren des Arlbergtunnels in Gefahr geraten, bleibt unerfindlich. In der Bundesrepublik Deutschland gibt es über 600 Zulagen im öffentlichen Dienst, etwa die Leichenwaschzulage, die Filzpantoffelreinigungszulage, die Nebelhornlärmzulage und vieles andere mehr.

Ganz allgemein fragt man sich, ob es in einem solchen Dienstsystem auch Tätigkeiten gibt, die ohne gesonderte Zulagen von den Mitarbeitern erbracht werden oder ob das Monatsgehalt nur eine Abgeltung der grundsätzlichen dienstlichen Anwesenheit darstellt. Oder nehmen wir das ÖBB-Pensionssystem! Daß der Staat ein schlechter Wirtschafter ist, ist uns bekannt. In Österreich allerdings zeigt er sich besonders unbegabt. Denn je höher das Defizit der Staatsbahnen, um so teurer werden die sozialen Leistungen für die Mitarbeiter, gleichsam als Anreizsystem, um Verluste zu machen und daraus Vorteile zu ziehen. Bei der ÖBB gehen die Bediensteten im 53. Lebensjahr in Pension. Manchen gelingt es noch früher, jedenfalls früh genug, um in einem rüstigen Alter eine neue berufliche Tätigkeit zu beginnen. Eine solche Chance nutzen nicht wenige Eisenbahner in Österreich. Andererseits gibt es durchaus gute Argumente für ein frühes Pensionsalter. Ich halte es für richtig, daß eine besonders fordernde, die Gesundheit strapazierende Tätigkeit einen früheren Pensionseintritt ermöglicht, als es das heutige gesetzlich vorgeschriebene Pensionsalter erlaubt. Das ist auch nichts Neues. So gehen Bergknappen, genauso wie Stahlarbeiter, im Schicht-

und Nachtdienst früher in Pension. Warum sollen diese sozialpolitischen Grundsätze nicht auch für den Tätigkeitsbereich der ÖBB gelten? Allen Bahnbediensteten, die bei jeder auch noch so schlechten Witterung für das reibungslose und sichere Funktionieren des Bahnbetriebes sorgen, dem gesamten Fahrdienst, den Schaffnern, Zugbegleitern, Rangierern, Weichenstellern und dem Bahnhofspersonal im Tag- und Nachtdienst steht es sehr wohl zu, auch im Pensionsrecht bevorzugt zu werden. Aber warum muß dies auch für die Verwaltungsstellen gelten? Macht es nicht einen gewaltigen Unterschied, ob man im Verschub- und Rangierdienst tätig ist, oder ob man im geheizten (vielfach überheizten) Büro irgendwelche Akten am Schreibtisch stapelt? Die kleinen Eisenbahner mit hartem Nachtschicht- und Außendienst dienen wie so oft den parasitären Elementen in der Verwaltung als Vorwand für soziale Leistungen, die sachlich nicht gerechtfertigt sind. Eine Reform der ÖBB muß daher bei den dienst- und pensionsrechtlichen Privilegien der Zentralstellen ansetzen, wo allein in der Generaldirektion der Österreichischen Bundesbahn Tausende unproduktive Privilegienritter ihre zweifelhaften defizitsteigernden Aktivitäten entfalten. Dies gilt auch für andere öffentliche Unternehmungen. Die kleinen bescheidenen, bezahlten Mitarbeiter dienen als Vorwand für das Wohlleben der großen Taugenichtse. Gerade diese sind es aber, die die kleinen und schwachen Mitarbeiter im Außendienst unter brutalen Leistungsdruck setzen, wenn sie merken, daß die Finanzmittel zur Aufrechterhaltung ihres kostspieligen Sozialsystems nicht mehr reichen.

Nachdem das Ende des Durchschnitts gekommen ist, wie es Ralf Dahrendorf treffend nannte, als jeder damit rechnen konnte, an der allgemeinen Wachstums- und Wohlstandsentwicklung reichlichen Anteil zu haben, beginnen die Verteilungskämpfe auch innerhalb der Unternehmen. Der kleine Mitarbeiter bleibt dabei auf der Strecke. In der von sozialistischer Unfähigkeit zerrütteten verstaatlichten Industrie kommt es zu Kürzungen oder überhaupt Streichungen der Betriebspensionen. Altpensionäre müssen rückwirkend Opfer für unfähige Politiker und Manager erbringen, aber die Verträge mit abenteuerlichen Pensionszusagen für die versagenden Manager und ihre »direktionsplazierten Nieten« bleiben unangetastet.

Versagen lohnt sich. Wenn der Betrieb früh genug abgewirtschaftet ist, gibt es nichts mehr zu retten, aber um so früher die Pension für die Missetäter. Da kann es schon vorkommen, daß in der Staatsindustrie bestimmte Betriebe zwar keine Mitarbeiter mehr haben, aber die Direktorenposten nach wie vor bestehen bleiben. Die Versager mit politischem Schub und Schutz sitzen in diesem System wie die Spinne im Netz.

Oder ist jemand aus einem Staatsbetrieb bekannt, der als versagender Manager oder Politiker persönlich zur Verantwortung gezogen worden wäre? Da ging ein ehemaliger VÖEST[100]-Generaldirektor bis zum Erreichen des Pensionsalters bei vollen Bezügen spazieren. Da erhalten versagende Länderbank-Manager für die vorzeitige Beendigung des Dienstverhältnisses nahezu 10 Millionen Schilling Abfindungen im Einzelfall und eine Pension von rund 200 000 Schilling im Monat, oder da verschafft sich ein cleverer Generaldirektor der BBU für seinen privaten Bedarf günstige »Leckerbissen« aus dem von ihm liquidierten Unternehmen. Ein 700 Jahre altes Bergbauunternehmen des Staates wie die BBU wird über Nacht liquidiert, nachdem man sich mit ausländischen Konkurrenten verbündet hat, die nur den Markt, aber nicht die Produktion haben wollten. Und dann beschafft sich der Ex-Generaldirektor der BBU noch zu Spottpreisen aus der Liquidationsmasse Wohnhäuser und ein Seegrundstück mit Badestrand am Wörthersee. Zurück bleiben Hunderte arbeitslose Bergknappen mit ihren Familien ohne Hoffnung sowie eine die Umwelt verseuchende Industrieruine. Nicht unerwähnt soll weiter bleiben, daß im Zuge des industriellen Leichenschmauses auch viele oberste Belegschaftsvertreter kräftig zugegriffen haben. Wer zustimmt, hat ein Recht auf Versorgung. Wer sich querlegt, bleibt übrig. So einfach ist das!

Diese Art der österreichischen Sozialpolitik ist ohne Maß und Moral. Sie ist ein Selbstbedienungsladen für Funktionäre und Manager. So wie es aussieht, wird die sozialistische Machtpolitik nicht nur die verstaatlichte Industrie ruinieren, sondern auch die ÖBB zugrunde richten. Da wäre es vernünftiger, die gesamte ÖBB mit ihren Anlagen und brauchbaren Einrichtungen an eine private Betreibergesellschaft zu verpachten. Für das Personal gilt das normale Angestellten- und Arbeitsrecht. Bisherige ÖBB-Bedienstete, die in dieses Unternehmen eintreten, erhalten den Verlust beziehungsweise die Differenz, die sie möglicherweise am Einkommen oder an erworbenen Ansprüchen erleiden, unmittelbar vom Staat ersetzt. Das ist immer noch billiger, als mit einem Management, das unter dem Kommando der Eisenbahnergewerkschaft steht, dem sicheren Untergang zuzusteuern. Wer wird in wirtschaftlich schlechten Zeiten noch jedes Jahr über 30 000 Millionen Schilling für das Defizit der ÖBB zahlen wollen? Wer soll bei diesen Zuständen bereit sein, aus öffentlichen Mitteln eine Kapitalausstattung zwischen 50 und 110 Milliarden Schilling zu bezahlen, damit das Unternehmen überhaupt funktionieren und sich tragen kann? Eine Sanierung der ÖBB nach dem Vorbild der DDSG (Donau-Dampfschiffahrtsgesellschaft), die heute in ausländischem Besitz ist, aber vorher mit Milliardenaufwand aus dem Steuertopf »zwischensaniert« werden mußte, ist jedenfalls nicht erstrebenswert. Außerdem hatte der damalige Finanzminister und heutige Bundeskanzler Dr. Franz Vranitzky 1985 beschlossen, daß die sich in ihrer ohnehin tristen Finanzlage befindliche DDSG trotz heftiger Vorbehalte ihres Vorstandes, der zu bedenken gab, daß das finanzielle Risiko dieser Investition erheblich sei, ein Kabinenschiff – die MFS-Mozart – anschafft. Das Schiff konnte, mit einer nicht zu erwirtschaftenden Leasingrate belastet, trotz guter Auslastung keine positiven Teilbetriebsergebnisse bringen, der Schaden beläuft sich bereits auf rund 360 Millionen Schilling. So regieren die Politiker in den Staatsbetrieben, kaufen Schiffe, veranlassen Fusionen ohne Wissen, ermöglichen Unternehmenseinkäufe ohne Prüfung, an deren Ende, wie bei der staatlichen AMAG, ein Milliardendebakel steht, für das niemand verantwortlich sein will. Die Zeche zahlt der kleine Arbeiter und Steuerzahler!

Aus den angeführten Beispielen wird deutlich, daß der Abschied von Gruppenegoismus und totalem Versorgungsstaat unvermeidbar ist. Die wirtschaftlichen und sozialen Besitzstände, die auf den früheren ökonomischen und demographischen Grundlagen aufbauen, sind nicht mehr zu halten. Ein Umbau des Sozialstaates muß erfolgen, wenn man vermeiden will, daß gerade die sozial Schwachen die geänderten Bedingungen am schmerzlichsten zu spüren bekommen. Die Kassen sind leer. Im Arbeitslosenversicherungstopf, im Insolvenzfonds, im Familienlastenausgleichsfonds fehlen Milliarden. Vorgesehene Leistungen können ohne neue Sozialabgaben oder neue Staatsschulden nicht mehr finanziert werden. Das dämmert auch den Sozialisten.[101] Kürzungen von Sozialleistungen finden statt, aber zugleich werden die Steuergelder für die Parteien um 70 Prozent erhöht!

Manche Linke sehen die Notwendigkeit einer Veränderung durchaus ein. Inzwischen warnt sogar Jürgen Habermas davor, den Sozialstaat weiter auszubauen, weil ein bürokratischer Sozialstaat auch dazu führen könne, daß Autonomie und Würde der Menschen abhanden kommen.[102] Die Sozialisten wissen aber auch, daß sie die Diskussion um die Zukunft des Sozialstaates beeinflussen müssen. Denn davon hängen Macht und politische Wirkungschance für die Zukunft ab. Schweden ist für sie ein Alarmzeichen. Dort hat der Kollaps des Sozialstaates die Sozialisten aus den Machtpositionen katapultiert. Um so unverständlicher ist es, wenn hierzulande die nichtsozialistischen Kräfte sich in ihrer geistigen Perspektivlosigkeit ausschließlich auf eine Mißbrauchsdiskussion des Sozialstaates beschränken, anstatt die Grundlagen, das politisch-philosophische Selbstverständnis eines geänderten Sozialstaates, deutlich zu machen. Die Bekämpfung der Mißbräuche im Sozialsystem ist notwendig, wird aber das System selbst nicht retten können. Mißbrauchsdiskussionen sind vielfach der Beweis für die Angst vor Reformen. In Österreich steckt allerdings auch das Interesse an der Selbsterhaltung der Bürokratie dahinter. Je weniger eine Gesellschaft zu konkreter Solidarität fähig ist, desto mächtiger wird die Bürokratie. Und diese Sozialstaatsbürokratie ist mächtig und teuer.

Am Verwaltungsmonster Sozialversicherung soll dies verdeutlicht werden. Im kleinen Österreich gibt es 28 verschiedene Sozialversicherungsträger mit rund 27 000 beamteten Mitarbeitern. Die EG hat in Brüssel für 250 Millionen Menschen 18 000 Beamte sitzen! Dazu kommen noch rund 2000 ehrenamtliche Funktionäre, die im Proporzstaat Österreich fein säuberlich zwischen SPÖ und ÖVP aufgeteilt sind. Diese Funktionäre sind aber nur zum Schein »ehrenamtlich« tätig. In Wirklichkeit kassieren sie für ihren Idealismus bis zu 52 000 Schilling im Monat und haben auch einen Pensionsanspruch, der angeblich demnächst abgeschafft werden soll. Was soll sich da ein idealistischer Mitarbeiter der Freiwilligen Feuerwehr, des Roten Kreuzes, des Samariterbundes oder der Caritas denken, wenn er von den Privilegien der Funktionärsbonzen erfährt? Darf es da verwundern, daß diese Gesellschaft immer weniger solidarisch denkt und handelt?

Beim Umbau des Sozialstaates sollte nicht bei den Leistungen für die Bürger, sondern bei der Bürokratie begonnen werden. Außerdem ist nur zu deutlich, daß eine ernsthafte Bürokratiereform Geld für Leistungen frei macht, die wir etwa für eine humane Politik zur Integration von Behinderten brauchen. Die Verwaltungskosten von rund neun Milliarden Schilling jährlich, allein in den Sozialversicherungsanstalten, sind untragbar. Natürlich wird man einwenden, daß das alles einfach notwendig sei und auch durch amtliche Gutachten belegt werden kann. Ich habe indes als verantwortlicher Politiker in der Kärntner Landesregierung bewiesen, wie man jährlich viele Millionen an Sach- und Personalaufwand einsparen kann, ohne dabei die Leistungen für die Bürger kürzen zu müssen. Nennen wir etwa die Reform der Kärntner Straßenverwaltung. Da die Straße der wohl wichtigste Teil unserer Infrastruktur ist – und damit die Basis allen Wirtschaftens –, muß diese Infrastruktur optimal gestaltet werden, durch ein kapazitativ angepaßtes Straßennetz mit minimalen Ressourcen. Die Kärntner Straßenverwaltung etwa erbringt ihre Leistungen umweltbewußt, wirtschaftlich, unbürokratisch und nach Möglichkeit mit heimischen Produkten und Entwicklungen. Sie ist der Ansicht, daß die Instandsetzung und der Ausbau der Straßen und Brücken in Zusammenarbeit mit Kärntner Baufirmen, der Kärntner Bevölkerung und mit Ziviltechnikern durchgeführt werden muß. Außerdem läßt sie Leistungen nur dann ausführen, wenn sie kostengünstiger bewältigt werden als von Privatbetrieben.[103] Der entscheidende Schritt war die Einführung einer Kostenrechnung auch in einer Verwaltungsorganisation. Diese vorbildliche Reform blieb bisher die einzige, die zu einer für die Bürger effektiven und günstigeren Leistungssteigerung geführt hat. Ansonsten ist die Verwaltungsreform in Österreich sanft entschlafen. Daher werden wir 1994 in Österreich rund 440 000 Industriearbeiter, aber bereits über 880 000 öffentlich Bedienstete haben.

Durch nichts ist die Macht der Altparteien gegenüber den Bürgern so verfestigt wie durch die Sozialbürokratie. Die rotschwarzen Funktionäre nehmen Einfluß bei der Erledigung von Pensionsanträgen, bei der Gewährung von Kuraufenthalten, Kurzuschüssen, Bewilligungen von Frühpensionen oder Hilfen aus dem Erstattungsfonds. Wer politisch genehm ist, bekommt seinen Kuraufenthalt voll finanziert. Der politisch Ungeliebte nur zum Teil, wenn überhaupt. Dafür dürfen Betriebsräte jährlich ohne Schwierigkeiten zur Kur fahren. Das ist also Gerechtigkeit: Wer als Betriebsrat vom Dienst freigestellt ist, nutzt seine Gesundheit eben ab und muß daher regelmäßig zur Kur geschickt werden. Das Beharrungsinteresse des Systems ist verständlich, aber dem Bürger nicht mehr zumutbar. Wenn man die Sozialversicherungsanstalten zusammenlegt und sämtliche Funktionäre mit ihren Privilegien entläßt, kann man Milliarden einsparen. Schon 1989, vor der Nationalratswahl, hat der SPÖ-Vorsitzende aufgrund unserer überzeugenden Argumente angekündigt, er werde »die heiligen Kühe in der Sozialversicherung« schlachten. Geschehen ist allerdings bisher nichts. Die heiligen Kühe werden wohl vorher an Altersschwäche zugrunde gehen, bevor der SPÖ-Vorsitzende seine Ankündigungen wahr macht. Aber gerade in diesem Bereich sind abenteuerliche Mißstände, die auch der Rechnungshof seit Jahr und Tag rügt, zu beseitigen. 1992 sagte die FPÖ daher mit ihrem »Antiprivilegien-Volksbegehren« dem Privilegiensumpf in Österreich den Kampf an. Unter anderem wurde gefordert, die überhöhten Pensionszahlungen in der Nationalbank abzuschaffen, wo Spitzenverdiener schon im Alter von 52 Jahren mit vollen Bezügen oder mehr in Pension gehen konnten. So ging ein Bereichsleiter mit jährlich 1,6 Millionen Schilling in Pension, obwohl er bisher nur 1,5 Millionen verdient hatte. Das sind in Österreich aber keine Einzelfälle. Das Wohlleben der Sozialbosse geht den Bürgern zu Recht auf die Nerven. Dabei handelt es sich durchaus nicht um Neid der Zukurzgekommenen oder um Mißgunst von Stammtisch- oder Biertischpolitikern. Die Bürger spüren die Arroganz dieser Funktionäre und sind sich der Hilflosigkeit als kleine Leute bewußt. Aber auch die Funktionäre wissen um die Chancenlosigkeit des einfachen Bürgers, etwas zum Besseren zu verändern. Daher handeln sie auch so rücksichtslos, zynisch und unmoralisch. Sie degradieren die gute Idee der sozialen Sicherheit für die Schwachen zum Selbstbedienungsladen für Funktionäre. Noch ist uns der Skandal in der Salzburger Gebietskrankenkasse im Gedächtnis: Wildgewordene Funktionäre und Mitarbeiter bezogen auf Krankenschein Parfum und Toilettenartikel und brachten damit ihre ganze Verachtung für die moralische Tradition der sozialen Einrichtungen zum Ausdruck.

Andererseits ist die Existenz von Funktionären der Selbstverwaltung keine Garantie für eine gerechte Behandlung der Hilfesuchenden. Ein Fall, stellvertretend für viele: Ein Kärntner Bergbauer leidet an einer Stauballergie, die ihm vor allem den Umgang mit Heu verbietet. Wie aber soll einer Bergbauer sein, wenn er mit Heu nicht mehr in Berührung kommen darf? Inzwischen ist er Mitte 50, und sein Zustand hat sich mit den Jahren immer mehr verschlechtert. Er beantragte eine Berufsunfähigkeitspension – erfolglos. Der Arzt der Sozialversicherung ist der Meinung, daß er beschränkt berufsfähig ist und gegebenenfalls als Parkwächter, Lagerhalter oder Autowäscher (so das ärztliche Gutachten) eingesetzt werden kann. Das ist nur eine von zahlreichen unmenschlichen Entscheidungen! Solche Entscheidungen müssen jeden Vernünftigen betroffen machen, wenn andererseits Beamte, die in der richtigen Partei sind, im Vollbesitz ihrer Gesundheit von politischen Kommissionen bereits im 45. oder 47. Lebensjahr in den Ruhestand geschickt werden und in der Folge als Wirtschaftsmanager öffentlicher Unternehmungen weiterarbeiten. Angesichts dieser Zustände und der Uneinsichtigkeit der Funktionäre wächst der Frust der Bürger, der auch für die Demokratie schädlich ist. Wohin man blickt, gerät das System aus den Fugen, ist Diebstahl von öffentlichen Geldern an der Tagesordnung.

Österreich schließt mit ausländischen Staaten Sozialabkommen ab, die eine unerhörte Benachteiligung der Österreicher zur Folge haben. Wenn nämlich ein Ausländer bei uns eine kleine Pension erworben hat, dann muß er nur pro forma einen Wohnsitz in Österreich anmelden, und schon erhält er eine volle Ausgleichszulage. Nehmen wir an, ein Jugoslawe hat einen Pensionsanspruch von 980 Schilling monatlich in Österreich erarbeitet. Er lebt nun in seiner Heimat. Wenn er einen Wohnsitz in Österreich anmeldet, erwirbt er dadurch den Anspruch, da er verheiratet ist, auf die volle Ausgleichszulage für den Ehegatten und für sich von monatlich 10 000 Schilling. Das ist auch kein Einzelfall. Das System ist nicht nur vielfach ungerecht, sondern auch österreichfeindlich. Warum auch sollen von Österreich Familienbeihilfen in Milliardenhöhe an das Ausland für Kinder bezahlt werden, die gar nicht in Österreich wohnen? Andererseits ist das Loch im Familienlastenausgleichsfonds bereits so groß, daß die Finanzierung der Freifahrten für Lehrlinge zur Arbeit eingestellt werden mußte. Was ist das für ein Staat, was ist das für ein System, das kaltschnäuzig die Interessen der jungen Facharbeiter mit Füßen tritt und andererseits Milliarden für dubiose Zahlungen ans Ausland verfügbar macht?

Manchmal hat man in Österreich den Eindruck, daß die herrschende Klasse überhaupt nicht weiß, für welches Land und für welche Menschen sie Verantwortung übernommen hat. Wie sagt Botho Strauß provozierend: »Intellektuelle sind freundlich zum Fremden, nicht um des Fremden willen, sondern weil sie grimmig sind gegen das Unsere und alles begrüßen, was es zerstört . . .«[104] Das System der Selbstverwaltung hat sich als Schlag ins Wasser erwiesen. Der Bürger hat keine Rechte, er muß Funktionäre finanzieren, die er für diese Aufgaben nie gewählt hat, und das Aufsichtsrecht des Staates ist wirkungslos. »Der Rechtsanspruch auf Sozialversicherung ist in Wahrheit der wichtigste Besitztitel in der industriellen

Massengesellschaft«, stellt Karl-Hermann Flach grundsätzlich fest.[105] Was ist das für ein Rechtsanspruch, wenn der Bürger der Willkür von demokratisch nicht legitimierten Funktionären ausgeliefert ist? Ich bin überzeugt, daß das geltende System der sozialen Sicherheit mit seinen Strukturen große Schäden in Wirtschaft und Gesellschaft anrichtet. Eine tiefgreifende Erneuerung birgt auch die Chance, einen Fortschritt im Freiheitsbewußtsein der Bürger zu bewirken. Das Konzept der strukturellen Erneuerung muß daher folgende Rahmenbedingungen erfüllen:

1. Weniger Bürokratie, sichere Leistung: Das Übermaß an Sozialbürokratie ist zu reduzieren, die Selbstverwaltung als politische Selbstbedienung abzuschaffen, und die 28 Sozialversicherungsanstalten müssen schrittweise zusammengefaßt werden. Weniger Bürokratie spart Gelder, die zur Erhaltung der Leistungen notwendig sind. Das Mitspracherecht der Kammern ist aufzuheben. Zünftlerisches und ständestaatliches Denken hat in einer modernen Sozialpolitik nichts verloren. Funktionäre sind als parasitäre Elemente des Sozialstaates zu entmachten beziehungsweise in die Schranken zu weisen.
2. Leistungsrecht ohne Rücksicht auf soziale Herkunft: Das Leistungsrecht ist nicht nur zu durchforsten, sondern der Tatsache anzupassen, daß die Risiken des Lebens in Ausmaß und Art nicht nach berufsständischen Kriterien abzufangen sind. So ist es etwa ein Unfug, daß der Kraftfahrer eines ÖBB-Autobusses mit 53 Jahren, der Chauffeur eines Postbusses mit 58 bis 60 Jahren und der Chauffeur eines privaten Autobusses erst mit 65 Jahren in Pension gehen kann, auch dann, wenn alle drei ein Leben lang auf derselben Strecke unterwegs sind. Gerade die Angleichung der Pensionsrechte ist ein Gebot der Stunde. Entscheidend ist, daß gleiche Arbeit, gleichwertige Leistung und Belastung zu gleichen Konsequenzen in der sozialen Sicherheit füh-

ren. Der Zeitpunkt des Pensionsantrittes sollte von der Art und Schwere der Tätigkeit abhängen. Wer nachweisbar Schwerarbeit, Nachtdienst oder Schichtdienst leistet, erwirbt mehr Pensionszeiten als bei anderer, normaler Berufsausübung. Wer ein Leben lang eine solch schwere Tätigkeit erledigt, der hat daher Anspruch, mit 55 Jahren in Pension zu gehen. Andere sollen hingegen eine längere Lebensarbeitszeit als heute haben. Das ist gerecht. Warum soll der Bürokrat mit den Ärmelschonern in der ÖBB-Generaldirektion mit 53 Jahren in Pension gehen müssen, während der Bauarbeiter, der jahrelang im Tunnel und Stollenbau seine Gesundheit ruiniert hat, bis zum 60. Lebensjahr durchhalten muß? Gleiches gilt auch für die Krankenschwestern, denen schon aufgrund der Schwere ihrer Tätigkeit ein früheres Pensionsalter zugestanden werden müßte. Wir wundern uns, warum so viele ausgebildete Diplomkrankenschwestern so rasch ihrem Beruf den Rücken kehren und damit einen Pflegenotstand in unseren Krankenanstalten bewirkt haben. Unter anderem liegt es auch an dieser unverschämten Ignoranz gegenüber den ungeheuren Strapazen der Schwestern bei ihrer täglichen Berufsausübung und gegenüber den notwendigen sozialpolitischen Konsequenzen. Die programmierte Pleite des Gesundheitssystems wird aber auch in diesem Bereich Umdenken erzwingen. Art und Dauer der Leistung sowie gesundheitliches Risiko sind in Zukunft die Kriterien des Pensionsantrittsalters. Auch Politiker werden dann bis zum 60. Lebensjahr arbeiten müssen. Eine Angleichung der Pensionssysteme bei Wahrung der »wohlerworbenen Rechte« ist zwingend. Ein ASVG-Versicherter muß 45 Jahre arbeiten, um 79 Prozent einer künstlich niedrigen Bemessungsgrundlage zu erhalten. Ein Beamter nur 35 Jahre, um 80 Prozent des Letztbezuges zu erhalten. Manchmal bekommt er sogar mehr als 100 Prozent seines Aktivbezuges. Der

Staat leistet zu den ASVG-Pensionen pro Pensionist 22700 Schilling im Jahr als Zuschuß. Bei den Beamten macht der Zuschuß 210600 Schilling im Jahr aus. Die Macht der Bürokratie zementiert ein neues Unrecht.

3. Familie und Kinder haben Vorrang: Die Geburtenentwicklung hat das demographische Fundament des Sozialstaates ins Wanken gebracht. Materialismus und individualistisches Besitzstandsdenken haben die Familie in den Hintergrund gedrängt. Für eine Gesellschaft freier und glücklicher Menschen brauchen wir nach wie vor die Familie als Kernbereich der Geborgenheit. Sozialpolitik muß daher ein familien- und kinderfreundliches Klima schaffen. Die Erziehung von Kindern ist eine vorrangige gesellschaftliche Aufgabe, und deshalb müssen auch die Leistungen der Frau und Mutter unabhängig von ihrer möglichen Berufstätigkeit anerkannt werden. Eine Alterspension für die »Nur«-Hausfrau und Mutter ist ein gesellschaftspolitisches Grundanliegen. Heute schafft man ein zweites Karenzjahr und spricht bereits von einem dritten Karenzjahr. Wer kümmert sich aber um die große Zahl von Müttern, die in der Zeit des Wiederaufbaus oder bis heute auf eine Berufstätigkeit verzichtet haben, um ihre Kinder auf das Leben vorzubereiten? Lohnend wäre eine Untersuchung, aus welchen Familien die Kinder mit Alkohol-, Gewalt- und Drogenproblemen kommen und aus welchen Familien Persönlichkeiten hervorgehen, bei denen keine Tendenz zum Abbruch der Ausbildung und zum beruflichen und moralischen Scheitern besteht. Das ist eine furchtbar konservative Sicht, werden die Berufslinken einwenden. Das ist der Geist, der die Frau zurück an den Herd verbannen will! Aber hat man schon einmal darüber nachgedacht, daß die Frau von ihrer biologischen Struktur her ein ausgesprochen starkes Schutz- und Sicherheitsbedürfnis wegen ihrer Kinder hat? Mutterliebe ist durch Vaterliebe nicht zu ersetzen. Davon kommt auch das

Bedürfnis der Frau, sich vorrangig ihren Kindern zu widmen, vor allem wenn sie klein sind. Und viele Frauen sind heute nicht aus Gründen der Selbstverwirklichung berufstätig, sondern aus Gründen materieller Not. Das Recht auf Chancengleichheit und Entscheidungsfreiheit für die Frau ist unbestritten, aber man sollte auch darauf achten, ihren Gefühlen keine Gewalt anzutun und ihr das Frau- und Muttersein nicht beinahe schon zu verbieten. Die beste Methode zur materiellen Besserstellung der Familie mit Kindern besteht darin, das System des Familiensplittings einzuführen. Es reduziert die Steuerlast mit der Anzahl der zu versorgenden Kinder. Andererseits kann kinderlosen Ehepaaren und Alleinstehenden ein höherer Beitrag zur sozialen Sicherheit zugemutet werden, zumal Familien mit Kindern auch deren Absicherung und Altersvorsorge garantieren. Das ist gelebte Solidarität und keine Einbahnstraße. Berufstätigkeit darf ebenfalls kein Hindernis für die Geburt von Kindern sein, weshalb viel mehr Kinderbetreuungseinrichtungen auf kommunaler Ebene eingerichtet und Teilzeitarbeitsplätze ohne soziale und arbeitsrechtliche Diskriminierung verstärkt angeboten werden müssen.

4. Leistung muß sich lohnen: Leistung muß die treibende Kraft der gesellschaftlichen Prozesse bleiben. Die Leistungsfeindlichkeit des kollektiven Wohlfahrtsstaates ist zu überwinden, weil darin die Leistungswilligen zu materiellen wie ideellen Verlierern werden und Nichtstun anspruchsbegründend wirkt. Die Einbahnstraße einer frivolen Konsumgesellschaft führt in eine Sackgasse: Länger studieren, weniger arbeiten, mehr verdienen, mehr Freizeit und frühere Pension ist ein irreales Konzept. Das individuelle Arbeitsleben wird wieder länger sein müssen. Der Mut des Leistungswilligen ist zu honorieren, damit die Gesellschaft wieder offen für Eliten und inaktives Mitläufertum nicht zum Lebensziel erhoben wird.

5. Abkehr vom Gießkannenprinzip: Der Sozialstaat von heute will alle mit den gleichen Leistungen beglücken, unabhängig davon, ob sie die Hilfe der Gemeinschaft brauchen oder nicht. Der eigentliche Grundgedanke, wonach die Gemeinschaft den unverschuldet in Not Geratenen zur Seite stehen soll, wird damit in sein Gegenteil verkehrt. Das ist der alte Trick des Sozialismus, sich Zugriff auf die persönlichen Lebensverhältnisse aller Menschen zu verschaffen. Wer vom Staat etwas bekommt, muß dankbar sein und ist organisatorisch erfaßbar. Die Liebe zur Knechtschaft wird anerzogen und die ideologische Begründung gleich mitgeliefert. Für den Sozialismus ist der Mensch zwar grundsätzlich gut, aber der Kapitalismus hat ihn böse gemacht.
Freiheitliches Denken geht demgegenüber davon aus, daß die Menschen grundsätzlich ein eigenverantwortliches Leben führen sollen und dazu auch imstande sind. Daher hat der Staat die Ausfallshaftung für Bedrängte, aber keinen allumfassenden Versorgungsauftrag. Staatliche Leistungen sollten daher bis zu einer Einkommensgrenze gewährt werden, die etwa mit der Beitragsgrundlage im Pensionssystem übereinstimmt. Darüber hinaus sorgt der Bürger selbst vor. Im Gegenzug senkt der Staat den Steuertarif auf die einzelnen Stufen ab. Das ermöglicht den Aufbau eines Pensionssystems mit mehreren Säulen, einschließlich der privaten Vorsorge, ebenso wie dies den Mißbrauch und die Verschwendung von öffentlichen Geldern, vom Gratis-Schulbuch bis zur Familienbeihilfe, eindämmen würde. Zugleich wird aber auch eine wirksame Schranke im Sozialsystem aufgerichtet, um ein Absinken in den totalen Steuerstaat zu verhindern. Denn die Sozialisten suchen gerade in der Vergabe von Sozialleistungen nach dem Gießkannenprinzip eine Legitimation für die Aufrechterhaltung eines streng progressiven Steuersy-

stems. Wem zunächst weniger vom Einkommen weggenommen wird, der braucht später weniger vom Staat zu verlangen.

6. Überwindung des Klassenstaates: Das hypertrophe Sozialsystem bewirkt, daß die Schwachen benachteiligt sind und die Starken sich Vorteile verschaffen. Das Gesundheitssystem ist dafür ein trauriges Beispiel. Die Zustände in den österreichischen Krankenanstalten sind für den kleinen Mann untragbar. Sichtbarer Ausdruck der Klassenmedizin: Der Herr Professor beziehungsweise der Chefarzt operiert und betreut natürlich in der Regel nur die Patienten der Sonderklasse persönlich. Die kleinen Leute sehen vielfach den Chefarzt nicht einmal bei der Visite. Chronischer Schwesternmangel führt dazu, daß ärmere Patienten wochenlang auf ihre lebensrettende Operation warten müssen, weil auf der Intensivstation kein Personal vorhanden ist. Der Wohlhabende läßt sich in der Sonderklasse betreuen oder weicht in eines der zahlreichen privaten Sanatorien aus. Der Sozialismus wollte die Klassengesellschaft beseitigen und hat die Klassenherrschaft ermöglicht. Bei ihm sind alle gleich, nur einige sind gleicher. Wozu, muß man sich fragen, brauchen wir überhaupt eine Klassenmedizin, in der Unterbringung, ärztliche Betreuung, Essen und medizinische Versorgung nach dem Einkommen oder nach der Art der Versicherung gestaltet sind? Was ist das für eine humane Gesellschaft, deren einfache Patienten, in Krankenhäusern mit Mehrbettzimmern untergebracht, nicht einmal einen Vorhang für ihre tägliche Körperpflege haben? Was ist das für eine humane Gesellschaft, wo aus Gründen einer gleichen Betreuung der Patienten alle zwangsversichert sind, eine wirklich gute Betreuung aber von der privaten Krankenzusatzversicherung abhängt? Alle müssen zwar pflichtversichert sein, aber die Zwangskrankenkasse erstattet bestenfalls 40 Prozent der anfallenden

Kosten. Nach den Verpflegungstagen in den Krankenanstalten ist ihr Beitrag sogar noch geringer. In Wien beispielsweise leistet die Gebietskrankenkasse pro Tag einen Kostenbeitrag von 1307 Schilling, der Tagessatz im AKH beträgt aber 8610 Schilling, so daß die Krankenkasse nur mehr rund 15 Prozent der Kosten eines Patienten trägt. Den »Rest« muß der Steuerzahler und so der Klassenpatient tragen. Ein kostenbewußtes und transparentes System sollte die Klassenmedizin abschaffen, die Zwangskrankenkassen verpflichten, die vollen nachgewiesenen Verpflegungskosten zu tragen, oder die Pflichtversicherung ist durch eine allgemeine Versicherungspflicht mit konkurrierenden Krankenversicherungen zu ersetzen.

Was ist das auch für eine humane Gesellschaft, wo man ohne Zusatzversicherung im Ernstfall dem Tode näher ist als der Sonderklassenpatient? Freilich, in Sonntagsreden klingt das alles anders und besser. Aber die ehrenwerte politische Klasse sieht diese gefährliche Entwicklung nicht. Bestenfalls kennt sie die Probleme vom Hörensagen. Sie will sich auch mit all diesen Problemen der kleinen Leute in Wirklichkeit gar nicht befassen. Daher sieht man den sozialistischen Kanzler Österreichs fast täglich in den Klatschspalten im Kreise der gehobenen Gesellschaft oder bei Treffen der Schickeria. Man sieht ihn aber nie bei einem Besuch in einem Krankenhaus oder Altersheim, um eine andere Welt, für die er eigentlich auch verantwortlich wäre, kennenzulernen.

Klassentrennung führt zu einer neuen Form der Armut. Viele waren im aktiven Erwerbsleben an einer kollektiven Krankenzusatzversicherung im Betrieb beteiligt. In der Pension kündigt aber nun die Versicherung, und der Betroffene hat nur die Möglichkeit, eine zwischen 100 und 300 Prozent höhere Prämie zu akzeptieren oder den Versicherungsschutz zu verlieren, und das in einem Alter, wo

man diesen Schutz eher braucht als in jugendlichen Jahren. Freiheit braucht eine soziale Verankerung, weil ohne soziale Sicherheit Freiheit nicht möglich ist.
Nirgendwo ist Gleichheit als Chance der Gleichwertigkeit zur Beförderung der persönlichen Freiheit wichtiger als im Gesundheitswesen des Staates, einschließlich der Betriebsmedizin. Wo der Staat den stärksten Einfluß hat, da ist der Sozialismus am kläglichsten gescheitert. Aus Mitteln der sozialen Wohnbauförderung werden Zweitwohnsitze für begüterte Beamte errichtet, Bundessportheime als Trainingsstätte des sportlichen Nachwuchses verkommen zu billigen Urlaubsquartieren für Politiker, Regierungsmitglieder und Funktionäre, und in der Pensionsversicherung werden die Pensionen für kleine Leute durch Nettoanpassung gekürzt. Die Mitarbeiter dieser Sozialversicherungsanstalten erhalten dafür nicht nur Beamtenpensionen mit 80 Prozent des Letztbezuges, sondern auch Abfindungen wie in der Privatwirtschaft. Freiheit, die ich meine, läßt für solche Zustände keinen Raum; sie würde diese radikal beseitigen.

7. Ehrliche und konsequente Einwanderungspolitik: Mit Beginn des neuen Jahrtausends verschärfen sich die Probleme im Altersaufbau unserer Gesellschaft. Laut Statistik des Beirates für Wirtschafts- und Sozialfragen werden in den Jahren 2012 bis 2015 fortschreitend weniger ausländische Zuwanderer benötigt, während ab dem Jahr 2000 die Wanderungsgewinne auf 30000 bis 40000 pro Jahr steigen. Vom Jahr 2001 an trifft das Inländerszenario dieselben Wanderungsannahmen wie die offiziellen Modellrechnungen, nämlich von 10000 Netto-Zuwanderern pro Jahr. Einerseits steigen die Erwerbsquoten bei Frauen im Haupterwerbsalter massiv an (z. B. bei den 30- bis 40jährigen Frauen von 70% im Jahr 2000 auf 89% im Jahr 2030; 1990: 65%), andererseits steigt bei beiden Geschlechtern das fak-

tische Pensionsalter drastisch an. So wird für die Altersgruppe der 60- bis unter 65jährigen ein Anstieg der Erwerbsquote bei Männern von 18 Prozent (2000; 1990: 11,7%) auf 56 Prozent angenommen, bei Frauen von 9 Prozent (2000; 1990: 6%) auf 33 Prozent. Österreich hat heute die niedrigste Erwerbsquote aller OECD-Länder im oberen Randalter der Erwerbsbeteiligung.

Die ehrliche Alternative für die Finanzierbarkeit der sozialen Sicherheit lautet: Mehr arbeiten, mehr Kinder und weniger ausländische Zuwanderer oder weniger arbeiten, weniger eigene Kinder und mehr Einwanderer. Das Ziel der Zuwanderung, in welchem Umfang sie auch immer stattfinden mag, muß auf Integration ausgerichtet sein. Die Politik muß daher moralische Führungskraft zeigen und der absurden Idee einer multikulturellen Gesellschaft eine Absage erteilen. Mit dem Fall des Sozialismus im Osten ist auch der Versuch gescheitert, über die ethnischen Gruppen und Völker hinweg gleichsam eine universale Weltkultur zu schaffen. Der Prozeß der nationalen Selbstfindung und Entfaltung im neuen Europa sollte nicht neuerlich durch den Versuch gestört werden, einen Schmelztiegel der Nationen zu erbauen. Professor Lew N. Mitrochin, stellvertretender Direktor des Instituts für Philosophie der Akademie der Wissenschaften in Moskau, meint dazu: »Ich möchte vor der Vorstellung warnen, die einmaligen Traditionen, Gebräuche und Ideen der Völker könnten ein bloßes Rohmaterial für eine angeblich höherstehende universale Weltkultur bilden. Aus ihren historischen Zusammenhängen herausgelöst, würden einerseits die einzelnen Teile ihren Sinn für die Menschen verlieren, andererseits könnte auch ein künstliches Zusammenfügen der Teile von verschiedenster Herkunft kein lebensfähiges Ganzes hervorbringen.«[106]

Schon unsere verfügbare Siedlungs- und Lebensfläche ist gering. Vom gesamten Staatsgebiet sind nur annähernd 40

Prozent zu besiedeln, in den alpinen Gebieten Österreichs ist noch weniger nutzbarer Lebensraum vorhanden. Das ist nicht zuletzt der Grund, warum man im Zusammenhang mit den Verhandlungen um einen EG-Beitritt Barrieren gegen den Ausverkauf von Grund und Boden errichten muß. Und eine Landnahme durch Einwanderung kommt ebenfalls nicht in Frage. Österreich ist kein Einwanderungsland. Inzwischen hat Frankreich Gleiches festgelegt. Auch der deutsche Kanzler bekräftigte wiederholt, daß Deutschland kein Einwanderungsland sei. Die herrschende Klasse in Österreich ließ im Zusammenhang mit dem Volksbegehren »Österreich zuerst«, das meine Partei initiierte, verlauten, eine verfassungsrechtliche Festlegung, Österreich sei kein Einwanderungsland, sei EG-widrig. Aber mit der Wahrheit hat es die ehrenwerte Classe politique in Österreich noch nie genau genommen, wenn es um ihre politischen Besitzinteressen ging. Zumindest ist anderen Staaten inzwischen klargeworden, daß ohne Zustimmung des Volkes Einwanderung nicht mehr länger hinnehmbar ist. Sogar der Grüne Daniel Cohn-Bendit[107] hat sich in dieser Frage mit seinen Genossen zerstritten: »Das Subjekt einer Demokratie sind die in ihr lebenden Bürgerinnen und Bürger. Allein sie und ihre Institutionen können entscheiden, wie und in welchem Umfang die Bundesrepublik Einwanderungsland sein soll. Mit Eurem Beschluß habt ihr Euch großspurig an die Völker der Welt, nicht aber an die Bürgerinnen und Bürger dieses Landes gewandt ... in der Frage der Einwanderungs- und Zuwanderungspolitik bin ich sozusagen heimatlos.«[108]

Freilich, auf Dauer wird man auf Einwanderung nicht gänzlich verzichten können. Zunächst sollten sich die europäischen Länder aber eine Atempause durch befristete Einwanderungsstopps und restriktive Einwanderungsgesetze verschaffen, um sich auf die globale Herausforderung einer drohenden Völkerwanderung einzustellen. Den Multi-Kulti-

Ideologen geht es im übrigen nicht um eine Einwanderungspolitik zur Lösung demographischer Probleme. Dies wird nur vorgeschoben. In Wahrheit ist die Multi-Kulti-Ideologie ein Instrument der Linken, vor allem in Deutschland, um den pathologischen Selbsthaß gegen das eigene Volk zu instrumentalisieren: »Zuweilen sollte man prüfen, was an der eigenen Toleranz echt und selbständig ist und was sich davon dem verklemmten deutschen Selbsthaß verdankt, der die Fremden willkommen heißt, damit hier, in seinem verhaßten Vaterland, sich die Verhältnisse endlich zu jener berühmten (›faschistoiden‹) Kenntlichkeit entpuppen, wie es einst (und heimlich wohl bleibend) in der Verbrecher-Dialektik des linken Terrors hieß.«[109]

Daß aber auch vermeintlich konservative Politiker wie etwa Heiner Geißler in den Chor der Multi-Kultis einstimmen, verwundert doch einigermaßen, noch dazu, wenn dies mit der Absicht geschieht, Ausländer großzügig hereinzulassen, ohne Zwang zu Assimilation und Anpassung an die vorgefundene Identität des gastgebenden Volkes. Eine erstaunliche Naivität für einen Politiker einer »christlichen Partei«, der die problematischen Unterschiede zwischen fundamentalistischem Islam und abendländischer Gesellschaft nicht sehen will, so etwa in der Frage der Ehe und der Stellung der Frau, die im Islam nicht gleichberechtigt ist. Da stellt sich das Problem der Trennung von Religion (Kirche) und Staat, zumal im Islam Religion und Politik eine Einheit darstellen.

Letztlich geht es aber um das seit der Aufklärung hochgehaltene abendländische Prinzip der Toleranz. Die Morddrohung gegen den Schriftsteller Salman Rushdie und die gewaltsame Austragung ethnisch-religiöser Konflikte zwischen Kurden und Türken in unseren Straßen und Städten, wie etwa in Linz, mögen uns als warnendes Beispiel dienen. Wenn es eine politische Zähmung des Islam gibt, wenn also laizistischer Islam in Europa vorstellbar wird, dann hat dies auch

Konsequenzen für den bisher weit in den Bildungsbereich hineinreichenden Einfluß der christlichen Religionen. Ein laizistischer Staat in Reinkultur, der sich den Islam auf Distanz hält, wird nicht umhin können, Gleiches in bezug auf die christlichen Religionen zu tun, dies um so mehr, als sich die Gesellschaft infolge der Einwanderung immer stärker durch die Einwandererfamilien verjüngt und somit ein langsamer Austausch der Völker stattfindet. Das heißt: Rückzug aus dem Religionsunterricht in den Schulen und aus öffentlichen Institutionen schlechthin. Warum in Anbetracht solcher Konsequenzen katholische Bischöfe und Kirchenmänner da noch begeistert für liberale Einwanderung und multikulturelle Utopien auf der Straße demonstrieren, ist unerfindlich. Aber in Österreich hat man beim Lichtermeer gegen Ausländerfeindlichkeit auch Kardinäle und Bischöfe neben Kommunisten gehen sehen, deren Ideologie 70 Jahre lang freie christliche Religionsausübung im Ostblock unmöglich gemacht hatte.

Anderen dämmerte es schon, welche Gefahren auf dem Weg für die eigene Gemeinschaft lauern. Der französische Integrationsexperte Pierre Patrik Kaltenbach, Mitglied der »Commission de la Nationalité« von 1987, meint zur Abkehr der Franzosen von der multikulturellen Idee: »Weil wir einsehen mußten, daß sie intellektuell auf tönernen Füßen steht, daß es bloß ein Gefühl war.«[110] Die Götterdämmerung hat eingesetzt. Die Beschimpfungen gegen die Freiheitlichen sind verstummt. Still zeichnet sich eine Kurskorrektur in der ehrenwerten politischen Klasse unseres Landes ab, die noch vor kurzem jeden einen braunen Rattenfänger oder Faschisten und Ausländerfeind genannt hatte, der eine restriktive Einwanderungspolitik forderte.[111]

Diese Kurskorrektur wurde von den Hellhörigen unter den Lohnschreibern der Republik publizistisch eingeleitet: »Wir werden nicht darum herumkommen, in den nächsten Jahren sehr wohl laufend darüber nachzudenken, wie viele Menschen hier Platz finden können, nach welchen Regeln die Auswahl erfolgen soll, wie die unkontrollierte und illegale Einreise verhindert werden kann. Dabei wird das Bemühen um Großzügigkeit nicht alle Probleme lösen können, wird das Hirn das Herz immer wieder in die Schranken weisen müssen«, schreibt Christian Ortner am 28. Januar 1993 in der *Wirtschaftswoche*. Derselbe Autor hatte aber noch kurz zuvor in einem Kommentar behauptet, meine Forderungen zur Einwanderungspolitik würden Österreich »vom Asylland zum Asylgrund« machen, und jetzt will auch er, daß das Hirn das Herz in die Schranken weist.

Unsere Argumente wie das »Recht auf Heimat«, das »Recht auf Unterschied« oder »Integration zum Schutz der österreichischen Identität« haben also erfreulicherweise Wirkung gezeigt. Eines muß uns aber klar sein: Wenn man sich für den Weg der verstärkten Aufnahme von Zuwanderern entscheidet, dann bedarf dies einer gründlichen psychologischen und sozialpolitischen Vorbereitung, damit keine gefährlichen Abwehrmechanismen in der schrumpfenden, überalterten angestammten Bevölkerung aufkommen. Nur unter diesen Rahmenbedingungen wird man den Sozialstaat funktionsfähig und finanzierbar erhalten können. Es geht um eine Gegenposition zum entmündigenden Umverteilungsstaat, ohne dabei den kleinen Mann schutzlos gegen unverschuldete Not zu machen. Wenn man das Gießkannenprinzip bei Sozialtransfers beseitigt, dann sinken zudem die Lohnnebenkosten ebenso, wie dies mit einem klaren Schritt bei der Sozialbürokratie geschehen wird. Mit sinkenden Lohnnebenkosten kann aber auch die Konkurrenzfähigkeit unserer Wirtschaft gestärkt und damit Arbeit und Einkommen gesichert werden.

Auch die Einwanderungspolitik hat Auswirkungen auf den Arbeitsmarkt. So wurden etwa von 1989 bis 1992 in der Ostregion Österreichs 10400 neue Arbeitsplätze geschaffen. Davon sind aber alle, also 100 Prozent, mit billigen ausländischen Arbeitskräften besetzt worden. Zugleich hat sich die Beschäftigung der Österreicher um 1300 Arbeitsplätze verringert. Hier zeigt sich auch, wie wenig verläßlich Gewerkschafts- und Arbeitnehmerorganisationen geworden sind. Solidarität gibt es nur mit denen, die Arbeit haben, denn nur sie können in den Betrieben wählen. Ansonsten ist man hierzulande geneigt, kurzfristig Wünschen mit langfristig nachteiligen Folgen Rechnung zu tragen. Hohe Ausländerkontingente mit billigen Arbeitskräften haben in vielen Produktionsbetrieben Innovationen entbehrlich gemacht, freilich nur so lange, bis auch noch billigere Arbeitskräfte ein Unternehmen, das wegen mangelhafter Qualität seiner Produktion den Anschluß an die Konkurrenz verloren hat, nicht mehr retten konnten. Wenn 1993 voraussichtlich 35 Milliarden Passiva durch Insolvenzen zu beklagen sind (1992 waren es 23 Milliarden), dann spielt der dargestellte Sachverhalt eine nicht unwesentliche Rolle. In Wirklichkeit werden Gewerkschaften und Arbeitnehmervertretungen in den letzten Jahren zu Handlangern einer Politik, die nicht konjunkturbedingte, sondern »strukturelle Arbeitslosigkeit« geschaffen hat: Mangelnde Ausbildung, mangelnde Qualifikation, fehlende Motivation, fehlender Leistungswille, Diskriminierung von Handwerk und Facharbeitern und das Fehlen von produktivitätssteigernden Innovationen sind entscheidende Ursachen der Dauerarbeitslosigkeit. Heute steht die ehrenwerte politische Klasse vor dem Trümmerhaufen ihrer Beschäftigungspolitik und beklagt die höchste Arbeitslosigkeit seit 40 Jahren. Sie hat alles in der Hand: Schulen, Universitäten, WIFI (Wirtschaftsförderungsinstitut), BFI (Berufsförderungsinstitut), Lehrwerkstätten, Erwachsenenbildungseinrichtungen ... Nicht einmal jetzt ist sie zu einem Kraftakt fähig. Die Krise des Arbeitsmarktes würde es erfordern, daß Handelskammer und Arbeiterkammer auf einen Teil ihrer Kammerzwangsbeiträge verzichten und diese Milliarden in eine durchdachte Qualifikationsoffensive stecken, die vor allem auch älteren Arbeitnehmern zugute kommt. Aber die Abgänge in Betriebskindergärten zu subventionieren oder einen Koch in einen Betonbauerkurs zu stecken, das ist der falsche Weg. Facharbeiter befinden sich in Österreich überhaupt am Rande der Gesellschaft. Wenn sich in Österreich ein arbeitsloser Facharbeiter umschulen läßt, dann hilft die Arbeitsmarktverwaltung nicht. Hätte er keinen Beruf gelernt und daher schon früher mehr verdient, als in der Zeit der Ausbildung die Lehrlingsentschädigung ausgemacht hat, dann würde der Staat die Umschulung finanzieren. Gleiches gilt beim Lehrling. Für einen Abiturienten gibt der Staat pro Jahr 60000 Schilling aus. Die ungebrochene Produktion von Abiturienten führt direkt in die Arbeitslosigkeit oder in ein Studium, das der Staat zu großen Teilen mitfinanziert. Der Lehrling ist dem Staat rund 6000 Schilling pro Jahr wert. Sogar die Lehrlingsfreifahrten werden eingestellt, weil der Familienausgleichsfonds leer ist. Wen wundert es, daß junge Menschen keine große Lust haben, sich als Lehrlinge ausbilden zu lassen!

Erst wenn in Österreich ein Grundberufsbildungsjahr zur Verbesserung der Allgemeinbildung geschaffen und der Staat bereit ist, genausoviel in die Ausbildung unserer künftigen Facharbeiter zu investieren, dann wird die Qualifikation durch Bildung erst sinnvoll sein. Doch vor diesen klaren gesellschaftspolitischen Weichenstellungen haben sich alle Politiker gedrückt. Für sie war es wichtiger, die Jugend in Schulversuchen zu Versuchskaninchen zu machen und ihnen die inhaltsleere Phraseologie des hehren Antifaschismus zu vermitteln, als durch zukunftsorientierte Ausbildung, Öffnung des Bildungssektors für Begabungseliten auf allen Ebenen der Jugend eine berufliche Chance zu eröffnen und die Demokratie durch zufriedene und gebildete Bürger zu festigen. Es könnte nichts schaden, wenn weniger weltfremde Politologen und Soziologen produziert und dafür ein Bildungssystem eingerichtet würde, in dem jeder Jugendliche grundsätzlich einen handwerklichen Beruf erlernt, unabhängig davon, wohin er sich anschließend beruflich entwickelt.

In der Vergangenheit wurde das Erlernen eines Handwerks, eines Facharbeiterberufes als etwas Minderwertiges hingestellt. Daher haben wir heute eine besorgniserregende Sockelarbeitslosigkeit bei ungelernten Arbeitskräften und einen wachsenden Mangel an Facharbeitern.

Der Elektriker ist heute jedoch ein hochqualifizierter Elektroniker geworden und der Baupolier ein kleiner Ingenieur mit unschätzbarer Berufspraxis. Die dreijährige Lehrzeit ist nicht die ganze Ausbildung. Ein guter Facharbeiter ist zumindest in den ersten zehn Jahren seines Berufslebens vollauf mit Weiterbildung befaßt, mancher ein Leben lang. Wenn man dem gegenüberstellt, daß viele Abiturienten trotz Reifezeugnis nicht einmal die Grundregeln der Rechtschreibung beherrschen, dann ist die Diskriminierung der berufstätigen Jugend in unserer Gesellschaft nicht nachvollziehbar. Der Wandel kann nicht mit noch mehr Schule kommen, sondern mit einem Ausbau der Partnerschaft zwischen mittelständischem Ausbildungsbetrieb und Facharbeitern. Das duale Ausbildungssystem ist übertroffen. Aber immer weniger Betriebe können es sich leisten, denn die Lehrlinge werden als Kostenfaktor eine immer größere Belastung, und durch die ministeriellen Berufsschulexperimente halten sie sich oft nur noch rund 40 Prozent der Jahresarbeitszeit im Betrieb auf. Die beste Mittelstandsförderung ist daher, den Betrieben, die Lehrlinge ausbilden, die Kosten zu einem großen Teil zu ersetzen und dem Lehrling am Ende eines jeden Lehrjahres eine attraktive Prämie für den Ausbildungsfortschritt zu zahlen, die vom Betrieb steuerlich voll abzugsfähig gemacht werden kann. Grundsätzlich sollte man das duale Ausbildungssystem erhalten. Es wäre aber zu überlegen, ob die Facharbeiter nicht in Zukunft in einer eigenen attraktiven »Handwerksschule« durch zwei oder drei Jahre ausgebildet werden sollen. Und nach Ende dieser Schule gehen sie in die berufliche Praxis, als Abschluß der Lehre, für die Dauer eines Jahres. Damit wäre die Möglichkeit gegeben, auch dem Facharbeiter eine bessere Allgemeinbildung zu vermitteln und die Grundlage für ein offenes System des Aufstiegs zur Fachhochschule und weiter eröffnet. Ich bin überzeugt, daß im heutigen System die Begabungsreserven der berufstätigen Jugend nur äußerst unzureichend geweckt werden. Gleiches gilt für die Weiterbildung. Der Besuch der ganztägigen Meisterkurse, die einige Monate dauern, darf nicht dazu führen, wie es bei uns der Fall ist, daß der bildungswillige Facharbeiter von der Arbeitslosenunterstützung ausgeschlossen ist und seine Familie sogar ohne Versicherungsschutz dasteht.

Der Skandal in unserem System ist: Die Faulen, die Nichtstuer, die Sozialschmarotzer und Tagträumer sind sich der fürsorglichen Hand des Sozialstaates sicher, während der bildungswillige Aufsteiger, für den persönliche Leistung im Vordergrund steht, das Nachsehen hat. Dies hängt natürlich damit zusammen, daß von der Regierung abwärts bis in die Ämter die Repräsentanten der Mittelmäßigkeit das Sagen haben, wenig Nachdenken in die Situation der Aufsteiger und Bildungseliten investiert, sondern mehr über Aussteiger und soziale Randgruppen philosophiert wird. Das dynamische Aktivelement aus allen gesellschaftlichen Schichten ist es aber, das den Erfolg der gesamten Volkswirtschaft garantiert. Ihm müßte mehr Aufmerksamkeit gewidmet werden. Aber gerade vor dieser Verantwortung drückt sich der Sozialismus. Gebildete, selbstbewußte Arbeitnehmer sind nicht so leicht zu manipulieren, daher für die Partei und ihre Zwecke unbrauchbar. Darin liegt das Ende des Sozialismus im Westen begründet. Der Arbeitnehmer, der sich gegenüber dem Unternehmer, dem Intellektuellen, dem Absolventen höherer Bildungseinrichtungen noch immer als kleiner Mann empfindet, wurde vom Sozialismus vor den Kopf gestoßen und im Stich gelassen. So sind die Leistungslöhne zu stark belastet, Mehrarbeit – wie Überstunden – zahlt sich nicht aus. Trinkgeld wird abgabepflichtig, und der Stempelgeldbezug bringt oft nur geringfügig weniger im Monat als pflichtbewußtes Arbeiten. Die präventive Betriebsmedizin spottet jeder Beschreibung, das Arbeits- und Sozialrecht hemmt die Mobilität der Arbeitnehmer, und die Krankenstandsfinanzierung zwingt die Fleißigen zu Solidarität mit den Schwänzern.

Im Sozialstaat werden Strukturen geschaffen, die den Arbeitnehmer vom Schutzobjekt zum »Ausbeutungsadressaten« degradieren. Der zum Schutz der Arbeitnehmer vor dem Risiko des Arbeitsplatzverlustes durch Konkurs und Ausgleich geschaffene Insolvenzfonds ist heute ein Vollzugsinstrument für staatlich legalisierten Betrug von wirtschaftlichen Abenteurern. Die Arbeitsmarktförderung ermöglicht heute Geldgeschenke in Millionenhöhe an politische Freunde, ohne die ausgehandelte Arbeitsplatzsicherung zu gewährleisten, wie die Beispiele von Stölzle Oberglas[112] bis zum unrühmlichen Ende des roten Vorwärts-Verlages beweisen. Im sozialistischen Vorwärts-Verlag waren rund 1000 Menschen beschäftigt. Der Staat gab rund 130 Millionen Schilling an Förderungen für eine sogenannte Arbeitsplatzgarantie, die nicht im entferntesten eingehalten wurde. Damit so ein Täuschungsmanöver mit öffentlichen Geldern gelingen kann, wurde auch dem »schwarzen« Herold-Verlag Geld aus den Töpfen der Arbeitsmarktförderung zugesichert, so daß der konservative Regierungspartner kritiklos den roten Förderungsmißbrauch akzeptierte. Und der Familienlastenausgleichsfonds wird für sinnlose Verschwendung wie Gratis-Schulbücher ausgeräumt und kann grundlegende familienpolitische Aufgaben nicht mehr erfüllen.

Überall sind Milliarden an Steuerschillingen im Spiel, die von den Arbeitnehmern zum Großteil aufgebracht und erarbeitet werden, ohne daß ihnen die Vorteile der dubiosen Umverteilung zukommen. Das Beispiel der Bauarbeiter-Urlaubskasse illustriert dies: 1987/88 wurde in Österreich der Bauarbeiter-Urlaubskasse durch die Finanzierung der Arbeiterabfertigung ein neues Aufgabengebiet übertragen. Die Urlaubskasse war wohlhabend und hatte Rücklagen in Milliardenhöhe. Anstatt diese Beträge für die Abfertigungsfinanzierung oder für andere soziale Leistungen der betroffenen Bauarbeiter zu verwenden, haben sich die Sozialpartner ÖGB und Bundeswirtschaftskammer geeinigt, 1,5 bis 2 Milliarden aus den Überschüssen an die Gewerkschaft und ebensoviel an die Bundeswirtschaftskammerorganisationen auszuzahlen. Beiträge der Arbeitgeber und Arbeitnehmer, die für den Arbeitnehmerschutz eingezahlt wurden, verwendet man für die Finanzierung der Bürokratiemonster mit Zwangsmitgliedschaft. Diese mafiose Geldbeschaffung zeigt die ganze Maßlosigkeit der ehrenwerten politischen Klasse in Österreich. Auch die ministerielle Aufsicht schweigt zu diesen Vorgängen. Schon vorher, 1968 bis 1984, hatte man in brüderlicher Eintracht Rücklagen aus der Bauarbeiter-Urlaubskasse in Höhe von mehr als einer Milliarde Schilling zwischen den beiden rot-schwarzen Institutionen aufgeteilt, anstatt durch eine Senkung der Beiträge die Lohnnebenkosten wettbewerbsfördernd zu reduzieren.

Erst wenn man sich dieser Zusammenhänge bewußt ist, versteht man das erbitterte Ankämpfen der Altparteien gegen den freiheitlichen Konkurrenten. Ich würde solche Umverteilung zu Lasten der Arbeitnehmer und fleißigen Unternehmer im Keime ersticken. Die rund 50jährige Erfolgsstory des Nachkriegs-Österreich ist nämlich nicht durch diese korrupte Gesinnung ermöglicht worden, sondern ist solchen Menschen zu verdanken, die hart gearbeitet haben und das soziale Netz der Risikosicherung nicht für einen Selbstbedienungsladen hielten. Korruption, Mißwirtschaft und Verschwendung zu Lasten der Bürger sind leider im österreichischen System fest verankert. Eine Änderung ist not-wendig, weil der Bürger im Dschungel der Wohlfahrtsmilliarden jedes Recht verloren hat. Der Sozialstaat ist nicht überfordert, weil die Leistungen für die Menschen zu hoch sind, sondern weil der Zugriff der Parteien, Kammern, Institutionen und Apparate maßlos geworden ist. Geradezu lächerlich mutet es daher an, wenn sozialstaatliche Einrichtungen sich dann noch den schmückenden Namen »gemeinnützig« geben, aber in der Praxis Lichtjahre von dieser gemeinnützigen Gesinnung entfernt sind. Der gesamte soziale Wohnbau mit milliardenschweren Förderungen wird über rote und schwarze gemeinnützige Wohnbaugenossenschaften abgewickelt. Diesen habe ich nachgewiesen, daß sie in den letzten Jahren Rücklagen in Milliardenhöhe aufgehäuft haben, anstatt verstärkt diese Rücklagen einzusetzen, um erschwingliche Wohnungen für sozial Schwache zu bauen. Die FPÖ hat an den Bundesminister für Finanzen die Anfrage gerichtet, ob für diesen Mißbrauch steuerliche Sanktionen als Bestrafung vorgesehen sind, wie es der SPÖ-Wohnbausprecher erwähnt hat, denn es ist zwar immer von frommen Absichten die Rede, aber in der Sache ändert sich nichts.[113] Aber nicht nur dieser ungeheuerliche Mißbrauch ihrer dominierenden Stellung im Wohnbau ist bemerkenswert. Man muß sich auch wundern, daß sie die mit Steuergeld geförderten gemeinnützigen Wohnungen teurer bauen als freie Bauträger ohne Subvention.[114] Gleichwertiger Wohnraum wird von freien Bauträgern, bei denen sich der Bürger mit einem von mir in Kärnten eingeführten Wohnbauscheck einkaufen kann, um 20 bis 30 Prozent billiger gebaut und angeboten als von den gemeinnützigen Bauvereinigungen. Das hat natürlich auch Auswirkungen auf die Miete. Die Konkurrenz der freien Bauträger mit den gemeinnützigen würde auch zu einer Senkung der monatlichen Mieten beitragen. Eine völlige Gleichstellung von freien und gemeinnützigen Bauträgern und eine starke Subjektförderung für sozial Schwache würde dem ein Ende bereiten und die unfähigen, privilegienstarken Funktionäre der Genossenschaften um ihre Ämter bringen. Immerhin haben die Bürger ein Recht auf Ordnung, denn sie zahlen nicht nur über die Steuer, sondern auch über einen sogenannten Wohnbauförderungsbeitrag monatlich an den Staat, um sozialen Wohnbau möglich zu machen. Je mehr Geld in den letzten 10 Jahren in den geförderten Wohnbau investiert wurde, desto weniger Wohnungen wurden gebaut. Eine vom Wirtschaftsforschungsinstitut erstellte Studie über die geringe Effizienz der Wohnbauförderung und der eingesetzten Mittel wurde in den Schreibtischladen der Bürokratie der Wiener Ministerien begraben. Frei nach Christian Morgenstern, weil nicht sein kann, was nicht sein darf. Um die Wohnungsnot in den nächsten Jahren einigermaßen in den Griff zu bekommen, müßten jährlich 55 000 bis 60 000 neue Wohneinheiten gebaut werden. Die Leistung liegt derzeit aber um die 40 000. Gravierend verschärft wird das Wohnungsproblem freilich noch durch die katastrophale Mietengesetzgebung, die eine tiefe Kluft zwischen lächerlichen Friedenszinsregelungen für große Stadtwohnungen und unerschwinglichen Mieten in Kleinwohnungen für Normalbürger geschaffen hat. Über 380 000 Wohnungen sind durch diese Mietengesetzgebung dem Wohnungsmarkt entzogen, der sich in den letzten Jahren durch die unhaltbare Zuwanderung von rund 330 000 Ausländern zwischen 1989 und 1992 zusätzlich in einer angespannten Lage befindet. Hilflos sehen die Altparteien zu, wie eine gemeinnützige Geldvernichtungsmaschinerie ebenso wie ein unsoziales Mietengesetz das propagierte Grundrecht auf Wohnen zur Makulatur macht. Dabei entgehen dem Staat Milliarden Einnahmen an Steuern, die wiederum für den sozialen Wohnbau sinnvoll investiert werden könnten. Hier nur einige Fallbeispiele, die für zahllose weitere stehen:

Fall 1:
Ein Reisekaufmann (monatliches Einkommen 50 000 Schilling) bezahlt für eine 156-Quadratmeter-Wohnung im Stadtzentrum monatlich 550 Schilling.

Fall 2:
Die Witwe eines Hofrates bezahlt für eine Wohnung mit 170 Quadratmetern in Wien 720 Schilling. Sie vermietet vier Zimmer an Studenten um je 4000 Schilling.

Fall 3:
Ein Mathematikprofessor, monatliches Einkommen einschließlich Nachhilfeunterricht 60 000 Schilling (wohnt in einer Privatvilla am Stadtrand), zahlt seit rund 12 Jahren für eine 90-Quadratmeter-Wohnung im Stadtzentrum 76 Schilling (als Reserve für seinen derzeit 17jährigen Sohn).

Fall 4:
Ein Geschäftsmann (Einkommen 50 000 Schilling monatlich) bezahlt für ein 216 Quadratmeter großes Geschäft im Stadtzentrum 3500 Schilling monatlich.

Die Beispiele sind wahlweise herausgegriffen und können in beliebiger Anzahl fortgesetzt werden. Ihre Bedeutung für die österreichische Wirtschaft sei anhand des Beispiels 1 nachvollzogen. Von den monatlichen Mieteinnahmen von 550 Schilling verbleiben dem Finanzminister an Steuern 330 Schilling monatlich (Umsatzsteuer 55 Schilling, Einkommensteuer 275 Schilling). Die 156 Quadratmeter große Wohnung hat einen Mietwert von monatlich 12 000 Schilling (80 Schilling/m^2). Daraus errechnet sich eine monatliche Steuerleistung von 7200 bei gegebenem Einkommen. Gemessen am tatsächlichen Mietwert in Relation zur gezahlten Miete von 550 Schilling bewirkt dies einen monatlichen Verlust an Steuerleistung in

Höhe von 6870 Schilling, somit jährlich 82 440 Schilling; umgelegt auf rund 200 000 Mietverhältnisse an Wohnungen und Geschäftslokalen, für die auch heute noch Altmieten zu zahlen sind, errechnet sich ein jährlicher Budgetverlust durch Steuereinnahmenverluste von rund 16 Milliarden Schilling. Dazu kommen noch 425 667 Wohnungen, die laut Mikrozensus vom 15. Mai 1991 als Zweitwohnsitz (offenbar Altmieten) und nicht als vermietete Wohnungen gezählt wurden. Bei Zugrundelegung der ermittelten Durchschnittsgröße von 85 Quadratmeter pro Wohnung und eines durchschnittlichen Marktwertes der Miete von nur 60 Schilling errechnet sich ein Budgetverlust von weiteren 16,5 Milliarden Schilling. In Anbetracht der Größenordnung erreichbarer Steuereinnahmen bei Belebung des Wohnungsmarktes durch ein marktkonformes Mietengesetz, das auch mit dem bürokratischen Staatsinterventionismus Schluß macht, offenbart sich das Versagen der Politik in seiner vollen Tragweite. Allein mit der Hälfte dieser Steuereinnahmen ließe sich an eine soziale Wohnbaupolitik anknüpfen, wie sie nach dem Krieg mit dem Wohnungswiederaufbaufonds beispielgebend gewesen ist. Niedrig verzinste Kredite mit einer Laufzeit von 50 bis 100 Jahren sind ein vernünftiger Weg, um den Wohnungsmarkt zu beleben. In einem solchen Fall könnte nämlich ein attraktives Subjektförderungsmodell geschaffen werden, wonach der Mieter einer Wohnung die Differenz zwischen errechnetem »zumutbaren Wohnaufwand« aufgrund seines Einkommens und der tatsächlichen Monatsmiete ersetzt erhält. Damit würden die Bedürftigen besser als heute gestützt und die Wohlhabenden nicht zu Sozialmietern. Wenn man bedenkt, daß allein im Mietwohnbereich zwischen 30 und 35 Milliarden auf der Straße liegenbleiben, die nur aus Unfähigkeit und politischer Feigheit nicht aufgegriffen werden, erahnt man das Potential der Verschwendung und Ungereimtheiten im Sozialstaat insgesamt: 12 Milliarden Schilling Wohnbaugelder horten die gemeinnützigen Wohnbaugenossenschaften als Rücklagen. 35 Milliarden an Steuern werden aufgrund einer unsozialen Mietengesetzgebung nicht erhoben. Vier Milliarden werden zwischen Sozialpartnern als Überschüsse aus Sozialtöpfen aufgeteilt. 1,8 Milliarden werden von den Betrieben als Kammerumlage II für die Handelskammer eingehoben, die angeblich für den kleinen Gewerbetreibenden aus diesen Erträgen eine Förderung bei der Bewältigung der Last der Arbeiterabfertigung finanzieren möchte, aber seit Jahren werden derartige Gelder nicht mehr ausgezahlt, sondern verbleiben in der Kasse der Handelskammer ...

Das ist kein Sozialstaat mehr, sondern ein Verschiebebahnhof von öffentlichen Geldern, die das Bestimmungsziel nicht mehr erreichen. Den rot-schwarzen Weichenstellern ist daher rasch das Handwerk zu legen.

7

Die Dritte Republik

Österreich heute: Der langjährige sozialistische Generaldirektor des Verbund-Konzerns der E-Wirtschaft geht in Pension und wird Aufsichtsratspräsident der staatlichen Creditanstalt-Bankverein. Der bisherige sozialistische Aufsichtsratspräsident der CA-BV wird dafür Vizepräsident der Österreichischen Nationalbank mit fetten Millioneneinkünften und einer Aufgabe, deren kargen Tätigkeitsumfang schon sein Vorgänger durch ausgedehnte Bergwanderungen, Skitouren und Reisen auszugleichen trachtete. Damit ist die politische Welt wieder in Ordnung. Im Verbundkonzern hat man darüber hinaus jetzt zwei statt vier Direktoren, von denen je einer der ÖVP und der SPÖ angehört. Wenn im politischen Mosaik der rot-schwarzen Pfründenrepublik etwas verändert wird, muß das Gleichgewicht der Pfründer peinlich genau wiederhergestellt werden. Und da es eben eine schwarze österreichische Nationalbankpräsidentin gibt, der rote Vizepräsident endlich in Pension geht, muß dort wieder ein Sozialist eingesetzt werden. Das löst dann eine Serie von Personalrochaden aus.

Aufschlußreich ist, daß diese Umzüge der Proporzritter im stillen stattfinden. In allen Fragen der sonstigen Politik streiten die Proporzparteien ohne Rücksicht auf Verluste: Keine Einigung bei der Arbeitslosenversicherung, keine Einigung bei der Steuerreform, keine Einigung bei der Sanierung der verstaatlichten Industrie oder bei der Mietrechtsreform. Rührende Eintracht herrscht, wenn es um die Aufteilung der Pfründen im Staate geht. Da hat man nicht einmal mehr Respekt vor den höchsten Gerichten der Republik. Auch dort wurden Proporzbesetzungen durch linientreue Parteienvertreter dem Höchstgericht aufgezwungen. Und resignierend kann der auf Reformen im Sumpf des Proporzstaates bedachte Bundespräsident dem Volk nur versprechen, daß es das nächstemal gerechter zugehen werde. So herrschen sie, die politischen Standesherren.

Und doch hat man das Empfinden, eine Ära gehe zu Ende. Denn die Proporzbesetzungen und die Postenschacher der jüngsten Zeit umweht ein Hauch von Abschied. Für das Nachkriegsösterreich ist das Ende unwiderruflich gekommen. Noch einmal bäumen sich die Systemerhalter des perfektesten Parteienstaates westlicher Provenienz auf. Noch einmal wollen sie ihre Macht auskosten und dem Bürger klarmachen, daß ohne Beziehungen, ohne Nähe zu den Mächtigen und ohne Parteibuch in diesem Österreich niemand eine Chance hat. Nicht zu Unrecht hat der Sozialdemokrat und Politikwissenschaftler Norbert Leser vor kurzem geschrieben, daß der sozialdemokratische Kanzler in Österreich so etwas wie der Gorbatschow der Alpenrepublik sei. Er verwalte ein System, das in Wirklichkeit nicht zu retten und vom endgültigen Niedergang bedroht sei. Die Mächtigen von heute werden morgen als Polit-Opas nur mehr auf der Parkbank in Erinnerungen schwelgen können, wie es doch war, als Rot und Schwarz noch alles beherrschten. Denn die Bürger wollen heraus aus diesem System westlicher Mandarine, die sich zu Ende des 20. Jahrhunderts noch immer in der Sänfte durchs Land tragen lassen und für diese Art der politischen Apartheid vom Volk auch noch Dankbarkeit erwarten. Daher gab es auch hierzulande hoffnungsvolle Ansätze zu Reform und Erneuerung: etwa, als die Ära Klaus in der ÖVP begann[115] und Demokraten wie der Chefredakteur der *Salzburger Nachrichten,* Ritschel, in engagierten Beiträgen zur Demokratiereform aufriefen oder der Staatsrechtslehrer Professor Günther Winkler die Aktion 20 der ÖVP mit hohem demokratischem Standard gründete.

Frischer demokratischer Wind sollte durch die muffigen Räume der Proporzpolitik wehen. Nachdem aber die Bürger durch die ÖVP am Ende doch zutiefst enttäuscht wurden, ließ der Sozialist Kreisky anschließend an seinen spektakulären Wahlerfolg 1970 mit der Forderung nach mehr Transparenz aufhorchen. Das Reformklima war damals allenthalben spürbar, und niemand – auch in den anderen Parteien – konnte sich ihm entziehen. Mit Begeisterung nahm ich als Jungpolitiker an den vom SPÖ-Kanzler ins Leben gerufenen Jugendenqueten teil. Dem Kanzler zur Seite stand ein ORF-Redakteur als Ratgeber: Johannes Kunz. Heute ist Kunz Informationsintendant des ORF und einer der konsequentesten roten Diener im Vollzug der sozialistischen Medienpolitik.[116] Der Reformer von einst ist eben schwach geworden (oder: mächtig korrumpiert). Die Partei hat ihn eingeholt. Nichts ist mehr zu spüren von der Aufbruchsstimmung, die sein damaliger Chef Bruno Kreisky – wie ich glaube – aus ehrlichem Herzen erzeugt und gewollt hat. Kreisky wollte tatsächlich mehr Demokratie ermöglichen und der politischen Apartheid der österreichischen Parteibuchherrschaft den Kampf ansagen. Kreisky wollte also genau das, wovon wir Jungen geträumt hatten: Freiheit von solch miesen Absprachen der Parteien bei Posten, Ämtern, Wohnungen und Förderungen aller Art. Warum auch sollten zweitklassige Parteisekretäre, die im harten wirtschaftlichen Wettbewerb nicht einmal über eine mittlere Funktionsebene hinausgelangt wären, die berufliche Existenz von anständigen Menschen entscheiden und auch – nicht selten – verderben dürfen? Warum sollten auch bei Lehramtsprüfungen gescheiterte Funktionäre über die Eignung von Pädagogen als Direktoren und Inspektoren entscheiden?

Kreisky scheiterte bei seinem Versuch, dieses System zu reformieren. Rasch waren die »Unabhängigen«, die Liberalen – wie Kreisky sie nannte – als statistische Ausreißer aus den rotschwarzen Personal-Strichlisten wieder verbannt. Das System hatte sich durchgesetzt. Die ÖVP witterte die Chance für eine Große Koalition. Das Rad der Geschichte wurde ins Mittelalter des Proporzes zurückgedreht. Die einen – die Schwarzen – hatten einen riesigen Nachholbedarf, die anderen – die Roten – wollten diese Experimente des »Alten« eigentlich nie so recht. Sinowatz sei Dank! – die Partei bekam den Vorsitzenden und Kanzler, den sie verdiente. Einen Technokraten der Macht, dem sein eigenes Wohlergehen noch allemal wichtiger war als die Befreiung der Menschen aus dem ihnen auferlegten System struktureller Unfreiheit. Wer sich im jugendlichen Alter dank der Partei beachtliche Pensions- und Abfertigungsbezüge – wie der amtierende SPÖ-Vorsitzende und Bundeskanzler Vranitzky von einer Staatsbank, übrigens auf fragwürdigem rechtlichem Fundament – sichert, liefert sich dem System aus und wird Teil dieses Systems. Das schlechte Gewissen des Kanzlers wegen seiner hohen Abfindung für eine nur dreijährige Tätigkeit in einer Staatsbank sieht man auch daran, daß mit Hilfe des ihm unterstellten und weisungsgebundenen Verfassungsdienstes dem Rechnungshof verboten wurde, den Abfindungs- und Pensionsvertrag des SPÖ-Chefs mit der Staatsbank dem Rechnungshofausschuß vorzulegen. Daher ist diese Clique der Polit-Absahner heute frecher und hemmungsloser denn je: Proporzmäßig beherrschen sie die Ausschreibungskommissionen bei Beamten, im Proporz regieren sie den Verbundkonzern bei der Österreichischen Bundesbahn, anteilsmäßig sichern sie sich die Ausbeutungs- und Manipulationsmacht bei den Landesgesellschaften der E-Wirtschaft, in der Nationalbank oder in den Schulen. Es klingt – mindestens für nicht-österreichische Ohren – unglaublich, aber es ist so. Auch die Posten bei den Sonderstraßengesellschaften[117] werden nach politischen Grundsätzen, wenn man den Proporz überhaupt so bezeichnen kann, besetzt: In Westösterreich gibt es eine von einem ÖVP-Generaldirektor geführte und in Ostösterreich eine von einem Sozialisten beherrschte Sonderstraßengesellschaft.

Als sich im Burgenland ein besonders krasser Fall von politischer Willkür bei einer Postenbesetzung ereignete, hoffte alles auf ein klärendes Wort des SP-Chefs. Der SP-Kanzler verteidigte aber die Willkür mit dem Hinweis, so etwas gebe es in allen Parteien. Daraufhin erstattete ich Strafanzeige wegen Amtsmißbrauchs. Die Staatsanwaltschaft nahm jedoch keine Ermittlungen auf, welche Fälle denn der SP-Kanzler in den anderen Parteien wohl gemeint haben könnte. Dafür wurde ich als Kärntner Landeshauptmann von der SPÖ verklagt, weil ich es unter Ausnutzung der rechtlichen Möglichkeiten und gegen den Willen der SP-Mehrheit gewagt hatte, erstmals einen Nicht-Parteibuchbesitzer zum Bezirkshauptmann in Kärnten zu bestellen. Ich bin stolz darauf! Dieser Kraftakt hat sich ausgezahlt. Denn inzwischen haben die nicht parteigebundenen Stellenbesetzungen im öffentlichen Dienst in Kärnten wenigstens auch in einigen anderen Bundesländern Schule gemacht. Leider gab es in Kärnten nach meinem Abgang als Landeshauptmann wieder einen Rückfall in den alten Geist der rotschwarzen Einheitspartei, was schmerzlich ist. Die Hoffnung auf eine neue Freiheit für die Bürger währte nur kurz.

Die rot-schwarzen Proporzritter, die so salbungsvoll vom Rechtsstaat reden, treten diesen permanent mit Füßen. Dreiervorschläge bei Postenbesetzungen sind dabei ein beliebtes Manipulationsinstrument. Der übergangene Bewerber erhält, wenn der Erstplazierte nicht eingestellt wird, einfach keinen Bescheid, um sein Recht beim Höchstgericht einzuklagen. So weigerte sich etwa bei der Bestellung des Bezirkshauptmanns von Vöcklamarkt in der Kärntner Landesregierung der Personalreferent, dem übergangenen Erstplazierten einen Bescheid zwecks Anfechtung auszustellen. Und falls einmal ein Bescheid ergeht, dauert so ein Verfahren jahrelang. Der Posten ist dann natürlich längst besetzt.

Ein frivoler Spieler auf dem Klavier der Parteibuchbesetzungen ist der Unterrichtsminister des Bundes. Monatelange Kämpfe toben zwischen dem Minister und dem Bundespräsidenten, der die Ernennungsurkunden von Schulleitern und Schulaufsichtsbeamten unterschreiben muß, weil der rote Kultusmann konsequent die Parteifreunde ganz vorn einreiht und nach objektiven Verfahren erstellte Vorschläge einfach auf den Kopf stellt. Der Bundespräsident vermittelt in diesem Ringen einen Funken Hoffnung, wofür ihm alle Bürger, die einen parteipolitisch neutralen und leistungsfähigen öffentlichen Dienst wollen, zu Dank verpflichtet sind. Aber dieser widerspenstige Bundespräsident soll jetzt durch Änderung von Gesetzen seiner Einwirkungsmöglichkeiten beraubt werden. Wo käme man da auch hin, wenn die Partei bei einer Direktorenpostenbesetzung nicht mehr entscheidend wäre oder Beamte tatsächlich aufgrund ihrer Qualifikation in Führungsfunktionen berufen würden? Daher bastelt die Linke an Regelungen des Beamtendienstrechtes, das wichtige Bestellungsrechte des Bundespräsidenten »aus Gründen der Verwaltungsvereinfachung« aufhebt. Die Zustimmung der ÖVP zu solchen Vorhaben ist nicht ausgeschlossen. Zu »guter« Letzt ist man dann ja wieder unter sich und spart sich aufwendige – und ebenfalls anrüchige – Interventionsgänge zum Bundespräsidenten, der um Objektivität bemüht ist.

Dabei geht es nicht nur darum, möglichst viele Parteigänger zu organisieren. Das ist eine angenehme Nebenerscheinung für die Altparteien. Das eigentliche Ziel ist vielmehr, überall zu Dank verpflichtete Führungskräfte im Staat zu etablieren, die freiwillig oder unter sanftem Zwang im entscheidenden Moment für die Partei zu mobilisieren sind. Das rot-schwarze Netzwerk der Macht ist geschickt angelegt. Die Parteigänger in der Gebietskrankenkasse oder im Finanzamt sind problemlos einzusetzen, wenn es gilt, einem lästigen Kandidaten der Opposition mit schikanösen Prüfungen in seinem Unternehmen das Leben schwerzumachen. Auch Strafversetzungen für »unbotmäßige« Beamte, die es wagen, sich neben den genehmen Parteibuchkandidaten um eine höhere Funktion zu bewerben, sind keine Seltenheit. Und es ist sehr wichtig, im Sicherheitsapparat zuverlässige Parteigänger an den entscheidenden Stellen postiert zu haben. Da kann dann eine Schmieraktion am Jüdischen Friedhof in Eisenstadt unmittelbar vor dem Volksbegehren der FPÖ in die Schuhe geschoben werden. Natürlich unter tätiger Mithilfe des Staatsrundfunks – mit einem dramatischen Kanzlerauftritt am selben Abend. Wenn sich dann freilich herausstellt, daß es eine von der Linken organisierte Provokation war, dann werden alle Beamten zum strengsten Stillschweigen verpflichtet. Und keiner der unterwürfigen Lohnschreiber in den regierungsabhängigen Medien kommt auf die Idee, die Wahrheit ans Tageslicht zu bringen. Das Ziel der Diffamierung des politischen Gegners wurde jedenfalls erreicht. Der Innenminister schweigt, obwohl er weiß, daß es eindeutige Geständnisse eines jugendlichen Untersuchungshäftlings gibt, der die linke Provokation zugegeben hat. Mancher Unbefangene mag angesichts solcher Zustände ungläubig den Kopf schütteln. Dieses Nachkriegsösterreich hat nicht nur autoritäre Züge, die eine strukturelle Unfreiheit der Bürger bewirken, sondern wird von Parteien beherrscht, deren Repräsentanten ihre politische Erfolglosigkeit durch Mißbrauch der Macht und subtile wie brutale Unterdrückung auszugleichen versuchen. Manchmal fühlt man sich fast so wie im letzten realsozialistischen Land – außer Nordkorea und China.

Da ermahnte mich vor kurzem – das ist kein Witz – ein enger Freund aus dem militärischen Geheimdienst unseres Landes zur Vorsicht. Ein hochrangiger Vertreter der österreichischen Staatspolizei[118] hatte ihn ganz offen um Mithilfe bei der Überwachung führender FPÖ-Abgeordneter gebeten. (Im Klagefall sind Namen und Zeuge jederzeit verfügbar.) Die SPÖ wollte nämlich mit dieser Überwachung Informationen über das Privatleben der FPÖ-Politiker erhalten, um sie gegebenenfalls in Wahlzeiten zu diskriminieren. An einem solchen Spitzelsystem ist alles, aber auch wirklich alles, zutiefst unanständig. Welchen Stellenwert hat da noch bürgerliche Freiheit, wenn organisierte politische Verfolgung den reformbereiten Bürger einschüchtern oder zur inneren Emigration zwingen will? Nicht jeder ist ein Václav Havel, um den Anfeindungen und Pressionen von Partei- und Funktionärswillkür zu widerstehen.

Auch die im österreichischen Staatsrundfunk veröffentlichte Meinung wirkt weder demokratiebelebend noch fördert sie den Mut zum Widerspruch gegen die Mächtigen. Im Gegenteil. Das bedeutende Medienunternehmen ist fest in der Hand der Linken. Daran konnte auch die Wiederwahl Gerd Bachers zum Generalintendanten des ORF nichts ändern, obwohl er um Ausgleich bemüht ist. Aber der Chef des staatlichen Milliardenunternehmens ORF hat nicht einmal ein Weisungsrecht. Wie soll sich da der »heimatlose Rechte« gemäß seiner Eigendefinition gegen die im ORF verwurzelten Linken durchsetzen? Die kulturelle Hegemonie wirkt natürlich machterhaltend. Täglich wird mit Diffamierungen, Fehlmeldungen und Ausgrenzungen (durch Verschweigen) ganze Arbeit geleistet. Jedem fällt auf, ja soll auffallen, daß der FPÖ-Parteichef nicht wie jeder andere Parteivorsitzende in unserem Land als Parteiobmann bezeichnet, sondern häufig als »FP-Führer« in den offiziellen Nachrichten abgewertet wird. Als ich kürzlich vorschlug, einen allgemeinen Sozialdienst für die Jugend im Kampf gegen den erschreckenden Verlust von Solidarität einzurichten, »meldete« der ORF, ich hätte die Einrichtung eines »Arbeitsdienstes« verlangt, und rief damit Assoziationen zur NS-Zeit hervor.

Besonders manipulativ und bar jeder Objektivität verhielt sich der ORF während des FPÖ-Volksbegehrens »Österreich zuerst« beim Ausländerthema. Da gab es sogar eine schriftliche Weisung der Leiterin der »Jugend- und Familienredaktion«, in allen Sendungen gegen das Volksbegehren Stimmung zu machen. Als ich diese Dienstanweisung vor laufender Kamera veröffentlichte, trat die ORF-Redakteurin zurück. Inzwischen wurde sie bereits wieder still und heimlich per Beratervertrag in den ORF eingeschleust. Denn man läßt die treue Genossin, die an der Front des ORF gegen die Opposition der FPÖ agitierte, nicht einfach im Stich, schließlich war die Manipulation gegen das Volksbegehren an höchster Stelle im ORF abgesegnet.

Am letzten Tag des Volksbegehrens gab es abends eine große Premiere des neuesten Ein-Mann-Kabaretts von Hans-Peter Heinzl im Wiener Konzerthaus. Prominenz von überallher war erschienen. Auch der rote TV-Intendant war da. Als in der Pause des Kleinkunstereignisses das Stimmenergebnis des Volksbegehrens bekannt wurde und unter den allgemeinen Erwartungen blieb, sagte der rote Intendant mit einem kühlen Lächeln in einem Kreis von Personen, dem auch wir in Freundschaft verbunden sind: »Na, wie habe ich das gemacht?« Lückenlos reiht sich dieses entlarvende Verhalten des roten Medienzaren in jene Ereignisse ein, die auch mit meinem Sturz als Landeshauptmann zusammenhängen. Die Jagd, die der ORF damals gegen mich veranstaltete, war selbst eingefleischten Genossen zuviel. Doch das Ziel war erreicht und der blaue Spielverderber im rot-schwarzen Menschenschach abgesetzt.

In einem solchen geistigen Klima nehmen Demokratie und Freiheit substantiellen Schaden. Die Altparteien genießen ihre Übermacht, und die Bürger verdrießt ihre Ohnmacht. Was ist aus dem Vermächtnis der Republik Deutsch-Österreich vom 12. November 1918 geworden? Was aus den guten Vorsätzen des Jahres 1955, als der Staatsvertrag wieder ein freies und demokratisches Österreich möglich machte?

Aussichtslosigkeit, Frust und Ohnmacht führen zu einer neuen Form des Biedermeiers. Der Bürger verliert sich in der Privatheit seiner Interessen und meldet sich als Staatsbürger ab, weil er zum Untertan-Sein verurteilt ist. Die Chancen der Demokratie werden zum Risiko des Bekenntnisses.

Auch große Koalitionen haben längst schon keine Mehrheit im Volke mehr. Aber sie nehmen sich diese Mehrheit, weil sie es hinbiegen können: Trotz Verlustes der Mehrheit behält in der Kärntner Landwirtschaftskammer die stärkste Fraktion »automatisch« den Präsidenten. In der österreichischen Arbeiterkammer war bis zum Rechberger-Skandal[119] der Präsident nicht absetzbar. Im Parlament in Wien ist es der Präsident bis heute noch nicht und somit demokratisch niemandem verantwortlich. Nach einer verlorenen Wahl für SPÖ und ÖVP in Oberösterreich beschließen beide, der siegreichen Freiheitlichen Partei einen der errungenen Regierungssitze durch gemeinsame Beschlußfassung abzuerkennen. Und direkte Demokratie (Volksbegehren) bleibt ohne Konsequenzen. In der Tat: Dieses Land wird in vielen Bereichen von einer moralisch ungenierten autoritären Pseudo-Elite beherrscht. Das geistige Klima im Lande ist von Intoleranz und Konfliktscheu geprägt, wie es der Kleingeisterei der herrschenden Mittelmäßigkeit entspricht. Eine genormte Gesellschaft ist das Ziel, die Gleichschaltung der veröffentlichten Meinung ist dazu unentbehrlich. Neu-denk und Neu-sprech, wie sie Orwell in *1984* visionär auf uns zukommen sah, sind Realität geworden. Als ich darauf hinwies, daß es einen unabwendbaren Zusammenhang zwischen der Zuwanderung billiger ausländischer Arbeitskräfte und der steigenden Arbeitslosigkeit der Inländer gebe, wurde ich in den Medien massiv attackiert. Das sei der Rückgriff auf eine braune Ideologie, wie sie Adolf Hitler schon einmal vertreten habe. Inzwischen lese ich in jenen Medien, die mir Vorhaltungen gemacht haben, daß dieser Zusammenhang zweifellos bestehe.[120] »Ähnlich ist es beim legalen und illegalen Zuzug ausländischer Arbeitskräfte, dessen Folgen sich jetzt in der Arbeitslosenrate niederschlagen. Diese Entwicklung ist ja nicht über Nacht eingetreten, sie war vorhersehbar. Aber es wurde zu spät gegengesteuert«, sagt Kotanko im *Kurier* vom 24. April 1993.

Wenn man die von der jüngeren historischen Forschung zweifelsfrei belegten Erfolge der Beschäftigungspolitik im Dritten Reich auch nur erwähnt, steht man sofort unter der Drohung der Klage wegen »Wiederbetätigung« und muß als Politiker »sofort« zurücktreten. Das hindert freilich die von Sozialisten beherrschte Volkshochschule nicht, im Frühjahr 1993 einen sechswöchigen Kurs zum Thema »Die positiven Wirkungen der Beschäftigungspolitik im Dritten Reich« zu veranstalten. Es gibt hierzulande keine wirkliche geistige Freiheit. Es fehlt die Freiheit, die eigenen Gedanken in eigene Worte zu kleiden. Der Präsidentschaftskandidat der CDU/CSU (Steffen Heitmann) hat diese Tabus und Frageverbote auch für Deutschland zu Recht kritisiert. Aus dem Denkverbot folgt natürlich das Verbot der Verwendung von Worten bzw. die verordnete Pflicht zur Verwendung bestimmter Worte und Begriffe. Metternich ist wiederauferstanden und kontrolliert mit seinen Zensoren die Studier- und Redaktionsstuben. (Allerdings waren die Metternichschen Zensoren in der Regel gebildete Menschen.)

Die bürgerliche Revolution von 1848 war nicht gründlich genug. Für uns Freiheitliche bleibt viel zu tun im Ringen für Freiheit, Offenheit und Zivilcourage. Der Widerspruch zwischen einem ständestaatlich verstaubten Parteien- und Kammernstaat und einer modernen, offenen, jeglichem Lagerdenken mißtrauisch begegnenden neuen österreichischen Gesellschaft wird immer augenfälliger. Das ist der Grund, warum die Altparteien ihre »Prätorianergarden« heute mehr denn je in den Institutionen von Staat und Gesellschaft in Stellung bringen, um den befürchteten demokratischen Wandel doch noch unmöglich zu machen. Die Bruchlinie zwischen ziviler Gesellschaft und institutionalisierter Politik ist überdeutlich vorhanden. Das System der Prätorianergarden läßt nur die Wahl zwischen Mitmachen (das heißt für die Prämie der öffentlichen Pfründen und Benefizien die Untugenden und Fehlentwicklungen des Systems zu verteidigen) oder der ehrenwerten politischen Klasse die demokratische Stirn zu bieten.

Als ich noch hoffte, in Nationalratspräsident Heinz Fischer (SPÖ) einen kritischen politischen Mitbewerber, aber nicht einen Feind sehen zu dürfen, dem es um die politische Vernichtung meiner Gesinnungsgemeinschaft geht, habe ich viele interessante Gespräche mit ihm geführt. Und immer wieder tauchte bei ihm der Vorwurf auf, wir wollten die Systemzerstörung, also einen Umsturz. Natürlich geht es um eine Änderung des Systems, und zwar in der Form, wie sie auch der neue Bundespräsident erstrebt und in seinen zahlreichen Reden skizziert. Es geht um die Überwindung der freiheitsfeindlichen Elemente eines ständestaatlichen Systems und um die Entmachtung der herrschenden politischen Klasse durch Beseitigung ihrer Pfründen, Privilegien und demokratisch nicht legitimierten Machtinstrumente, die die Entstehung einer offenen Gesellschaft freier Bürger mit aufrechtem Gang verhindern sollen.

Dieses Ziel wollten und werden wir über eine korrekte und konsequente demokratische Auseinandersetzung erreichen, weil wir uns ins Unrecht setzen würden, wenn wir uns der gleichen fragwürdigen Methoden wie die Altparteien bedienten. Die Altparteien brauchen die Zwangskammern[121], weil ihnen die Zwangsmitglieder sonst schon längst abhanden gekommen wären (und niemand ihre millionenteuren Büropaläste finanzieren würde). Die Altparteien brauchen den Moloch Sozialversicherung, weil die Bürger nur über den Einfluß auf diese elementaren Lebensbereiche gefügig gemacht werden können. Die Altparteien brauchen die Große Koalition, weil nur durch diese krankhafte Umklammerung die Millionen und Abermillionen Schilling aus den Abhängigen herausgeholt werden können, um Parteiapparate und Parteisoldaten zu mästen. Die Altparteien brauchen den Staatsrundfunk, um durch Angst, Verunsicherungs- und Verleumdungspropaganda Loyalitätsverluste unter den eigenen Anhängern in Grenzen zu halten. Uns kann es nicht darum gehen, dort einzutreten, wo wir die Altparteien verdrängt haben. Wir wollen nicht mitschuldig werden. Wir wollen einen anständigen demokratischen Neubeginn setzen: durch Machtverzicht, auch auf unserer Seite.

Verzicht auf Mißbrauch der Macht ist ein unabdingbares moralisches Gebot für alle politischen Gruppierungen. Wir wollen dort die politische Erneuerung Österreichs beginnen, wo Bruno Kreisky leider gescheitert ist: bei der Offenheit und Transparenz des politischen Systems. Offenheit und Transparenz sind die Garanten, daß sich AKH, WBO (Wohnbauskandal, Scheintransaktionen, 1984 Prozeß), Minister Sekanina mit seinem ÖGB-Gelddiebstahl, Abgeordneter Braun mit seinem BFI(Bundesförderungsinstitut)-Gelddiebstahl, Proksch, Lucona und die damit zusammenhängende Mord- und Betrugsaffäre, der Bundesländerversicherungsskandal, der AKH-Skandal, der AMAG- und IMAG-Skandal oder die Papst-Magdalen-Frühbauer-Affäre nicht wiederholen können. Solange die Mächtigen ohne Gefahr mauscheln und makeln können, werden sie es tun. Unser Vorhaben ist mehr als Machtwechsel oder politische Korrektur. Wir wollen eine österreichische Kulturrevolution mit demokratischen Mitteln, wir wollen die herrschende politische Klasse und die intellektuelle Kaste stürzen.

Ein Übergang zur Dritten Republik ist nicht nur demokratiepolitisch notwendig. Auch die soziale Frage ist neu zu stellen und neu zu beantworten. Vertreter der ehrenwerten politischen Gesellschaft verweisen nur zu gerne darauf, daß sie in Österreich immerhin Wohlstand und einen entwickelten Sozialstaat geschaffen haben. Das ist richtig. Der Grund ist einfach: Das Volk der Alpenrepublik war und ist fleißig. Die Nachkriegsgeneration hat im harten Prozeß des Wiederaufbaus keine sozialen Vergünstigungen gekannt, und Urlaub war für viele ein Fremdwort. Noch heute gibt es nicht wenige, die in ihrem ganzen Leben noch nie in Urlaub waren. Bäuerinnen und mitarbeitende Frauen von Selbständigen kennen keine 40-Stunden-Woche, kein freies Wochenende. Kleingewerbetreibende mühen sich auch am Wochenende ab, um mit der Buchhaltung fertig zu werden. So sehr in unserer Gesellschaft heute wirtschaftliche Pleiten und Insolvenzen als Kavaliersdelikte in Kauf genommen werden, ja bewußt herbeigeführt werden, so wenig trifft diese Einstellung die Gedankenwelt des kleinen Gewerbetreibenden. Dieser pflastert lieber sein Haus mit Hypotheken zu, als »die Schande« einer Insolvenz auf sich zu laden. Das erklärt auch, warum unser Wirtschaftsleben nach wie vor funktioniert. Denken wir auch an die vielen Nebenerwerbsbauern, die in den frühen Morgenstunden aus dem Haus gehen, um auf dem Bau oder in der Industrie das Geld zu verdienen, mit dem sie ihren geliebten Bauernhof erhalten können. Vergessen wir aber vor allem nicht die vielen Frauen in der Industrie, die für Schandlöhne von zum Teil nicht einmal 10 000 Schilling hart arbeiten müssen. Sie alle leisten für zwei oder mehr. Immer weniger müssen immer mehr arbeiten, damit immer mehr immer weniger arbeiten müssen.

Die Leistungswilligen und Fleißigen zahlen die Zeche. Kalkül und unsolidarische Rücksichtslosigkeit bestimmen das Denken. Arbeitsunwilligkeit, Schlendrian und Sozialschmarotzertum färben ab und verleiten auch fleißige und anständige Bürger, sich auf den Weg des geringsten Widerstandes zu begeben. Das Geschwätz der Politiker, daß Leistung und

Anständigkeit sich lohnen, glaubt ohnedies niemand mehr. Die »gehobenen« Kreise der Wiener politischen Gesellschaft wollen die Frustration und den Unmut vieler Bürger über die Verhältnisse nicht zur Kenntnis nehmen. Dort trifft man sich immer unter sich und bestätigt sich, wie »in« man doch sei. Daß für die breite Masse diese Fin-de-siècle-Gesellschaft mit ihren pseudo-intellektuellen Taugenichtsen und Wichtigtuern nicht zählt, versteht sich von selbst.

Jede Gemeinschaft braucht eine Führungselite, die nicht nur geistig auf der Höhe der Zeit ist, sondern auch das Herz auf dem rechten Fleck hat. Unsere Gesellschaft im Nachkriegsösterreich ist kalt und abweisend geworden. Soziale Taten gibt es nur noch, wenn der Name des Spenders im Fernsehen genannt wird. Ohne Schlagzeilen in den Medien kein Benefizgolfturnier der Kanzlergattin. Ohne TV-Seitenblicke kein Besuch einer Behindertenveranstaltung durch die Politiker. Nicht das Helfen, sondern das Gesehenwerden ist alles. Der erkaufte Ablaßzettel muß gehörig kundgemacht werden. Das beruhigt und läßt nonchalant über die tatsächlichen sozialen Probleme und Nöte hinwegsehen.

Unsere reiche Gesellschaft hat viel Armut zurückgelassen. Kürzlich besuchte ich einen Industriebetrieb, in dem vorwiegend Frauen beschäftigt sind. Es war zufällig der Tag, an dem die Betriebsleitung verkündet hatte, daß der Stückakkord um 10 Prozent gesteigert werden müsse, andernfalls würden Teile der Produktion in Drittländer verlagert. Der bereits bestehende Akkord ist aber so hoch, daß er nur selten erreicht wird. Im Klartext bedeutet dies für die Frauen Einkommensverluste. Ein Realeinkommensverlust von 1000 bis 1300 Schilling monatlich ist bei einem durchschnittlichen Einkommen in diesem Industriezweig von 10000 bis 12000 Schilling schmerzlich. Keine Gewerkschaft, keine Arbeiterkammer, kein Frauenministerium hilft! Die Armutsfalle tut sich in aller Stille auf, und die zum Schutz der Schwachen gegründeten Institutionen versagen. Schweigen und den Reallohnverlust dulden oder Auflehnen und den Arbeitsplatzverlust in Kauf nehmen, das ist die Alternative. Eine Alternative, die in Wirklichkeit niemand hat, der alleinstehend ist und Kinder zu versorgen hat. Das Reich der Notwendigkeit ist nah, und das Reich der Freiheit versinkt am Horizont. Die Frauen waren damals allesamt traurig. Sie wissen, was auf sie zukommt. Der Gedanke von Hannah Arendt, wonach der Arbeitsgesellschaft die Arbeit ausgehe, beginnt Wirklichkeit zu werden. 30 Jahre sei sie schon im Betrieb, vertraute mir eine ältere Arbeiterin an. Sie verdiene monatlich rund 8500 Schilling. Also nicht allzu viel, wie sie bescheiden meinte. Landtags- und Nationalratsabgeordnete erhalten in Österreich mehr Fahrtkostenpauschale im Monat, als die Arbeiterin in einem brutalen Akkord monatlich nach Hause bringt. Dabei gilt dieser Betrieb als ein Paradeunternehmen in meiner Heimat.

Junge Menschen, die drei Jahre eine Arbeitsstelle hatten und danach ein Studium beginnen, erhalten hierzulande sofort ein monatliches Stipendium von 7000 Schilling. Bei türkischen und jugoslawischen Gastarbeitern sorgen Arbeiterkammer und Arbeitsamt dafür, daß diese einen garantierten Mindestlohn von 10000 Schilling erhalten. Wenn es dagegen um die eigenen Landsleute geht, sind die Kämmerer und Bürokraten blind, stumm und taub. Die Aschenputtel unseres »Sozialstaates« sind nicht zu übersehen. Viele leben in einer Wohlstands- und Überflußgesellschaft, so daß sie gar nicht mehr wissen, was sie sich noch wünschen könnten, und trotzdem nimmt die Armut zu. Ganze gesellschaftliche Gruppen sind vom Fortschritt des Wohlstands ausgeschlossen: Kleinbauern, Bäuerinnen, Rentner, ältere Arbeitslose, Arbeiterinnen ... Es ist blanker Zynismus, wenn der SPÖ-Vorsitzende im ORF ein neues Programm der Sozialdemokratie ankündigt, das den Kapitalismus in die Schranken weisen soll. Gleichzeitig aber stimmen seine Genossen in den Lohnverhandlungen einer sogenannten Öffnungsklausel zu, nach der auch eine Null-Lohnrunde in den Betrieben möglich ist. Das nenne ich eine grundsatztreue Politik, die altkapitalistisches Denken durch die Hintertür hereinläßt und mit sozialistischer Hilfe salonfähig macht. Hat man bei den Lohnverhandlungen auch dafür gesorgt, daß Importprodukte aus Abwertungsländern wie Italien, Spanien und England für die Konsumenten um die Abwertungsgewinne billiger angeboten werden? Ich wünsche mir, daß die Politiker der Altparteien ihren Fahrtkostenzuschuß dazu verwenden, in Betriebe zu fahren, wo nackte Existenzangst an der Tagesordnung ist. Eine Arbeiterin sagte mir, daß sie täglich schon um 4 Uhr morgens in den Betrieb komme, obwohl sie vom Gesetz her erst ab 5 Uhr offiziell arbeiten dürfe, weil sie sonst den Akkord nicht erfüllen könne. Sie muß aber diese Leistung erbringen, damit sie von ihrem Einkommen leben kann. Schließlich sei sie eine alleinstehende Frau und Mutter, die ansonsten mit ihrem allzu geringen Einkommen nicht auskommt. Auch das ist Österreich!

Man muß sich fragen, was die Menschen denken, denen nun Lohnverzicht verordnet wird, wenn auf der anderen Seite der pensionierte Generaldirektor des Verbundkonzerns zu neuen Ehren als Aufsichtsratspräsident der CA-BV (Creditanstalt-Bankverein) gelangt und nun um 20 Prozent mehr verdient, als er in Zeiten seines »normalen« aktiven Erwerbslebens hatte. Gleiches gilt für die Österreichische Bundesbahn, bei der mit steigendem Defizit die Gehälter der Vorstandsdirektoren erhöht werden. Diese Beispiele zeigen, daß soziale Gerechtigkeit, sozialer Schutz neu zu definieren sind. Zu gewaltig sind die Umbrüche in unserer Gesellschaft. Als die Regierung kürzlich nach der mageren Lohnrunde einen »big bargain« verkündet hat, der Preisdisziplin von Staatsbetrieben gewährleisten sollte, erhöhte die ÖBB zum gleichen Zeitpunkt die Tarife ebenso wie die Post und der ORF. Was sollen die Bürger wirklich von diesen Dilettanten und Ignoranten in den

Staatsämtern halten? Die Jugend verachtet die Politik in einem erschreckenden Ausmaß, was jedoch nicht verwunderlich ist. Geldgier, Privilegien, Parteienfilz und die Unfähigkeit der Altparteien, die neuen Herausforderungen zu begreifen, sind die traurige Visitenkarte dieser herrschenden Klasse. Die Neubewertung muß in der Auseinandersetzung mit dem Phänomen der wachsenden Arbeitslosigkeit gefunden werden. Schon als Folge der ersten und zweiten Ölkrise stieg die Arbeitslosigkeit beachtlich an. Eine Arbeitslosenquote von 3 und 4 Prozent (in den OECD-Ländern der siebziger Jahre) ist aber heute nur noch Wunschdenken. Der technologische Fortschritt in der Produktion, härterer Kostenwettbewerb im Welthandel, Verlagerung der einfacheren Produktionen in Entwicklungsländer und – in der Hauptsache – Reallöhne, die dazu führen, daß arbeitsintensive Produkte einfach nicht mehr lohnend sind, markieren die gegenwärtigen und künftigen Probleme.

Was kann man dagegen unternehmen? Ist die Arbeitsgesellschaft am Ende? Kann sich ein Staat ohne diese Arbeitsgesellschaft ausreichend Mittel beschaffen, um seine elementaren Aufgaben im sozialen und bildungspolitischen Bereich zu erfüllen? Zerbricht damit der Gesellschaftsvertrag, der generationsübergreifend und leistungsstark gewesen war? Gibt es eine Chance, die wachsende Arbeitslosigkeit konsequent zu bekämpfen? »Wer immer ausspricht, ein Rezept gegen die Arbeitslosigkeit zu haben, sagt die Unwahrheit«, stellte Ralf Dahrendorf schon vor einem Jahrzehnt fest.[122]

In Österreich haben wir das tatsächliche Ausmaß der Arbeitslosigkeit bisher gut in Scheinaktivitäten versteckt. Viele Frauen lassen sich einfach nicht als arbeitslos registrieren, und in den Staatsbetrieben schickt man die Arbeitnehmer in Frühpension. Aber auch die enorme Ausweitung des öffentlichen Dienstes und der Bürokratie hat Arbeitslosigkeit im stärkeren Ausmaß verhindert, aber keine wirklich produktiven Arbeitsplätze geschaffen. Heute gibt es in Österreich nur noch rund 440000 Industriearbeiter, aber bereits 880000 öffentlich Bedienstete. Es ist nur eine Frage der Zeit, wie lange wir uns diese teure Selbsttäuschung noch leisten können. Nirgendwo ist ein radikales Umdenken so gefordert wie in der Arbeitswelt mit ihren sozialen Beziehungen. Das muß auch der Sozialdemokratismus in den westlichen Noch-Wohlfahrtsstaaten erkennen. Seine materiellen Fundamente sind ins Wanken geraten. Das wird auch den österreichischen Sozialdemokraten bewußt. Fast mutet es wie Ironie der Geschichte an, daß es heute Sozialisten sind, die auch hierzulande an die Demontage ihrer eigenen Errungenschaften herangehen, besser gesagt herangehen müssen. So mußte die sozialistisch-konservative Koalitionsregierung in Österreich wegen der leeren Staatskassen die sozialen Leistungen vom Karenzgeld bis zur Arbeitslosenunterstützung einfrieren beziehungsweise einschränken.

Auch der Arbeitsmarkt und die Organisation der Arbeitswelt werden von diesen Veränderungen erfaßt werden. Die Arbeitsgesellschaft wird sich neue Gesetze und Verfahren geben müssen. Die Unterteilung in »vita activa« und »vita contemplativa« bei Thomas von Aquin ist überholt. Danach mußten die einen dem praktischen Leben durch Arbeit nachgehen, damit die anderen die Möglichkeit hatten, das beschauliche Leben zu genießen. Heute ist es ein Privileg, Arbeit zu haben, die zugleich auch sinnvolles Tun bedeutet. Diese Tendenz wird sich verstärken. Es ist daher ein Gebot der Stunde, die Steuer- und Abgabenlast der Arbeit drastisch zu verringern, anderenfalls gerät unsere Wirtschaft in den Teufelskreis einer Spirale der Arbeitslosigkeit.

Durch Produktionsverlagerungen in Drittländer steigt die Arbeitslosigkeit. Im Gegenzug werden Arbeitskosten durch Rationalisierung und Innovation gesenkt, und das bedeutet wiederum Arbeitslose. Die »geschützten« Bereiche (wie die

Verstaatlichte Industrie) werden durch Subventionen mit marktwidrigen Kosten über Wasser gehalten. Dieses Verfahren, bekannt aus der DDR-Wirtschaftspolitik, ist aber nicht nur teuer für die Steuerzahler, sondern auch sinnlos. Um zu überleben, muß man auch in den »geschützten« Bereichen Rationalisierungsmaßnahmen ergreifen. Konsequenz: Arbeitslose. Bei der österreichischen Staatsindustrie wirkt sich das dann so aus: Zwischen 1981 und 1992 wurden 60 Milliarden Schilling aus Steuermitteln den Staatsbetrieben zugeschossen und dafür die Arbeitsplätze von 110 000 (1981) auf 55 000 (1992) verringert. Trotzdem ist die verbliebene Staatsindustrie bereits wieder zum Sanierungsproblem geworden. Und Investitionsbegünstigungen und Prämien werden für die Schaffung von Arbeitsplätzen vom Staat gegeben. Dafür braucht der Staat Geld, sprich Steuern. Die Erhöhung der Ausgabenlast trifft die Löhne und Gehälter, die Kaufkraft sinkt, und die Arbeitslosigkeit steigt weiter. Im Klartext: Heute wird ein Unternehmer bestraft, der Arbeitskräfte einstellt.

Ein radikales Umdenken ist notwendig. Nicht die Arbeitskraft, sondern der Umweltverbrauch und die Umweltverschmutzung sind zum Gegenstand der Besteuerung zu machen. Das begünstigt auch die Tendenz einer Entwicklung unserer Wirtschaft zur Dienstleistungsgesellschaft, die personalintensiv ist. Die Arbeitslosen sind in der westlichen Industriewelt oft durch Produktivitätsmangel infolge bürokratischer Hemmnisse durch überzogene Wohlfahrtsleistungen, aber auch durch institutionelle Ausbeutung bedingt. Am Beispiel der Bauarbeiter-Urlaubskasse wird das deutlich. Ich habe schon darauf hingewiesen, daß dies ein Musterfall für eine Senkung der Lohnnebenkosten wäre. Damit würden die Wettbewerbsfähigkeit gestärkt und Arbeitsplätze gesichert. Das Interesse der Gewerkschafts- und Kammerfunktionäre an Geld für ihre Apparate ist leider stärker. In diesem Fall wird die Habgier der Funktionäre und das Alimentationsbedürfnis der anonymen Apparate zur Ursache für Arbeitslosigkeit.

Das liegt auf derselben Ebene wie die Solidaritätsverweigerung in den »geschützten« Bereichen. Österreich hat besonders viele davon: 97 Prozent der Versorgungsunternehmen für Gas, Wasser, Strom, 70 Prozent der Geld-, Kredit- und Versicherungswirtschaft, 40 Prozent des Wohnungsbaues, 33 Prozent der Industrie. 23 Prozent der gewerblich- industriellen Produktion und 20 Prozent der Forstwirtschaft sind in Österreich unter öffentlicher Kontrolle oder in politischer Hand. In diesen »geschützten« Sektoren stimmen Löhne und Gehälter ebensowenig wie freiwillige Wohlfahrtsleistungen mit den Ertragsmöglichkeiten am Markt überein. Im Bereich der Energieversorger ist der durchschnittliche Lohnaufwand mehr als doppelt so hoch wie in der Privatwirtschaft. In regionalen Stromversorgungsunternehmen wie beispielsweise der Kärntner Elektrizitäts-AG muß allein zur Finanzierung der Sonderpensionsrechte jeden Tag eine Million Schilling vom Stromverbraucher bezahlt werden. Wenn diese Kosten über die staatlich verordneten Strompreise nicht mehr hereinzubringen sind, kommt es zu einem großen Schnitt, der im Ergebnis auch wieder Arbeitslosigkeit bedeutet.

Damit wird nur zu deutlich, daß diese vor allem strukturelle Arbeitslosigkeit das Ergebnis einer Jahrzehnte auf politischen Machtgewinn ausgerichteten Politik war, die jetzt vor ihren Trümmern steht. Um ein weiteres Ansteigen der Arbeitslosigkeit zu verhindern, ist es nötig, daß Freiheit und Wettbewerb in die »geschützten« Bereiche kommen und die Kosten der institutionellen Ausbeutung ausgeschaltet werden. Privatisierung über 50 Prozent und Zusammenlegung von öffentlichen Unternehmen, um notwendige kostensparende Synergien zu erzielen, sind unumgänglich. Das Machtspiel der Altparteien aber läßt dies nicht zu, obwohl dies den positiven Aspekt hätte, daß die Vertreibung der Funktionäre aus den selbsterrichteten Paradiesen von Kammern, Fonds und geschützten Sektoren erzwungen würde. Die Arroganz der Funktionäre ist ohnedies unerträglich geworden. Sie verhalten sich wie die Nomenklatura in ehemaligen östlichen Kommandowirtschaften. Sinnlos wird das Geld der Fleißigen zum Fenster hinausgeworfen. Sogar Förderungsgelder, die ja als Maßnahmen der Wirtschaftsförderung für Klein- und Mittelbetriebe von einer Landesregierung in die Handelskammer (Landesorganisation) gegeben wurden, transferierte man zur höheren »Ehre« von Kammerfunktionären an einen lokalen Fußballverein. So wurde beispielsweise der Fußballverein LASK-Linz mit den Wirtschaftsförderungsmitteln, die die Handelskammer erhalten hatte, gefördert.

Diese Funktionäre kennen Anstand und Verläßlichkeit nicht mehr. Daher ist es notwendig, diese Kammern weitgehend zu entmachten, ihnen die behördenähnlichen Aufgaben zu entziehen und durch eine Zweckbindung ihrer Mittel einen Schwerpunkt in den Bildungseinrichtungen von WIFI (Wirtschaftsförderungsinstitut) und BFI zu setzen. Auch für den öffentlichen Dienst ist eine Öffnung zwingend: frischer Wind, freies Zirkulieren zwischen Wirtschaft und »Amt«! Öffentliche Dienstleistungen sind zu privatisieren. In staatlichen Dienstleistungsbereichen ist zwingend eine Kostenrechnung einzuführen. Limitierte Budgets für einzelne Abteilungen, keine schleichenden Gehaltserhöhungen während des laufenden Arbeitsjahres, strenge Mißbrauchsbekämpfung bei der Inanspruchnahme sozialen Rechts sind unumgänglich erforderlich. Außerdem ist mit einem bestimmten Stichtag Lohn-, Arbeits- und Sozialrecht der Privatangestellten im öffentlichen Dienst einzuführen, um den Zusammenbruch der staatlichen Verwaltung und ihrer Finanzierungsgrundlagen zu verhindern. Ein tüchtiger Beamter wird so am Ende besser dastehen, und die bürokratischen Faulpelze verdienen ohnedies keine Milde. Es erscheint mir gerechtfertigt, wenn in Zukunft nur noch ältere Menschen, die schon eine Berufserfahrung in der Privatwirtschaft nachweisen können, die Chance einer Arbeit im öffentlichen Dienst haben. Denn das Problem der älteren Arbeitslosen kann nicht durch Subventionen und Sondernotstand (Sozialhilfe) gelöst werden. Das ist eine Frage der Solidarität der Generationen. Außerdem hätte das den Vorteil, daß junge, gut ausgebildete Kräfte nicht ständig von öffentlichen Einrichtungen abgeworben werden, während dem Privatbetrieb nur die Ausbildungskosten verbleiben, ohne Chance auf personelle Verbesserung seiner Mitarbeiterschaft.

Noch ein Gedanke im Zusammenhang mit der Zukunft der Arbeitsgesellschaft erscheint mir wichtig. Zu den Gruppen, die ganz besonders vom Schicksal der Arbeitslosigkeit betroffen sind, gehören die Frauen. Die feministische Illusion von der Selbstverwirklichung der Frau und Mutter im Beruf hat sich als verhängnisvoller Irrtum erwiesen. Die Ideologisierung dieses Themas hat den klaren Blick auf die Problemlage verstellt. Jeder, der dieses Problem anspricht, muß mit massiven feministischen Abwehrreaktionen rechnen. Vielen Frauen wird mit der Ideologie, wonach nur eine berufstätige Frau eine ernstzunehmende Persönlichkeit darstellt, Gewalt angetan und zugleich großer gesellschaftspolitischer Schaden angerichtet, denn auch Hausfrau ist ein vollwertiger Beruf. Der OGH hat in einem jüngsten Urteil festgestellt, daß die Arbeit einer Mutter mit mehr als 20000 Schilling monatlich zu bewerten ist. Den Frauen muß man eine Wahlmöglichkeit zwischen Familie und Beruf schaffen, ohne ihre Entscheidungen nach ideologischen Gesichtspunkten zu diskriminieren. Unsere zerrüttete Gesellschaft sollte uns Warnung sein, daß die Entwicklung in die falsche Richtung geht. Auf den Punkt gebracht: »Indessen zerreißen zwischen den Menschen auch die horizontalen seelischen Bindungen. Bei all dem vorgeblichen

Brodeln des politischen und sozialen Lebens wächst eine asoziale Abschottung und Vereinzelung. Ein Mangel an Mitgefühl entsteht unter den Menschen, die hauptsächlich mit ihren materiellen Interessen befaßt sind, und daraus resultiert dann eine penetrante Einsamkeit.«[123]

Haben wir jemals die Mütter gefragt, ob ihnen diese Entfremdung und Vereinsamung gegenüber ihren Kindern tatsächlich gleichgültig ist? Der Materialismus hat uns eines gelehrt: Es ist nicht so selbstverständlich, daß die Kinder – bei allem Wohlstand – so gedeihen, wie wir uns als Eltern dies wünschen:

- fröhliche Menschen, die wenig Kummer haben
- erfolgreiche Menschen, die ihre beruflichen Ziele erreichen
- zufriedene Menschen, die mit ihren Bedürfnissen in Einklang leben
- liebevolle Menschen, die Liebe erleben und erfahren haben und sie erwidern.

Viele in die volle Berufstätigkeit getriebene Frauen sind nicht glücklich damit. Der Zwang zum Verdienen bringt sie dazu, ihre Aufgabe als Mütter zu vernachlässigen. Die Mehrfachbelastung überfordert viele Frauen nicht nur körperlich, sondern läßt sie geistig, seelisch müde werden. Kinderhorte und Kindergärten sind für die Kinder auch kein Ersatz für die Mutter. Es ist heute eine gesicherte Erkenntnis der Psychologie, daß alle Kinder unter drei Jahren und eine große Zahl der Drei- bis Fünfjährigen durch Mutterentbehrung oder Vaterentbehrung Schaden nehmen.[124] Die Gefahr seelischer Verwahrlosung beim Kind, wenn die Mutter fehlt, hat nichts mit der materiellen Situation zu tun. Auch wenn für das Kind so gut wie möglich gesorgt wird, aber die Pflege unter Streß und Zeitnot nur noch eine Pflicht darstellt, erleidet das Kind ohne die emotionelle Begegnung mit der Mutter bleibenden Schaden. »Besonders leicht neigen Kinder zu Verwahrlosungserscheinungen, die als Babies von Hand zu Hand gereicht werden, lange von ihren Müttern getrennt waren und im ersten Lebensjahr nicht in den Genuß einer ausschließlichen Zweisamkeit mit der künftigen Erzieherin kommen durften ... mit der zunehmenden Berufstätigkeit vieler Säuglingsmütter, mit der Technisierung der Kindheit, die statt Liebe und Opferbereitschaft vorgekaute Materie ausbildet, mit tischfertiger Nahrung, dem Spielzeug, dem Fernsehen, dem stundenlangen Transportiertwerden im Fond eines Autos, so daß eine maßlose Verwöhnung provoziert wird, muß die psychische Erkrankung, neurotische Verwahrlosung geradezu eine seuchenähnliche Gefahr in der westlichen Welt werden.«[125]

Die Folgen dieser fortgesetzten Entfremdung der Kinder von ihren Müttern sind generelle Ablehnung von Ordnung, illusionäre Riesenansprüche, Passivität im Berufsleben, Unvermögen zu gefühlsmäßiger Bindung, Verkümmerung des Gewissens, nihilistische Weltsicht und Neigung zu Gewalt und Egoismus.[126] Wir müssen also von den Frauen den Druck nehmen, das Kind aus Gründen der Berufstätigkeit von Fremden aufziehen und erziehen zu lassen. Wir müssen die Frauen ermutigen, das zu tun, was ihr ureigenstes Anliegen ist, nämlich ihr Kind groß und tüchtig werden zu sehen und sich ihm zu widmen.

Eine familien- und vor allem kinderfreundliche Lebenswelt ist nicht zuallererst eine Sache der finanziellen Förderung oder der staatlichen Betreuungseinrichtungen. Sie hat vielmehr zur Voraussetzung, daß die zusammensein können, die einander emotional brauchen: Mutter und Kind. Dem hat der Staat durch ein attraktives steuerliches Familiensplitting, das den Zwang zum Doppelverdienst von Mann und Frau beseitigt, Rechnung zu tragen. Dazu gehört aber auch die Förderung von Teilzeitarbeitsplätzen, damit die Frau mehr Zeit für ihre Kinder hat. Wer die Gesellschaft der kalten Bindungslosigkeit überwinden will und erkennt, daß der Fortschritt keineswegs eine Verfeinerung der Sitten – wie Norbert Elias es gesagt hat – mit sich gebracht hat, weil dabei die Seele der Menschen zu verkümmern droht, der muß mithelfen, das Steuer herumzuwerfen. Der Sozialismus hat hierzulande den Menschen zum Produktions- und Konsumfaktor herabgewürdigt. Eine tiefgreifende Auseinandersetzung über die ethischen Grundlagen der Gesellschaft steht auf der Tagesordnung. Gemeinschaft und Bindung des einzelnen in seiner Lebensordnung sind das Korrektiv zum entfesselten Egoismus und Hedonismus unserer Zeit. Keine Position, die einem liberalen Geist verboten wäre. In einem bemerkenswerten Interview mit der *Zeit* hat sich Ralf Dahrendorf dazu geäußert: »... das ist das Fundamentalproblem. Wie können wir wettbewerbsfähig sein und zugleich jene Bindungen (...) und jenen Sinn für Dienste aufrechterhalten, ohne den unsere Wettbewerbsfähigkeit ziemlich sinnlos wird?«[127] Der Mensch muß zurückkehren in die Geborgenheit seiner natürlichen Gemeinschaften, wodurch auch seine Widerstandsfähigkeit gegenüber geistiger und physischer Vormundschaft wächst. Der häßliche Umgang mit unserer Umwelt spiegelt die Düsternis unserer Seele wieder. Das Abgleiten vieler Jugendlicher in Drogenkonsum und Gewalt gibt Zeugnis von der Gefühllosigkeit unserer Herzen. Und das Sterben der Wälder ist ein Anzeichen für den geringen Stellenwert des Lebens in unserer Zeit. Die politischen Erbsenzähler haben ihre Ernte. Leere Schoten. Ob sie ausreicht, um zu überwintern, ist gar nicht mehr fraglich. Die Gesellschaft stirbt den seelischen Kältetod.

Die Dritte Republik ist nicht aufzuhalten. Sie wird aus dem Protest der Bürger gegen die verkommenen politischen Sitten hervorgehen, aber auch aus dem Zwang entstehen, Phänomene von Arbeitslosigkeit, Entindustrialisierung und Entsolidarisierung zu bewältigen. Was in den achtziger Jahren wie ein ungebremster Fortschritt mit verläßlichen Wachstumsziffern ausgesehen hat, ist jäh zusammengebrochen. Die Dissonanzen des Fortschritts (Michael Stürmer) sind unverkennbar.

Bislang gab es einen relativ steigenden Sockel an Arbeitslosen, was jedoch durch den regelmäßigen Zuwachs an Arbeitsplätzen überdeckt wurde. Zu viele Rahmenbedingungen haben sich geändert. Die weltweite Rezession ist nur zum Teil Ursache dafür, daß erstmals in diesem Jahr real die Zahl der Arbeitsplätze auch in Österreich zurückgegangen ist. In der gesellschaftlichen Befindlichkeit ist ein gewisser Pessimismus unverkennbar. Das Vertrauen in Vernunft und Fortschritt ist erschüttert. Sind wir an einer Zeitenwende angelangt, die der Oberflächlichkeit ein Ende bereitet und uns zur Ernsthaftigkeit veranlaßt?

Es kommt zu einem Rückgang an Arbeitsplätzen, zu Pleitenrekord und Firmenzusammenbrüchen wie in den dreißiger Jahren, zu einer Zunahme des Protektionismus durch die Öffnung von Osteuropa und zu einer Abwanderung der verlängerten Werkbänke in und an diese Regionen sowie zu einem Verlust der Handlungsfähigkeit des öffentlichen Budgets und einer Fortschrittskrise in der westlichen Welt. Auch fehlt es an großen Entwicklungen oder neuen technologischen Trends, die im historischen Rückblick gesehen immer das Ende einer internationalen Krise signalisiert haben. Die Sklerose der westlichen Industriestaaten zeichnet sich ab. Hierzulande hat nicht nur das ungeschickte Verhandeln der Regierung um den EWR-Vertrag, bei dem man vergessen hat, das Problem des passiven Veredelungsverkehrs österreichfreundlich zu regeln, zum Verlust von rund 30000 Arbeitsplätzen in der heimischen Industrie innerhalb von zwei Jahren geführt, sondern eine generelle Entindustrialisierung hat Platz gegriffen. Eine Ökonomie ohne solides industrielles Standbein aber geht keiner guten Zukunft entgegen. Dieser Prozeß wird durch das Debakel der österreichischen Staatsindustrie natürlich verschärft. Verfehlte Personalpolitik, Parteieneinfluß, überforderte Manager, Vetternwirtschaft und eine geradezu verrückte Einkaufspolitik der Staatsbetriebe in den letzten Jahren haben in diesem Bereich einen Kahlschlag bei den Arbeitsplätzen bewirkt und die Industrie schrumpfen lassen. Und der Zerfall geht weiter.[128]

Aber auch eine falsche Steuer- und Wirtschaftspolitik, die insbesondere zur Auszehrung der Eigenkapitalbasis der Unternehmen geführt hat, läßt die Industrie in Zeiten brutaler Kostenkonkurrenz ins Trudeln kommen. Die Industrie beginnt sich aus Österreich zu verabschieden. Denken wir nur einmal an eine energieintensive Produktion im Sektor der metallverarbeitenden oder chemischen Industrie. Ein Lichtbogenofen zur Metallschmelze in der Ferrum-Nickel-Produktion benötigt etwa 13 bis 15 Millionen kWh im Jahr an elektrischer Energie. Das ist ein Verbrauch, den eine Kleinstadt von 5000 bis 8000 Einwohnern aufzuweisen hat. Jetzt haben diese Industrien in unseren Breiten bereits besonders günstige Stromtarife, im Jahresschnitt liegt der Tarif in Österreich etwa bei 50 bis 55 Groschen je kWh, im benachbarten Italien liegt er noch tiefer, etwa bei 45 Groschen pro kWh. Der private Stromkonsument subventioniert ohnedies schon diese Produktionen, trotzdem reicht dies nicht aus. In Osteuropa liegen die Stromkosten für diese Industrie zwischen 7 Groschen und 10 Groschen je kWh, das offenbart das Dilemma unserer Industrie, ohne die andere Kostensituation zu beleuchten. In der Industrie zahlt man rund 140 Schilling pro Stunde, während etwa in Polen ein Arbeiter für 16 Schilling Stundenlohn zu haben ist. Die Fluchtbewegung wird nicht aufzuhalten sein. Aber nicht nur für die einfachen Produktionen! Wenn ein deutscher Elektrokonzern demnächst seine gesamte Softwareproduktion nach Indien verlagert, weil die dortigen Ingenieure – fachlich hervorragend – für einen Bruchteil der deutschen Löhne zu arbeiten bereit sind, dann zeigt dies den Ernst der Lage. Industrienationen reagieren bereits. Japan und die USA verfügen über Produktionskontingente und betreiben einen selektiven Protektionismus. Das ist die Wirklichkeit im Zeitalter des GATT.

Solange diese Turbulenzen derart gravierend die sozialen Strukturen der Industriestaaten untergraben, wird es notwendig sein, ebenfalls einige protektionistische Maßnahmen für die Industrie im Interesse der Erhaltung von Arbeitsplätzen einzuführen. Eine Eingangsabgabe für all jene Produkte bietet sich an, die in Ländern erzeugt werden, in denen Menschenrechte mißachtet werden und Kinderarbeit an der Tagesordnung ist. Gleiches gilt für Produkte aus Ländern, die die Kostengünstigkeit durch Raubbau und Vernichtung unserer Umwelt erzielen.

Ich glaube im Interesse von Arbeit und Wirtschaft, daß Österreich so etwas wie eine »ökologische Gegenstrategie« zum System des Freihandels unter seinen falschen, jeglicher Moral entkleideten Prämissen bedarf. Auch der Wettbewerb in der EG steht vielfach nur auf dem Papier. So gibt es bei öffentlichen Aufträgen in Frankreich die Möglichkeit »nachzuverhandeln«, um die heimischen Produzenten mit Aufträgen zu versehen, wenn die Preisdifferenz nicht mehr als 15 Prozent ausmacht. Selbst die EG-Kommission hat kürzlich eine öffentliche Ausschreibung für Arbeitsbekleidung vorgenommen, in der eine eindeutige Lokalpräferenz eingebaut ist: »Die Bieter müssen in Brüssel bzw. in der Nähe von Brüssel einen Firmensitz haben ... oder dort einen Subunternehmer unter Vertrag nehmen«, heißt es in der Ausschreibung. Also keine Rede vom freien Wettbewerb, der angeblich für ein Österreich in der EG so enorme Vorteile brächte. Subventionsmißbrauch und Protektionismus haben wir in Österreich selbst. Freilich, hierzulande spielen sich die Regierenden als Musterschüler des Freihandels auf und vergeben sogar Großaufträge für Militär-Bekleidung für das österreichische Heer an ausländische Firmen, während die heimische Textil- und Bekleidungsindustrie Tausende Arbeitsplätze verliert.

Nicht die EG-Frage, sondern diese internationalen Ungleichgewichte haben uns zu interessieren! Österreich wird auch nicht umhin können, seine Hartwährungspolitik zu überprüfen, und sollte daraus keinen Glaubenskrieg machen, sondern mithelfen, es den Unternehmen zu erleichtern, ihre Exportmärkte erfolgreich zu verteidigen. Flexible Arbeitszeitregelungen, Jahresarbeitszeitbudgets, Abbau von Overheadkosten oder Mitarbeiterbeteiligung als stille Gesellschafter im eigenen Unternehmen werden die Kultur unserer Wirtschaft bestimmen. Der Staat seinerseits wird sich an der Kostendämpfung spürbar beteiligen müssen, will er vermeiden, daß Lohnkürzungen und Arbeitsplatzverlust im großen Stil zum Tragen kommen. In jedem Fall ist es untragbar, wenn berufliche Interessenvertretungen ihre Umlagen als ertragsunabhängige Abgaben vom Umsatz zu kassieren gedenken. Damit wird die drückende Kostenlast für die Betriebe nur weiter erhöht. Die freiwillige Selbstauflösung der Kammern wäre somit ein adäquater Beitrag zur Standortsicherung für Österreich und für in Österreich tätige Unternehmen.

Das Faulbett der Bürokratie muß verlassen werden. An der Zahl der Erwerbstätigen gemessen, steht Österreich mit 21 Prozent Beamten an der Spitze – zum Vergleich: Deutschland hat 16, die Schweiz 11 und Japan nur 6 Prozent! Öffentliche Institutionen haben ihre Leistungen günstiger zu erstellen, Pfründen und Privilegien in Sozialversicherungen, Krankenkassen und öffentlichen Unternehmen sind abzubauen. Im Gegenzug müssen Leistungslöhne durch die generelle Absenkung der Steuersätze attraktiver gemacht werden, Mehrleistung darf nicht bestraft werden. Wenn ein Arbeitsloser 11 700 Schilling im Monat erhält und ein Berufstätiger mit 14 000 Schilling brutto nach Hause geht, fragt sich dieser doch, wozu er sich noch täglich bei der Arbeit anstrengen soll. In unserer Erwerbsgesellschaft müssen immer weniger Arbeitende immer mehr bezahlen, damit immer mehr Nichtarbeitende versorgt werden können. Die Zumutbarkeit der vermittelten Arbeit ist daher zu verschärfen und der Gastarbeiteranteil abzubauen. Weitere Zuwanderung ist temporär zu stoppen. Gleichzeitig bleiben viele soziale Aufgaben wie Altenpflege, Essen auf Rädern, Hauskrankenpflege und vieles andere unerledigt. Der Staat kann sich ihre Organisation nicht mehr leisten. Ich plädiere daher für einen allgemeinen Sozialdienst. Jeder Bürger und jede Bürgerin sollte einen Teil seines (ihres) Lebens der Gemeinschaft zur Verfügung stellen. Das ist besser, als Gastarbeiter ins Land zu holen und dafür unsere sozial Schwachen zu vernachlässigen.[129] Die Zeit ist gekommen, nicht nur Ansprüche zu stellen, sondern auch Pflichten zu erfüllen.

Der Weg in die Dritte Republik ist nicht aufzuhalten. Das Nachkriegsösterreich geht zu Ende, auch wenn sich die Nutznießer in den rot-schwarzen Machtapparaten noch kräftig dagegen wehren. Aber für die Zukunft werden wir mehr an geistig-moralischer Führung benötigen, als heute vorhanden ist. Um das kleine Österreich im Strudel der europäischen Ereignisse richtig auf Kurs zu halten, wird es nicht genügen, einfach passiv auf eine neue Schönwetterperiode zu warten. Es bedarf vor allem auch eines neuen Selbstbewußtseins. Die herrschenden Kräfte sind noch immer nicht mit ihrer Geschichte im klaren. Die politische Klasse in Österreich hat nicht nur ein System errichtet, das eine Mischung aus Kreml, Vatikan und albanischer Weltoffenheit repräsentiert, sondern sie ist auch fortgesetzt dabei, sich aus der eigenen Geschichte zu verabschieden.

Im November 1993 feiert die Republik ihr 75jähriges Bestehen. Die Republikgründung ist ganz eng mit den Ereignissen um den Kärntner Abwehrkampf und die Kärntner Volksabstimmung von 1920 verbunden. Dies war die erste große Bewährungsprobe der jungen Republik, als kurz nach dem Beitritt Kärntens südslawische Aggressoren einen Teil des Landes in Besitz nehmen wollten. Der heldenhafte Abwehrkampf der Kärtner Bevölkerung hat die Alliierten in Paris bewogen, eine demokratische Volksabstimmung über den Verbleib Südkärntens bei Österreich oder den Anfall an den Staat der Slawen abzuhalten. Am 10. Oktober 1920 wurde diese Volksabstimmung zu einem großen Sieg für Kärntens und für Österreichs Freiheit. In einem flammenden Glückwunschtelegramm hatte die Provisorische Nationalversammlung in Wien die Kärntner beglückwünscht und versprochen, man werde ihnen dies niemals vergessen:

»Ein großer Sieg des österreichischen Staatsgedankens.

... Die amtlichen Nachrichten aus Klagenfurt bestätigen den Sieg der Kärntner Sache, die vom ersten Tage an eine österreichische Sache gewesen und bis zum heutigen Tage geblieben ist. ... Die nationale Zusammensetzung der zur Abstimmung aufgeforderten Bevölkerung aus Deutschen und Windischen erhöht die moralische Bedeutung des Abstimmungsergebnisses. Die Republik hat bei unseren slawischen Mitbürgern im Süden das Zutrauen zu erwerben gewußt, daß sie die Demokratie vor allem auffaßt als die Forderung des gleichen Rechtes für alle, die ihr vertrauen. Einen großen Sieg des österreichischen Staatsgedankens bedeutet dieser Tag. Nicht in eitlem Stolz verkünden wir dies, ohne Absicht, Unterlegene zu kränken, aber in berechtigter, inniger Freude, die uns für viele Leiden entschädigt. Diesen Sieg, diese Freude verdankt Österreich seinen Kärntnern. Das dürfen wir ihnen nie vergessen! ... Was Liebe zum Heimatlande, dem Gesamtstaate bedeutet, das haben uns die Kärntner gezeigt und gelehrt. In der neuen Verfassung wird diese Lehre bestätigt werden. Ganz Österreich schließt sich dem Rufe an. Heil Kärnten! Heil den Kärntnern! Seitz, Hauser, Dinghofer.«[130]

Trotzdem hat die heutige Wiener Regierung Schwierigkeiten mit diesem Ereignis. Unentwegt wird versucht, diese stolze Geschichte umzufälschen und dafür auch noch Steuergelder einzusetzen. So wurde erst vor kurzem ein sogenanntes Minderheitenjahrbuch mit einem Vorwort des Bundesministers für Unterricht und Kunst veröffentlicht, in dem der deutschen Mehrheit in Kärnten der Vorwurf gemacht wird, sie hätte slowenische Minderheiten zwangsweise germanisiert und aus ihren angestammten Siedlungen, die angeblich bis um den Wörthersee herum lagen, verdrängt.[131] In jedem anderen Land würde ein solches beachtliches historisches Ereignis als beeindruckendes Zeugnis für Heimatliebe und Patriotismus angeführt werden. In Österreich sind sozialistische und linkskatholische Kräfte noch immer gekränkt, weil der erste europäische Akt der Selbstbestimmung ein Erfolg der deutschen Mehrheitsbevölkerung und ihrer windischen Landsleute war. Daher werden auch heute noch ehemalige Angehörige der Partisanenverbände, die in Kärnten Greueltaten an der Zivilbevölkerung zu verantworten hatten, mit hohen Orden der Republik ausgezeichnet. Ein seltsamer Patriotismus! Deshalb habe ich mich auch als Landeshauptmann von Kärnten geweigert, im Auftrage der Wiener Zentralstellen solche Auszeichnungen zu verleihen. Daher haben wir heute noch ein Ehrenmal für die Rote Armee in Wien, aber kein Denkmal für den mutigen Landesverweser Dr. Arthur Lemisch, der durch Abwehrkampf und Volksabstimmung 1920 Kärnten frei und ungeteilt bei Österreich erhalten konnte.

In Tirol hat andererseits vor kurzem ein sozialistischer Politiker die Revision der Landeshymne gefordert, weil dort davon die Rede ist, daß »das Herz der Brüder blutete und ganz Deutschland in Schmach und Schmerz« lag, als der Freiheitsheld Andreas Hofer hingerichtet wurde. Also ein Nazi-Lied? Keineswegs! Es handelt sich um ein Lied, das von der Befreiung Tirols von der Franzosenherrschaft (und der Herrschaft der Bayern!) handelt. Zu diesem Zeitpunkt war bekanntlich ein Adolf Hitler noch nicht auf der Welt.

Solche und viele andere Beispiele belegen, daß die gegenwärtige Führungselite der Republik mit der eigenen Geschichte in Konflikt liegt und im Zweifel den eigenen ideologischen Interessen den Vorrang einräumt. Die in die Jahre gekommenen 68er sitzen an den Schalthebeln des Systems und haben es gelernt, ihre Macht zu gebrauchen. Wenn es sein muß, wird die Republik, ihre Tradition und Geschichte mit Füßen getreten. Freilich sind die Positionen der Etablierten und der intellektuellen Kaste oft widersprüchlich und zweideutig, wie das Beispiel der Debatte um die österreichische Neutralität zeigt. Bis vor kurzem wurde die Neutralität als eine der zentralen Säulen der österreichischen Identität beschworen, die für die Existenz einer eigenen österreichischen Nation unverzichtbar sei. Mit dem EG-Beitritt gerät die Neutralität ins Wanken. In den offiziellen Dokumenten der Regierung zur EG hat die Neutralität plötzlich keinen Platz mehr. Also: Gegen die Geschichte kann nicht Politik gemacht werden. Die österreichischen Geschichtsschreiber blamieren sich heute vor der Öffentlichkeit. Der Begriff einer eigenen österreichischen Nation war nicht nur eine kommunistische Schöpfung aus den dreißiger Jahren, sondern auch Ausdruck der Flucht des offiziellen Österreich aus der gesamtdeutschen Geschichte und Verantwortung. Die Mehrheit der Österreicher bekennt sich zu einer österreichischen Staatsnation. Das ursprüngliche Konzept eines Austritts aus der deutschen Geschichte ist damit kläglich gescheitert. Wer schon Adolf Hitler als Beitrag zur deutschen und europäischen Geschichte im 20. Jahrhundert geliefert hatte, mußte wenigstens danach trachten, sich rechtzeitig aus dem Staub zu machen, um nicht von der Last der Mitverantwortung für die nationalsozialistischen Verbrechen getroffen zu werden. Und da war die ehrenwerte politische Klasse in Österreich schon immer recht erfinderisch.

Die selbsternannten Gralshüter des österreichischen Patriotismus aber sind heute eine schillernde Gesellschaft. Die reicht vom sogenannten Dokumentationszentrum des österreichischen Widerstandes, dessen Gründer Herbert Steiner als

Kommunist noch 1958 in sowjetischen Kaderschulen ausgebildet wurde, über die Universitätsprofessorin Erika Weinzierl bis zum Leiter des jüdischen Dokumentationszentrums, Simon Wiesenthal. Die gespaltene Seele des Simon Wiesenthal wird schon daraus ersichtlich, daß er in den fünfziger Jahren, laut einem mir vorliegenden Geheimdokument, als Vertriebener in Deutschland eine Entschädigung beantragt hat. Dabei mußte er einen Fragebogen ausfüllen, in dem das Volkstumsbekenntnis abgefragt wurde. Pflichtbewußt bekannte sich Simon Wiesenthal darin zur »deutschen Volks- und Kulturgemeinschaft«. Da ich nicht annehme, daß er dieses Bekenntnis nur um des schnöden Mammons wegen abgegeben hat, dürfte seine politische Zwiespältigkeit erwiesen sein. Aber wie läßt Goethe schon seinen Dr. Faustus sagen: »Zwei Seelen wohnen, ach! in meiner Brust.« Dieser aus Ignoranz, Geschichtsfälschung und Heuchelei gebackene Nationalismus ist jedenfalls recht brüchig. Die österreichische Seele bedarf dieser Notlüge nicht. Wir haben allen Grund, selbstbewußt ein Bekenntnis zum österreichischen Beitrag zur deutschen Geschichte durch all die Jahrhunderte abzulegen.

Lernen aus der Geschichte heißt auch, aus dem Unrecht, das unsere jüdischen Mitbürger, die sich in der deutschen Geschichte immer als wertvolle und begeisterte Träger dieser Kultur hervortaten, erfahren haben, die richtigen Konsequenzen zu ziehen. Wir leben im Sozialismus, aber auch dem nationalen Sozialismus ist der Wert des Menschen als Träger einer ethnischen kulturellen Identität fremd. Diese Verachtung der menschlichen Seele mündet in das Verbrechen. Der Umgang mit der Wahrheit ist vielleicht manchmal gefährlich, aber allemal auch lohnend. Wer die Fackel der Wahrheit durch die Menge trägt, wird und muß einigen Leuten den Bart versengen. Auch ein lebendiger österreichischer Patriotismus kann darauf nicht verzichten. Und er wird in dem Ausmaß in der Jugend wachsen, wie Demokratie für die Bürger konkret erlebbar wird, Korruption und Mißwirtschaft ohne Chance bleiben und politisches Handeln von Grundsätzen der Ethik getragen wird. Wird aber Politik nicht auf ethnischen Prinzipien aufgebaut, dann hat die Menschheit überhaupt keine Zukunft mehr. Einem Mehr an Mut zu »Rot-Weiß-Rot« als kultureller Besonderheit in einem veränderten Europa steht das historische Bekenntnis zur deutschen Volks- und Kulturgemeinschaft also nicht im Wege, sondern bedingt diese geradezu.

Wer aber Maastricht und das Ziel eines europäischen Einheitsstaates wichtiger findet als die Erhaltung unserer österreichischen kulturellen Identität, muß sich nicht wundern, wenn die Ernsthaftigkeit seines patriotischen Strebens in Zweifel gezogen wird. Wie glaubhaft ist das Österreichbewußtsein wirklich, wenn man sogar das eigene Volk bei der EG-Entscheidung arglistig täuschen will? Man werde bei einem – »leider? notwendigen« – allfälligen EG-Referendum »den Fehler der Dänen nicht wiederholen«, ließen die Regierungsparteien bereits verlauten, und deshalb soll das Volk nur indirekt über einen EG-Beitritt entscheiden.[132] So sieht also das demokratische Bewußtsein der herrschenden Klasse in Österreich aus!

Viele Bürger haben die Macht der Prätorianergarde erkannt, die sich die ehrenwerte politische Klasse in Politik, Wirtschaft und Kultur aufgebaut hat. Legitimationsverlust, erlahmender Widerstand, Existenzangst durch die ökonomische Krise haben jedoch bewirkt, daß sich die Mächtigen sicher fühlen. Der Mißbrauch seiner Einrichtungen durch den Staat nimmt daher immer unerträglichere Formen an. Brutal und konsequent werden »Kulturförderung« und Politik verquickt, um den politischen Gegner zu diffamieren. So durfte der Cheforganisator der Aktion »SOS-Mitmensch« (gegen das FPÖ-Volksbegehren), André Heller, für die Premiere seines Stücks *Sein und Schein* die Bretter des Burgtheaters nützen, das eigens zu diesem Zweck für den »normalen« Theaterbetrieb geschlossen werden mußte. Das war der Dank der herrschenden »Eliten« für seinen antifaschistischen Kampf. (Das Stück war leider dennoch ein Flop.) Der Unterrichtsminister Rudolf Scholten hat sogar einen Film über die FPÖ (*Die Wahlkämpfer*) mit Steuermillionen unterstützt, in der Absicht, auf diese Weise »subtil« den politischen Gegner zu treffen. Freilich, der Film dürfte weniger gehässig ausgefallen sein, als vom Minister erwartet. Deshalb wurde der Rest der zugesagten Millionensubvention auch nicht mehr ausgezahlt. Dafür hat das Linzer Theater Phönix die roten Kulturfreunde im Ministerium mit dem bereits erwähnten Stück mit dem bezeichnenden Namen HJ von Thomas Baum erfreut, das die österreichische Politszene durchleuchten soll und sich natürlich meiner Person widmet. Der »Haider-Jörg« läßt sich ja hämisch in NS-Initialen abkürzen.[133]

Wer diese Vorgänge analysiert und die Kooperation dieser Politagitatoren mit dem staatlichen Rundfunk, ORF, vor Augen hat, glaubt nicht mehr an Zufälle. Das ist linker Kulturkampf, bei dem konservative Kreise sich nur allzuleicht aus Angst vor dem Bannstrahl der links- und halbintellektuellen Schickeria einspannen lassen. Linke Kulturkämpfer kennen keine Gnade. Laue Anpassung, Verschweigen und opportunistisches Mittun nützen nichts. Sobald man konservativ-bürgerliche Kreise nicht mehr braucht, werden diese vom Mittäter zum eiskalt abservierten Opfer.

Das hat die Kirche erlebt, die anscheinend im »Abwehrkampf« gegen das FPÖ-Volksbegehren in der Ausländerfrage mit der Linken ein Volksfrontbündnis geschlossen hatte. Abgesehen davon, daß mit dieser Aktion die Nächstenliebe, die auch und in erster Linie dem Nächsten in Österreich zuteil werden sollte, sträflich mißachtet wurde, folgte der Dank sofort. Die Eintracht der Kerzenträger vom »Heldenplatz« wurde empfindlich gestört, als die subventionierte Gruppe »Habsburg-Recycling« mit ihrem Stück *Neue Evangelisierungstour '93* Papst, Kardinal und kirchliche Würdenträger lächerlich machte, was in der Darstellung aufgeschnittener Sutanen gipfelte, die den feisten Prälatenpo sichtbar werden lassen sollten. Irritiert erklärte ein kirchlicher Würdenträger: »Wir können nicht gemeinsam eine Allianz gegen Gewalt, Haß und Fremdenfeindlichkeit bilden, wenn Haß und Verachtung gegen die religiösen und christlichen Fundamente der Gesellschaft öffentlich gefördert und toleriert werden.«[134]

Lenins Wort von den nützlichen Idioten wird wieder lebendig. Der linke Kulturtotalitarismus beherrscht im Bündnis von Kulturminister, Bundestheatern und staatlichem Monopolrundfunk das sogenannte Geistesleben. Wer nicht mit den Wölfen heult, ist chancenlos als Schauspieler, Maler oder Literat. Künstler, die sich nicht in den vom Antikulturmessianismus lizenzierten gesellschaftlichen Kreisen bewegen, die mit Kritikern der österreichischen Zustände Umgang pflegen, stehen unter Rechtfertigungszwang. Jene, die die künstlerische Freiheit einfordern und exzessiv ausleben, sind nicht einmal bereit, die Meinungsfreiheit zu respektieren. Diese Hochkultur ist von niedrigem Geist und schlechten Charakteren beherrscht. »Bei aller Anerkennung der Berechtigung einer pragmatischen Politik und der Notwendigkeit technokratischen Denkens und Handelns sollten wir aber endlich erkennen, daß die wirkliche Existenzfrage für unsere freiheitliche Ordnung eine Antwort auf die Herausforderung durch eine Kulturrevolution ist, die unübersehbar und immer mehr in Nihilismus (. . .) umzukippen droht.«[135]

Diese Kulturrevolution ist im Gange. Wie mit einer Dampfwalze wird jeder Widerspruch niedergemacht. Verletzung sittlich-moralischer Anschauungen, Brutalität und Gewaltverherrlichung, gepaart mit einer abgrundtiefen Mißachtung des Menschlichen, sind die »Normen«, auf die »Kunstschaffende« verpflichtet werden. Feigheit, Ignoranz und Geistlosigkeit der Repräsentanten sogenannter gesellschaftlicher Eliten züchten eine primitive Beifallsgesellschaft, die im Bewußtsein, daß eigenes Urteil gesellschaftliche Verurteilung bedeuten könnte, in die avantgardistische Meinungs- und Standpunktlosigkeit abgleiten. Anything goes. Nur die Kritik an diesem Kulturzerfall ist tabuisiert.

Wer läßt sich auch schon gerne bescheinigen, in seiner Kritik an der heutigen Kulturpolitik vom Geiste der Provinzialität oder mentaler Dumpfheit getrieben zu sein. Selbst der amtierende Bundespräsident kapitulierte vor dieser kulturellen Volksfront. Als der für sein »Orgien-Mysterien-Theater« berühmte Aktionist Hermann Nitsch das kulturelle Österreich, unterstützt von ministeriellen Millionensubventionen, bei der Weltausstellung in Sevilla 1992 vorstellte, sagte der Präsident »aus Termingründen« die Eröffnung ab. Hätte er mutig bekannt, daß er in Nitschs Ferkeleien die kulturelle Identität unserer Republik nicht erkennen kann, dann wäre das vielleicht eine Chance für eine intelligente Auseinandersetzung mit dem staatlichen Kulturtotalitarismus gewesen. Daß das notwendig ist, zeigt ein Satz aus dem Text von Hermann Nitsch, *Christus im Schlachthaus*: »In einer Orgie begatten Männer Schlachttiere, bringen sie um, wühlen im Blut oder Kot ihrer Eingeweide und begatten schließlich Christus homosexuell.« Ähnliches spielte sich beim Steirischen Herbst in Graz ab, wo der Aktionist Günter Brus ein Video präsentierte, in dem in Großaufnahme ein After zu sehen ist, aus dem Kot austritt, den er – der Künstler – nachher verschlingt. Ein Mann uriniert in einen Frauenmund ... Dafür gab es am 24. Mai 1993 aus der Hand des steirischen Landeshauptmannes einen Würdigungspreis des Landes Steiermark. Dort, wo es schick ist, und es ist immer schick, erhalten solche Akteure Unterstützung von höchster politischer Prominenz. So eilte der sozialistische Kanzler höchstpersönlich nach Kassel, um einer Ausstellung von Brus, Otto Mühl und Hermann Nitsch die Ehre zu erweisen.[136] Daß einer dieser »Künstler« inzwischen zu sieben Jahren Haft wegen Sittlichkeitsdelikten, unter anderem mit Minderjährigen, verurteilt wurde, nachdem man ihn jahrelang mit fetten Subventionen aus sozialistischen Regierungskassen verwöhnt hatte, stört offenbar die feine Gesellschaft nicht. Was ist das für eine Kultur, die Gewalt, Verrohung der Gefühle, Mißachtung religiöser Werte, sexuellen Mißbrauch von Unmündigen oder Schändung von Babies und Kleinkindern zur Botschaft hat?

Unsere Gesellschaft schafft inneren und äußeren Frieden durch akzeptierte moralische Wertvorstellungen. Diese Akzeptanz muß auch immer wieder erarbeitet werden. In der humanistischen Tradition, in der Aufklärung und in der Moderne haben sich ethische, ästhetische und moralische Prinzipien erneuert. Im Wandel des Beständigen und in der Beständigkeit des Wandels lagen zugleich immer die Ursachen für neue Kulturleistungen. Wo es an dieser Fähigkeit mangelt, wo sittliche Grundlagen verlorengehen, ist der Absturz in eine menschenverachtende Unkultur unvermeidlich. Keiner wendet ein, dem liege ein verengter Kulturbegriff zugrunde. Sexuelle Perversionen wie die Lust am Morden oder das Babyficken des Urs Allemann sind nicht einmal mehr mit dem Zeitgeist zu entschuldigen. Alle Kulturen zu allen Zeiten, soweit sie Kulturen waren, haben das verachtet und tabuisiert, aber nicht subventioniert und hochstilisiert. Kultur sollte schöpferische Begabungen der Menschen freisetzen, aber nicht der tierischen Entmenschlichung Vorschub leisten. Das hat nichts mit Zensur oder Beschränkung künstlerischer Freiheit zu tun. Aber auch Freiheit der Kunst ist ohne Verantwortung undenkbar. Diese Einsicht mag auch den früheren Staatsoperndirektor Claus H. Drese bewogen haben, offen über den Schlamm der österreichischen Kulturpolitik zu schreiben und den Kulturbetrieb als Monstrum zu bezeichnen, das »wie ein geldfressender Dinosaurier durch die Zeit kriecht, dem sicheren Aussterben entgegen«.[137]

Jedenfalls ist das Leben im österreichischen Kulturfaschismus bedrückend und besorgniserregend. Der Kultur fehlt die Kultur. Mit lateinisch »colere« – pflegen, bestellen, beackern – hat das alles nichts mehr zu tun. Die Macher der kulturellen Hegemonie verweigern den Diskurs. Geschäftemacher beschleunigen den Verfall eines offenen, ehrlichen geistigen Klimas. Treffend schrieb dazu Pablo Picasso in seinem »Künstlerischen Testament«: »Seit die Kunst nicht mehr die Nahrung der Besten ist, kann der Künstler sein Talent für alle Wandlungen und Launen seiner Phantasie verwenden. Alle Wege stehen der intellektuellen Scharlatanerie offen. Das Volk findet in der Kunst weder Trost noch Erhebung. . . . Ich bin heute nicht nur berühmt, sondern auch reich. Wenn ich aber allein mit mir bin, kann ich mich nicht als Künstler betrachten, im großen Sinne des Wortes große Maler wie Giotto, Tizian, Rembrandt und Goya. Ich bin nur ein Clown, der seine Zeit verstanden und alles herausgeholt hat aus der Dummheit, der Lüsternheit und Eitelkeit seiner Zeitgenossen.«

Eine offene Gesellschaft legt sich geistig selbst in Ketten. Wie die Umweltzerstörung nach außen, so ist die Vernichtung der Innenwelt des Menschen ein Indiz für einen Irrweg, der Umkehr verlangt.

Also – was tun? Die Machtstruktur des Bundestheaterverbandes ist aufzubrechen, künstlerische Autonomie zu stärken, und der steuerlichen Förderung der Anschaffung von Kunstwerken ist der Vorrang vor ministerieller Subventionierung für Kultur-Hörige einzuräumen. Der Kulturkampf an den Schulen ist durch Auflösung der Proporzgremien – der Bezirks- und Landesschulräte, welche die Direktoren ernennen – zu beenden. Die Schulgemeinschaft sollte auch diese Frage autonom lösen. Was wir brauchen, sind gutgebildete und nicht verpolitisierte Kinder und Jugendliche. Was wir brauchen, sind weltoffene Menschen und nicht eine Generation, die mit ideologischen Brettern vor dem Kopf ins »Leben« entlassen wird. Die Gehirnwäsche, der Schüler und Studenten heute an den staatlichen Bildungseinrichtungen unterzogen werden, ist bedrohlich. Nicht wenige flüchten in die innere Verweigerung, weil es an Mut und Solidarität fehlt, ein offenes geistiges Klima einzufordern.

Ohne werteverteidigenden Kulturkampf ist eine Überwindung des linken Kulturfaschismus nicht möglich. Bürgerliche Feigheit und Borniertheit haben diesen Kampf bisher sabotiert. Da die geistige Verwahrlosung der jungen Generation durch dieses System immer deutlicher sichtbar wird, besteht Hoffnung auf Einsicht der bisher Mutlosen und Gleichgültigen.

Die Privatheit eines neuen Biedermeier kann nicht die Antwort sein, denn man überließe dadurch den Kulturfaschisten und der Kulturmafia von heute[138] kampflos das Feld. Die Gegenkultur zur bürgerlichen Gesellschaft ist zum Instrument des Konformismus geworden und hat die Kultur vielfach zu Schrott gemacht. Viele positive Kräfte erwarten eine Wende. Nur ihre Mutlosigkeit hat sie bisher regungslos schweigen lassen. Eine offene Gesellschaft aber verträgt kein Klima der Bedrückung und der inneren Verzweiflung.

Staatsreform

In der Verfassungsurkunde Österreichs ist festgelegt: »Alles Recht geht vom Volke aus.« In Deutschland: »Alle Staatsgewalt geht vom Volke aus.« Aber man hat vergessen, festzulegen, daß dies auch zum Wohle des Volkes auszuüben sei. Eine zersplitterte, zahnlose Verfassung wurde faktisch durch ganz andere Strukturen ersetzt, die sich der demokratischen Legitimation völlig entzogen haben. »Sozialpartnerschaft«, Kammern und Verbände, Landeshauptleutekonferenzen und Landesamtsdirektionskonferenzen gehören dazu. Hinter verschlossenen Türen ausgefeilschte Sozialpartnerkompromisse führen dazu, daß eine eingehende Behandlung wichtiger Materien wie der Gewerbeordnung oder der Sozialversicherungsreform sowohl von den Ministern in den Parlamentsausschüssen als auch von den Regierungsfraktionen verweigert wird. Das Parlament verkommt zu einer Abstimmungsmaschinerie, zu einem verlängerten Arm einer im luftleeren Raum agierenden Funktionärstruppe, die sich Sozialpartnerschaft nennt.

Auf Landesebene sind informelle Gremien wie eine Landeshauptleutekonferenz bedeutender als die in der Verfassung verankerten Landtage. Den Landtagen bescheinigen verschiedene Gutachten von Verfassungsdiensten, daß sie mit ihren Beschlüssen die Regierung eigentlich nicht binden können, sondern nur unverbindliche Empfehlungen abzugeben haben. Die Diktatur des Apparats setzt faktisch die Verfassung außer Kraft. Es wäre daher sinnvoll, legistische Apparate in den Regierungsämtern aufzulösen und sie im Parlament anzusiedeln und das Recht zur Gesetzgebung nur den gesetzgebenden Körperschaften zu überlassen. Das entspräche auch dem Prinzip der Gewaltenteilung und könnte die Macht der Regierung eindämmen. Außerdem sollte ein parlamentarischer Ausschuß nur mit der Kontrolle der Finanzierbarkeit von neuen Gesetzen und ihrer bürokratischen Umsetzbarkeit befaßt sein. Ohne die ausdrückliche Zustimmung dieses Ausschusses könnte kein Gesetz in Kraft treten, weil die Finanzierung oder der Vollzug nicht sichergestellt wäre. Seit 1945 sind Gesetze in solcher Menge beschlossen worden, daß sie Tausende Blätter im Bundesgesetzblatt füllen. In Deutschland noch viel mehr![139] In jüngster Zeit steigt die Gesetzesflut enorm an. Vollzugsdefizite und Unübersichtlichkeit machen den Rechtsstaat zum Unrechtsstaat. Vor allem für die Umweltgesetze gibt es in der mittelbaren Bundesverwaltung keine Beamten im Vollzug, weil die Länder kein Geld für neue Planstellen haben. Vom Wasserrecht über das Chemikaliengesetz bis zur Gewerbeordnung herrscht Chaos in der Durchführung. Darüber hinaus ist die Sozialgesetzgebung so unübersichtlich geworden, daß selbst der Verfassungsdienst des Bundeskanzleramtes zum Schluß kommt: Nur wer Lust an der Lösung von Denksportaufgaben hat, wird die Sozialgesetze verstehen können.

Bekanntermaßen entschuldigt aber die Unkenntnis von Gesetzen nicht. Ich glaube daher, daß die Staatsreform damit zu beginnen hat, daß die Parlamente nicht durchführbare Gesetze und Verordnungen feststellen und ihre Anwendung so lange aufhalten müssen, bis sie allgemein verständlich sind oder ein geordneter Vollzug gewährleistet werden kann.[140] Die babylonische Verwirrung im heutigen Gesetzesstaat ist dem Bürger nicht mehr zuzumuten. Überdies gibt es unzählige Gesetze, die überhaupt aufzuheben sind, weil sie die Wirtschaft nur schikanös behindern oder unnötige Kosten verursachen. Die Erprobung von Gesetzen in der Monarchie wie das ABGB (Allgemeines Bürgerliches Gesetzbuch) war sinnvoll. Kaiserin Maria Theresia hatte für Ungarn sogar angeordnet, daß den einzelnen Behörden jeweils ein einfach gebildeter Mensch beizugeben sei. Dieser Bürger durchschnittlicher Intelligenz hatte eine Grundschulausbildung. Jede behördliche Anordnung mußte zuerst ihm vorgetragen werden. Dieser hatte den Inhalt dann vor einer Kommission wiederzugeben. Gelang ihm dies nicht einigermaßen, mußte die Anordnung umgearbeitet werden. Eine gute Idee. Hätten wir heute noch diese Anordnung, so wären viele Gesetze nie in Kraft getreten. Außerdem: Anwärter für diese Aufgaben gäbe es auch genug.[141]

Das Selbsterhaltungsinteresse der Bürokratie und die politische Propaganda haben diesen juristischen Irrsinn zu verantworten. Oft kann man sich nur noch wundern, was da alles geregelt wird. Ganz im Sinne einer offenen Gesellschaft mündiger Bürger, deren Unrechtsbewußtsein zwangsläufig schwindet, weil sie nicht mehr wissen können, wie häufig und wie schwer die täglichen Rechtsbrüche sind, die sie aus Unkenntnis begehen. Ein Beispiel: Bundesgesetzblatt 543/1987: Verordnung des Bundesministers für Gesundheit und öffentlichen Dienst vom 4. November 1987 über die Hygiene der Stielbonbons und der Stiellutscher: »§ 1(1) . . . dürfen nur in mundgerechter Größe und mit einem Höchstgewicht des genießbaren Anteils von 25 Gramm in Verkehr gebracht werden. Die Stiele müssen aus splitterfreiem Material bestehen.«

Ähnliches gilt für die Verordnung über die Qualitätsklassen der Erdbeeren. Bundesgesetzblatt Nr. 5/1993: Verordnung des Bundesministers für Land- und Forstwirtschaft über Qualitätsklassen für Erdbeeren im Einvernehmen mit dem Bundesminister für Gesundheit, Sport, Konsumentenschutz und dem Bundesminister für wirtschaftliche Angelegenheiten. Nach § 2, Abs. 1 sind vier Qualitätsklassen für Erdbeeren vorgesehen. Zur »Klasse extra« zählen nach § 4 Erdbeeren, ausgenommen Waldbeeren, mit einer Mindestgröße gemessen nach dem größten Durchmesser von 25 mm, jedoch nach §5, Abs. 2 mit einer größten Toleranz von 10 Prozent. Zur Klasse 3 gehören nach § 3, Abs. 4 Erdbeeren, die den Eigenschaften der Klasse 2 entsprechen, jedoch zusätzlich Fehler aufweisen, wie z. B. gemäß C Spuren von Erde, soweit dadurch das Aussehen nicht zu sehr beeinträchtigt wird. In dieser Klasse dürfen nach § 5, Abs. D Qualitätstoleranzen von höchstens 4 Prozent verdorbene Früchte sein. Ob die Hausfrau beim Einkaufen dies alles berücksichtigt?

Oder das Bundesgesetzblatt Nr. 6/1993, betreffend die Verordnung des Bundesministers für Land- und Forstwirtschaft über Qualitätsklassen für Zwiebeln, legt folgendes fest: Nach § 3/1 müssen u. a. Zwiebeln gemäß Abs. 2 gesund, nahezu frei von Pflanzenkrankheiten und Transportschäden sowie von Schädlingen, gemäß Abs. 3 nahezu frei von sichtbaren Fremdstoffen sein. Außerdem gelten ähnliche Toleranzgrenzen wie für Erdbeeren.

Eine Denksportaufgabe besonderer Art stellt die Verordnung des Bundesministeriums für wirtschaftliche Angelegenheiten über die Festlegung von Warenkontingenten in der Einfuhr dar. Diese Verordnung datiert vom 26. März 1992, regelt die Einfuhr von Schlittschuhen und die Festlegung der Kontingente. Im § 4, Abs. 2 heißt es u. a.: »Übersteigt der Gesamtwert der Anträge die Höhe eines verfügbaren Kontingentanteils, ist der Kontingentanteil durch die Zahl der Anträge zu dividieren. Sodann sind jene Anträge, deren Wert den sich nach dem ersten Satz ergebenden Quotienten nicht überschreitet, in voller Höhe zu befriedigen. Der verbleibende Rest des Kontingentanteils ist neuerlich durch die Zahl der verbleibenden Anträge zu dividieren und Anträge, die in dem sich so ergebenden Quotienten Deckung finden, sind zu befriedigen. Überschreiten schließlich sämtliche Anträge den Quotienten, so ist der Rest des Kontingentanteils auf sämtliche Anträge in gleicher Höhe aufzuteilen.«[142] Man sieht, die Verordnung über die Krümmung der Gurke ist kein Einzelfall.

Für diesen juristischen Unsinn gibt es dann auch noch schikanöse Kontrollbehörden. Alle haben sie die Möglichkeit, in Betrieben und privaten Einrichtungen herumzuschnüffeln: die Arbeitsinspektoren, die Betriebsprüfer, die Krankenkassenprüfer, die Getränkesteuerprüfer, die Arbeiterkammer, die Arbeitsämter ... Oft hat man das Gefühl, die Betriebe seien Objekt und Wärmestube für beschäftigungslose Bürokraten, deren Hauptaufgabe im Arbeitsverbot oder in der Behinderung von Betriebsabläufen besteht. Neuerdings gibt es noch die Müllkontrolleure, die unter Strafandrohung prüfen, ob in den Müllcontainern das System der Mülltrennung eingehalten wird. Das System ist zudem ausgesprochen ineffizient. Bei der Kontrolle von Staatsbetrieben merken die Beamten des Arbeitsinspektorats angeblich von gesundheitsgefährdenden Tätigkeiten der Arbeitnehmer in einer Bleihütte nichts (obwohl alarmierende ärztliche Gutachten im Betrieb existieren), weil die Politik es nicht will. Andererseits stecken die amtlichen Kontrolleure ihre Nase in jeden Kochtopf eines Gastbetriebes und drohen bei der geringsten Kleinigkeit eine Betriebsschließung an. Auch können etwa bei den im sozialistischen Einflußbereich stehenden Konsum-Läden haarsträubende arbeits- und sozialrechtliche Verstöße gegenüber den Mitarbeitern existieren. Der Arbeitsinspektor sieht darüber hinweg. Es fällt nicht auf, daß zahlreiche Mitarbeiter nur 12 Stunden in der Woche offiziell arbeiten, weil dadurch soziale Ansprüche umgangen werden. Dafür zählt dieses Unternehmen zu den Spitzenreitern, was die Anzahl der Arbeitsgerichtsprozesse mit ehemaligen Mitarbeitern anlangt.

Auch in anderen Bereichen sind Reformen dringend geboten. Staatsreform heißt auch, das Wahlrecht durch das System der Direktwahl für Landeshauptleute und Bürgermeister auszubauen. Das Kompetenzgerangel von Bundespräsident und Bundeskanzler ist zu beseitigen. Der Bundespräsident soll Vorsitzender der Bundesregierung sein und die Außenvertretung der Republik besorgen. Die lächerlichen Konflikte zwischen Bundespräsident und Bundeskanzler kommen die Steuerzahler teuer zu stehen. Wer darf, wenn der Europarat in Österreich tagt und die Regierungschefs aus den europäischen Ländern zu Gast sind, diese empfangen? Heftiger Streit tobt in Österreich zwischen Kanzleramt und Bundespräsident in dieser Frage. Die Lösung: Der Präsident gibt einen Empfang in der Hofburg und der Kanzler einen Empfang in Schloß Schönbrunn. Ein und derselbe Personenkreis, doppelter Aufwand durch die Eitelkeit von Staatsorganen: Alles wird auf dem Rücken der Steuerzahler ausgetragen. Die von uns erstrebte Staatsreform soll daher ein föderalisiertes, von den Fesseln einer arroganten Bürokratie befreites Staatswesen ermöglichen.

Die Proporzsaurier der Republik sind teuer, schwerfällig, korruptionsanfällig und ineffizient. Die ersatzlose Auflösung von Straßensondergesellschaften, Sondergesellschaften der E-Wirtschaft oder das Entwirren des Dickichts an Straßenmeistereien in Österreich würden ein milliardenschweres Einsparungspotential freilegen. Solange aber die Parteiinteressen vor den Bürgerinteressen rangieren, ist die Reformverweigerung programmiert, und Privilegien, Sonderrechte und Verschwendung sind nach wie vor empörend. Die dafür von den Vertretern der ehrenwerten Gesellschaft an den Tag gelegte Arroganz ist nicht mehr zu überbieten. Gegen jede Vernunft wird beispielsweise daran festgehalten, den sozialen Wohnungsbau über die sogenannten gemeinnützigen Genossenschaften durchzuführen, die fest im rot-schwarzen Besitz sind. Inzwischen ist – wie oben ausgeführt – nachgewiesen, daß freie Wohnbauträger billiger und besser bauen als die politisierten Genossenschaften. Wenn die Wohnungen um 20 bis 25 Prozent billiger gebaut werden, dann sind auch die Mieten niedriger. Trotzdem werden nach wie vor den gemeinnützigen Genossenschaften die Förderungsgelder hineingeschaufelt, und der Bürger zahlt die Zeche. Eine Liberalisierung des sozialen Wohnbaus hätte zur Folge, daß die Parteien ihren Einfluß bei der Vergabe von Wohnungen verlieren. Dagegen wehrt sich das System.

Die Notwendigkeit einer Staatsreform ist anhand einiger Beispiele verdeutlicht worden, jedoch erheben diese keinen Anspruch auf Vollständigkeit. Ausführlich äußern sich dazu FPÖ-Programmdenker in der von Mag. F. Siemhandl herausgegebenen Publikation *Weil das Land sich ändern muß*, das demnächst in der Schriftenreihe des freiheitlichen Bildungswerkes unserer Partei erscheinen wird (Entwurf vom 15. 7. 1993). Es geht aber darum klarzustellen, daß nur eine massive Einschränkung des Staatsanteils und damit des weitgehend unproduktiven Bereichs der Volkswirtschaft einen sozialen und wirtschaftlichen Kahlschlag verhindern kann. Staatsreform heißt, von der verbreiteten Sozialstaatsillusion Abschied zu nehmen, die in Wahrheit zur Ausbeutung der Fleißigen, zur Schädigung der Begabten und zur Überforderung der Redlichen geführt hat. Daß ein Bauarbeiter in den Wintermonaten in der Regel arbeitslos sein wird, weil die Witterungsverhältnisse nichts anderes zulassen, läßt sich nicht ändern. Daß aber andere mit der Arbeitslosigkeit spekulieren und mit gleichzeitiger Schwarzarbeit oder im Nebengeschäft als Versicherungsagent besser leben, als wenn sie berufstätig wären, kann man nicht hinnehmen. Das Problem liegt darin, daß Leistungslöhne und Überstunden zu hoch besteuert werden, während Arbeitsloseneinkommen (Lohnersatzleistungen) einen zu geringen Abstand zu den Leistungseinkommen haben. Eine Person, die heute nach dem Sonderunterstützungsgesetz arbeitslos ist, erhält 80 Prozent des Letztbezuges bis zur Pension. Da lohnt es sich, nichts zu tun und gelegentlich ein wenig »schwarz« zu arbeiten. Wir leben kollektiv über unsere Verhältnisse und sehen nicht, daß die Last der Finanzierung auf immer weniger Schultern verteilt wird und daß diese Lastesel immer höhere Belastungen zu tragen haben.

Gleiches gilt für die Bürokratie, wobei die überbesetzten Zentralverwaltungsstellen die Wurzel des Übels darstellen. Die Folgen unseres Tuns sind positiv und negativ zu bewerten, und dann ist Bilanz zu ziehen. Das ist Verantwortungsethik, die nicht auf Profit abstellt. Übrigens mache ich mir keine Sorgen um den Profit, sondern eher um das öffentliche Defizit, durch welches unsere Systeme im Schuldturm ihre Handlungsfreiheit eingebüßt haben. Über 100 Milliarden sind in Österreich für Gutachten zum Thema Verwaltungsreform ausgegeben worden. Die Ergebnisse sind niederschmetternd, nämlich gleich Null! Dabei könnten große Teile von Ministerien eingespart werden, wenn etwa der ganze Hoch- und Tiefbau den Ländern überantwortet würde. Durch eine gesetzliche Beschränkung der schikanösen Kontrollen von Arbeits- und Gewerbeinspektoren könnten große Kapazitäten abgebaut werden.

Aber auch durch ein modernes Kommunikationssystem würden Neuaufnahmen von Beamten im Kundenverkehr entbehrlich und könnten Reisezeiten von Bürgern zu den Ämtern drastisch vermindert werden. Maßnahmen der Verfahrenskonzentration könnten umfangreiche Behördenverfahren problemlos abkürzen. In Österreich gehen allein Reiseaufträge von Beamten über 43 Schreibtische; die Bewilligung eines Würstelstandes benötigt rund 20 verschiedene Genehmigungsverfahren. Viel Schwung käme in unsere Staatsverwaltung, wenn Sektions-Chefpositionen auf Zeit mit Managern besetzt würden, die auch im Staat die Grundsätze der Kostenorientierung eines »lean management« durchzusetzen hätten. Ihr Managementvertrag, der zeitlich befristet ist, sollte nach Erfolg honoriert werden. Es ist jedenfalls ein Witz, wenn der österreichische Föderalismus-Minister insgesamt ein Budget von zehn Millionen Schilling verwaltet und dafür sogar ein eigenes Ministerium am Leben erhalten wird.

Die Probleme sind nicht mehr zu leugnen:

- Der wirtschaftliche Fortschritt wird sich in nächster Zeit ohne nennenswerten Zuwachs an Arbeitsplätzen vollziehen.
- Die mangelnde Eigenkapitalbasis hat die Unternehmen krisenanfälliger und investitionsunlustiger gemacht.
- Noch nie seit den fünfziger Jahren hat es so viele Firmenzusammenbrüche gegeben.
- Die Katastrophe der Staatsindustrie hat ein Stück unserer ökonomischen und finanziellen Zukunft aufgefressen.
- Der schwindende Vorrat an Gemeinsamkeiten und allseits geteilten Wertvorstellungen hat eine bedrohliche Entsolidarisierung eingeleitet, während der Sozialstaat an die Grenzen der Finanzierbarkeit stößt.

In dem Ausmaß, in dem die Selbstentfaltungschancen des einzelnen größer geworden sind, haben sich der Staat und sein Vorsorgemechanismus zurückzuziehen. Zugleich ist die Wertorientierung für individuelles Handeln nahezu bestimmend, um auch die zugewachsene Verantwortung zu bewältigen. Dies ist um so notwendiger, als die Werte der Erwerbsgesellschaft zunehmend in einen Gegensatz zu den Grundprinzipien der Privat- und Freizeitsphäre geraten sind. In der Wirtschaft und der Arbeitswelt gilt Ordnung, Disziplin, Leistung, Verläßlichkeit und Solidarität, während in der kulturellen Sphäre Expressivität, Bindungslosigkeit und Spontaneität dominieren. Zumindest die Solidarität muß bei einem Rückzug des Sozialstaates im Privatbereich verstärkt werden. Darauf zielt die Idee vom allgemeinen Sozialdienst ab. Oder ist es uns verborgen geblieben, daß allein im Roten Kreuz die Schar der freiwilligen Helfer immer geringer wird und die Kosten der hauptberuflichen Mitarbeiter diese Solidargemeinschaft nahezu in den Ruin treiben? Ein Beispiel für viele. Das ist die Stunde des tertiären Sektors, der zwischen Staat und Individuum die Dienste der Gemeinschaft auf idealistischer Grundlage mit einschließt und organisiert. »Unsere Wirtschaft und Gesellschaft bedarf einer neuen Synthese von Freiheit und Bildung, von Rechten und Pflichten, nicht als Gesinnungsethik, die das Absolute will, sondern als Verantwortungsethik, die in klarer Kenntnis der Sachlage die Folge des jeweiligen Handelns bekennt.«[143]

Das Prinzip der Freiheit gebietet diesen Umbau von Staat und Gesellschaft. Unsere Freiheit verbietet jede Form autoritärer Herrschaft, weil eine ungewisse Zukunft den Wandel verlangt und individuelle Spontaneität gesichert sein muß. Unsere Freiheit verbietet jede Form von Bevormundung, weil diese dem Anspruch auf Mündigkeit entgegenwirkt. Unsere Freiheit verbietet Gewalt als Mittel der Politik, weil die Gewalt den geistigen Wettbewerb unterbindet. Unsere Freiheit verbietet bürokratischen Zwang, weil darunter die individuelle und gesellschaftliche Initiative leidet und Begabungen verkümmern. Unsere Freiheit verlangt aber Ordnung, Leistung, Lernfähigkeit und Verantwortung. Damit ist klargestellt: Wir wollen

- soviel Staat wie nötig, soviel Freiheit wie möglich
- keine Verstaatlichung des Menschen, sondern eine Vermenschlichung des Staates
- weniger Macht für Funktionäre, mehr Rechte für die Bürger
- weniger Begehrlichkeit von öffentlichen Kassen, mehr Schonung der privaten Taschen
- weniger politisierte Moral, mehr moralische Politik
- weniger Gruppenegoismus, mehr ganzheitliches Denken
- weniger Druck durch Parteibuchzwang, mehr Freiheit durch Parteinahme für Bürger
- weniger Subvention für Nieten, mehr Förderung von Eliten
- weniger bürokratische Fesseln, mehr geistige Autonomie
- weniger Mißbrauch der Einwanderung, mehr Recht auf Heimat.

Der Mann muß weg

Wir haben einer anspruchsvollen Herausforderung zu begegnen. Die Sympathie für unser Tun geht quer durch alle politischen Lager und Gruppen. Und doch wird uns oft die Frage gestellt: Ist dieser Weg überhaupt gangbar? Ich sage: Es ist nicht eine Frage des Willens, sondern die politische Erneuerung ist schlicht und einfach lebenswichtig. Die Zeit arbeitet für uns. Das Land wird sich ändern müssen. Unsere Reformen sind mit Augenmaß und Weitblick entwickelt. Sie werden zu einem Zeitpunkt vorgetragen, wo der Sozialismus auch in Österreich abgewirtschaftet hat und seine Exponenten vor leeren Kassen stehen. Tatsache ist, daß die Reformverweigerung des Regimes der Altparteien die höchste Arbeitslosigkeit seit 40 Jahren, eine neue Armut, den Zusammenbruch der Staatsindustrie und das Ende der Finanzierbarkeit des Sozialstaates gebracht hat. Die relative Stabilität der politischen Verhältnisse erklärt sich aus den Verflechtungen der Macht und aus der politischen Kontrolle mächtiger Apparate gegenüber den Bürgern. Das Bogengewölbe der Macht ist auf dem gekrümmten Rücken vieler Bürger errichtet worden. Immerhin sind rund eine Million Menschen direkt oder indirekt in ihrer beruflichen Existenz dem Parteieneinfluß ausgesetzt.

Unsere Bürgerrechtsbewegung soll ein Angebot sein, mehr Offenheit und Chancengleichheit zu bieten und den Bürgern mehr Luft zum Atmen zu verschaffen. Wir erheben dabei keineswegs den Anspruch auf Unfehlbarkeit. Aber wir versuchen, ehrlich zu sein. Viele werden uns ablehnen, weil sie Günstlinge und Nutznießer des Systems sind. Aber das ist nicht die Mehrheit. In diesem dialektischen Prozeß sind die Positionen klar verteilt: hier Altparteien und sonstige Pseudo-Opposition – dort die Freiheitlichen als Herausforderer des Systems. Ist es klug, sich so zu exponieren? Das weiß ich nicht, aber es ist notwendig! Eine angepaßte Nominal-Opposition, die ständig um Bereichskoalitionen winselt, wie dies Grüne und Liberale tun, ist nur das Beiwerk eines noch fast allmächtigen politischen Monstrums. Österreich steht unter einer Einheitsparteiherrschaft von SPÖ und ÖPV = SPÖVP. In dieser Situation muß man den Mut haben, Außenseiter zu sein, damit Veränderungen zum Guten möglich sind. Gewiß sind wir auf einem langen Weg. Aber als eine lediglich machtgierige und schmiegsame »Opposition«, die sich in die Umarmung der Altparteien begibt, wäre uns schon längst die Luft ausgegangen. Zwar bläst uns der Wind der Mächtigen ins Gesicht; doch die wachsende Zahl anständiger Bürger stärkt uns den Rücken. Die Methode der Mächtigen ist die politische und gesellschaftliche Ausgrenzung. Für mich ist das ein Beweis, wie schwach dieses System schon geworden ist. Wer keine Perspektive hat, wem seine Wertordnung abhanden gekommen ist, dem bleibt nur noch die unverhüllte Macht, an die er sich klammert. Die Ideenlosigkeit der Altparteien ist erschreckend. Bisher hat es nicht einmal zu einer Vision von einem geeinten Europa gereicht.

Es ist übrigens bezeichnend, daß der SP-Vorsitzende in Deutschland denken läßt, weil offenbar das Reservoir an Ideenspendern in seiner Bewegung erschöpft ist und er Zuflucht bei deutschen Politologen suchen muß. (Wo bleibt da die österreichische Identität?)

Ich habe auch andere Zeiten dieser sozialistischen Bewegung gesehen. Als junger Parlamentarier erlebte ich die letzte Hochblüte des Sozialismus in Österreich unter Kanzler Kreisky, als diese Bewegung nicht nur die Stimmen von den Arbeitern wollte, sondern scheinbar auch deren Interessen vertreten werden sollten. Heute ist das anders. Eine Bewegung mit einem Anführer, der mit privilegierten Abfertigungszahlungen einer Staatsbank »gesegnet« ist, eine Bewegung, deren Gewerkschaftspräsident für billige Miete im noblen Penthouse über den Dächern von Wien residiert, eine Bewegung, deren Abgeordnete in Scharen wegen falscher Zeugenaussagen gerichtlich verurteilt sind und deren Rest-Anständigkeit oftmals nur mit Hilfe des Staatsanwaltes sichtbar wird (wie so viele Skandale beweisen), versteht die kleinen Leute nicht mehr. Sie braucht das Volk als Wähler, achtet es aber nicht.

Die freiheitliche Bewegung hat sich auch den verratenen Sozialisten geöffnet, weil Freiheit und Würde der Menschen unteilbar ist, unabhängig davon, ob einer Industriemanager oder Bauarbeiter ist. Und sie haben unsere Einladung verstanden – in der Privilegienfrage, bei der Sozialversicherungsreform und in der Ausländerproblematik. Die österreichische Arbeiterschaft stand ja zu keinem Zeitpunkt wirklich links.

Altkanzler Kreisky hat das alles kommen sehen. Kurz vor seinem Tode hat er mich auf Vermittlung meines Freundes, Botschafter Willfried Gredler, zu einem mehrstündigen Gespräch gebeten. »Der da bei uns versteht die kleinen Leute nicht«, formulierte er einprägsam, natürlich auf seinen Nachfolger Vranitzky gemünzt. Der Weltbürger Bruno Kreisky hatte immer eine Schwäche für »seine« kleinen Leute. Daher tat ihm dieser Bruch in seiner Bewegung besonders weh. Ich habe mir diesen Satz gut gemerkt, weil ich das Gefühl hatte, er wollte mir etwas auf meinen politischen Weg mitgeben. Die FPÖ ist damit zu einer breiten Bürgerbewegung geworden, die leistungswillige, anständige, weltoffene Bürger ohne Vorurteile einschließt. Daher hat der verratene Sozialist ebenso seinen Platz bei uns wie der bürgerliche Intellektuelle. Denn seit der Revolution von 1848 hat dieser Brückenschlag zwischen Intellektuellen und Arbeiterschaft die Bedeutung des national-liberalen Lagers bestimmt. Auch Dr. Gredler hat das so empfunden. Und daß ich mich an diesen guten Rat halte, das ist auch der Hauptgrund für die Feindseligkeit der SPÖ gegen die Freiheitlichen und gegen mich. Die Weltverbesserer und Kerzenträger haben wieder hassen gelernt. Wir wollen das nicht erwidern. Aber ich weiß, daß mein Erfolg bei sozialistischen Wählern in der SPÖ dazu geführt hat, zu fordern: »Der Mann muß weg aus der Politik!«

Bei manchen aufschlußreichen Gesprächen mit einem ehemaligen Gewerkschaftspräsidenten und Sozialisten hat dieser in mir das Verständnis für die Unerbittlichkeit der sozialistischen Bewegung, mit der einer bekämpft wird, der in ihre politischen Jagdreviere eindringt, geweckt. Manchmal haßt man auch das, was man im tiefsten Inneren liebt und bewundert ...

Der Mann muß weg, er bringt uns in Gefahr, lautet ihr Schlachtruf. Daher wollte man mich schon 1986 mit der einseitigen, vertragswidrigen Kündigung der Koalition nach dem

Reformparteitag der FPÖ in Innsbruck beseitigen. Dann versuchte man den Großangriff mit meiner Abwahl durch die Altparteien als Landeshauptmann. Sogar ein Herauskaufen von Abgeordneten aus der FPÖ-Fraktion schien geeignet, meinen Sturz einzuleiten. Doch die FPÖ erfreut sich nach wie vor steigender Sympathie beim Volk und gewinnt alle Wahlen. Gewiß wird es auch in Zukunft solche Sturzversuche geben. Denn die politische Klasse vergißt mir nicht, daß ich ihre Privilegien aufgedeckt habe, daß ich ihr eine andere Ausländerpolitik aufgezwungen habe, daß ich ihr über 4000 Mandate in Gemeinden, Kammern, Land und Bund weggenommen habe und daß ich mächtige Genossen wie den Verantwortlichen für das Debakel um die Zellstoff-Fabrik in St. Magdalen bei Villach, Frühbauer, vor Gericht gebracht habe. Ihr Schutz-und-Trutz-Bündnis ist schon brüchig geworden.

»Die große Koalition hat auch noch andere wichtige Funktionen, aber eine ihrer wichtigsten ist derzeit, Haider den Weg so lange zu versperren, bis sich seine politische Energie und Attraktivität erschöpft hat«, meint der Vranitzky-Freund Hans Rauscher im *Kurier*. Wenn meine Gegner auf diesen Zeitpunkt warten, werden sie sich vorher mit »Ötzi« getroffen haben.

Die brutale Ausgrenzung hat unsere Bewegung stark und einig gemacht. Jeder weiß, es geht um mehr als bloß um den Gewinn von Mandaten. Scheitert das Erneuerungsprojekt, wird es lange dauern, bis sich die Chance wieder ergibt, mit maximaler Unabhängigkeit und ausgeprägtem Stehvermögen dem alten System und seinen Verwaltern die Stirn zu bieten.

Im Sinne des Freund-Feind-Denkens der Linken ist heute jeder als rechtsradikal oder rechtsextrem einzustufen, der sich nicht unkritisch der Linken anpaßt. Das sogenannte Dokumentationsarchiv des österreichischen Widerstandes ist in diesem Prozeß der politischen Inquisition federführend. Dieses Institut, von Kommunisten gegründet, von der Stadt Wien finanziert, befindet sich in der Hand eines lupenreinen Sozialisten. In der zuletzt von diesem Archiv hervorgebrachten Publikation über den Rechtsextremismus in Österreich nimmt nicht nur die FPÖ breiten Raum ein; auch der Menschenrechtler Professor Ermacora oder Alt-Landeshauptmann Silvio Magnago von Südtirol erhalten ihre ideologische Ohrfeige.

Nur im Programm der FPÖ findet sich eine umfassende Distanzierung von allen totalitären Ideologien einschließlich des Nationalsozialismus. Das kann also kein Indiz für den Rechtsextremismus sein. Unser Ziel ist die politische Erneuerung und nicht die militante Beseitigung des geltenden Systems. Unsere Methoden sind eindeutig demokratisch, was man von unseren Gegnern nicht gerade behaupten kann, wenn sie in Flugblättern aufrufen, auf mich zu schießen oder uns bei Kundgebungen mit Steinen und Flaschen bewerfen, nachdem die ÖGB-Jugend zur Gewalt aufgefordert und die Berufsdemonstrierer bezahlt hat. Unsere Sprache schließlich ist unzweideutig, aber nicht totalitär. Die Frage drängt sich auf, ob denn der SP-Kanzler ein Extremist ist, weil er mich als Rattenfänger beschimpfen darf, ganz im Stile von totalitären Regimen. Oder ob der VP-Chef rechtsextrem ist, weil er mich einen politischen Bazillus nennt, der unter Quarantäne zu stellen ist. Vom »tollwütig gewordenen Einzelgänger« bis zum »Psychopathen« durften meine Gegner öffentlich bereits alles über mich sagen, ohne daß das Dokumentationsarchiv auf die Idee käme, an deren Sprache ließe sich eine extremistische Gesinnung erkennen. Wenn diese pseudowissenschaftliche Argumentation der Linken versagt, dann kramen sie zuletzt den Vorwurf hervor, die FPÖ sei rechtsextrem, weil sie sich zur deutschen Volks- und Kulturgemeinschaft bekenne. Gut, aber dann ist auch Simon Wiesenthal ein Rechtsextremer, der sich – wie erwähnt – auch dazu bekannte, ebenso wie andere führende SP- und VP-Politiker einschließlich Bruno Kreisky.

Nach einem Bericht, den der außenpolitische Sprecher der

christlich-konservativen ÖVP nach einem Frankreichbesuch einer Parlamentsdelegation an das Parlamentspräsidium lieferte, ist die FPÖ keinesfalls eine rechtsextreme Partei. Wörtlich führte er in dem Schreiben aus: »... Jeder Teilnehmer sprach direkt oder indirekt den Wahlausgang in Wien an – die einen mit ernster Besorgnis, die anderen mit der Frage, ob wirklich die FPÖ eine Neonazipartei sei. Die Darstellung der FPÖ in der französischen Presse ist vielleicht am besten mit einer Karikatur in einem bekannten Wochenblatt der Satire geprägt: In eine Wahlurne, die das Antlitz Hitlers trägt, fallen eine Reihe von kleinen Hakenkreuzen hinein. Wahlen in Wien – Wahlen der Hyänen, als Titel (auf Französisch reimt sich das). Wir haben überall einhellig (auch Josef Cap teilte diese Analyse) darauf hingewiesen, daß die FPÖ eine demokratische Partei sei, daß sie keine rechtsextreme Partei sei, daß sie mit der Partei von Le Pen nicht verglichen werden könne ... Ich glaube, daß es gelungen ist, zumindest bei den Gesprächspartnern klarzustellen, daß es sich wohl um einen großen Erfolg einer Rechtspartei handle, nicht aber einer Le-Pen- oder Schönhuber-Partei. In der Pressekonferenz waren wir auch weitgehend mit diesen Fragen beschäftigt, als Präsident der Delegation rückte ich die Dinge zurecht, bei gleichzeitiger Betonung, daß die FPÖ unser schärfster innenpolitischer Gegner sei.«[144]

Auch einer der höchsten Repräsentanten der Republik, der Präsident der Länderkammer (im ersten Halbjahr 1994), der steirische ÖVP-Abgeordnete Gerstl, erklärte in einer Tischrede vor offiziellen Besuchern aus Jerusalem: »... nehmen Sie dies nach Israel mit: Nicht eine einzige österreichische Partei hat in ihrem Parteiprogramm irgend etwas, das noch an die Zeit zwischen 1938 und 1945 erinnert! Ich sage das als ÖVPler, auch für die Freiheitliche Partei Österreichs! Das ist nämlich eine falsche Interpretation vieler Leute. Auch im Grundsatzprogramm der Freiheitlichen Partei Österreichs – ich führe das deshalb an, weil man hier oft von etwas anderem spricht, und ich erlaube mir dies anzubringen – steht ausdrücklich über das Menschenbild eine neue zukunftsorientierte Fassung, und selbst die Ideologen der Freiheitlichen Partei Österreichs, mit welchen ich auch öfters zufällig streite, bringen das zum Ausdruck und sind sich dessen heute völlig bewußt! Ich meine dabei auch jenen Mann, der bei vielen in der Presse oft angegriffen wird, und zwar wegen seiner sogenannten deutschnationalen Gesinnung, die nichts mit dem Nationalsozialismus zu tun hat – das möchte ich ausdrücklich betonen und sage das ganz bewußt –, selbst dieser Mann hat in seinen Schriften darauf hingewiesen, daß wir durch den Aderlaß unserer Mitbürger, unserer Bürger österreichischer Identität mosaischen Glaubens, den größten Verlust, einen unwiederbringlichen Verlust der Intelligenz, der Kultur und der Kunst und alles erlitten hatten ... Ich kann Sie (...) wirklich beruhigen! Bitte nehmen Sie Propagandaschriften oder Zeitungsberichte, die so manches über die Freiheitliche Partei sagen, nicht ganz so ernst! Nehmen Sie auch nicht ernst, daß etwa Deutschnationalismus mit Nationalsozialismus zu vergleichen ist. In keinem Fall! Im Gegenteil!«[145]

In Wirklichkeit geht es nur darum, einen politischen Schauprozeß zu inszenieren, mit dem das Ansehen einer erfolgreichen Reformbewegung herabgewürdigt werden soll. Daher ist den Scharfrichtern der sozialistischen Scheinmoral jedes Mittel recht. Der Zweck heiligt in diesem Fall die übelsten Mittel. Dabei gibt es auffallende Parallelen. Beispielsweise muß sich die erfolgreiche italienische Erneuerungsbewegung Lega-Nord mit gleichen Vorwürfen herumschlagen, weil die Altparteien eines morbiden Systems keine andere Chance mehr sehen, den Siegeszug der Reformer zu stoppen. Wer zur Quelle will, muß eben auch bereit sein, gegen den Strom zu schwimmen. Jeder, der sich dieser demokratischen Reformaufgabe unterzieht, muß mit dem Haß der Reaktionäre rechnen.

Der Haider-Kannibalismus hat inzwischen Tradition, wenngleich die linke Jagdgesellschaft Ideenmangel zeigt. Anders ist es nicht zu erklären, daß man in einem österreichischen Zeitgeistmagazin versuchte, mich sogar in die Nähe von Kokainsüchtigen zu bringen.

Interessanterweise (und schäbigerweise) distanzierte sich die Redaktion aber gleich am Beginn ihres Artikels vom Wahrheitsgehalt des Abgedruckten. Aliquid semper haeret?

Freilich, die politische Kultur krankt insgesamt am Fanatismus. Offenbar treibt der Machtverlust zu solchen Amokhandlungen. Man fragt sich, wie diese Akteure der Haider-Jagdgesellschaft mit ihren Gegnern umgingen, wenn sie zu den Machthabern eines autoritären Regimes gehörten. Die menschenverachtende Gesinnung wird jedenfalls spürbar, wenn es um die FPÖ geht. Meine Partei hatte sich nach den erfolgreichen Landtagswahlen 1991 entschlossen, einen einfachen Gendarmeriebeamten, der auch zeitweise mein Leibwächter war, in den Bundesrat zu entsenden. Dies war Anlaß zu einem Kommentar in der ÖVP-Zeitung *Wiener Journal*: Im alten Rom habe Caligula sein Pferd in den Senat entsandt, und jetzt – in Österreich – werde ein Leibwächter für den Bundesparteiobmann in das Parlament delegiert. Der ohnedies sehr feinfühlige Mann, der leider bald darauf unter schweren Depressionen zu leiden hatte und sich vor kurzem das Leben nahm, hat darunter wirklich gelitten. Ihm war klar, daß der kleine Mann als Volksvertreter in diesen Kreisen nicht respektiert wird, woran seine unzweifelhafte Redlichkeit und Bildung nichts ändern konnten. Dieser barbarische Umgang mit Menschen muß uns alle erschüttern! Diese Vorgänge machen erst bewußt, wie notwendig es ist, das Wort für den kleinen Bürger zu ergreifen und der Arroganz der »ehrenwerten« politischen Klasse eine Absage zu erteilen. Zu allen Zeiten waren und sind es zuerst einzelne, die etwas bewegen. Die passiven Massen haben noch nie die Welt oder die Verhältnisse verändert.

Daher bleibt die Macht der Apparate, die gesellschaftliche Ächtung oder das mediale Trommelfeuer auf mich/auf uns ohne Wirkung. Gelassenheit ist angesagt. Die schärfste Waffe auf dem Weg zur Erneuerung ist die Wahrheit, die vielen Bürgern die Augen öffnet und ein Umdenken möglich macht. Die Wahrheit stand nie auf der Seite der Herrschenden. Die Erkenntnis, daß nicht Zeus, sondern die Wolken den Regen bringen, kostete Sokrates das Leben. »Und sie bewegt sich doch!« hat Galileo Galilei den Unwissenden entgegengeschmettert, und der Stab wurde über ihn gebrochen. Ketzerverfolgung hat es zu allen Zeiten gegeben. Als politischer Ketzer der Moderne gewinnt man aus der Geschichte Distanz zur Mittelmäßigkeit der Herrschenden. Ein Unterschied, der verpflichtet. Eine Herausforderung, die anzunehmen ist, weil es dem Vaterland guttut. In unserer Zeit wimmelt es ohnedies von vaterlandslosen Gesellen, die, wie etwa der SP-Mann Peter Glotz, den Deutschen einreden wollen, daß Deutschland den Deutschen nicht mehr allein gehören darf. Verzicht, Ausverkauf und Verlust der Identität ist ein Bekenntnis der Mittelmäßigkeit und der fehlenden Herzensbindung gegenüber der anvertrauten Gemeinschaft. Henry Kissinger hat einmal gesagt, Deutschland sei nichts anderes als eine Ökonomie auf der Suche nach einem Daseinszweck. Wir wollen mehr Bewußtsein für Rot-Weiß-Rot schaffen, solange es noch uns gehört, damit Henry Kissinger sein Urteil nicht auch auf Österreich ausdehnen muß.

8

Neue Nachbarn – alte Nationalstaaten

Seit Jahrzehnten haben die westeuropäischen Staaten eigene Außenminister und sind stolz auf ihre Außenpolitik.[146] Der frühere Bundeskanzler Bruno Kreisky verstand es sogar eine geraume Zeit, bei den Österreichern die Illusion zu nähren, die österreichische Außenpolitik nehme Einfluß auf das Weltgeschehen. Tatsache ist, daß die Außenpolitik in Österreich, in der Bundesrepublik Deutschland oder anderswo Funktion der Innenpolitik war. Der – unausgesprochene – Primat der Innenpolitik beherrschte (fast) alles. Denn das bipolare Weltmächtesystem wurde von verschiedenen ideologischen Weltvereinigungs- und Weltregierungsideen getrieben. Mit dem Zusammenbruch des Sozialismus im Osten, dem Ende des Sowjetimperiums, haben sich die Dinge verändert. Die Völker sind wieder in die Geschichte zurückgekehrt.

Von Lenin stammt die Erkenntnis, daß die Geschichte immer klüger sei als die Vorstellungen, die wir von ihr hatten. Freilich, daß die Geschichte so klug sein könnte, auch den Sozialismus zu überwinden, konnte er nicht ahnen. Nicht der sozialistische Einheitsmensch, sondern die in ihren Kulturen und Eigenarten, Traditionen und religiösen Bindungen verwobenen Menschen sind von der Geschichte zur Verantwortung gerufen worden. Die Situation ist unübersichtlicher geworden. Womit sich aber auch neue Gestaltungsmöglichkeiten ergeben. So besteht nun die Möglichkeit, erstmals nach 1945 als Kleinstaat Außenpolitik mit der Chance auf einen gestaltenden Beitrag zu machen, sofern auf die Existenz von Nationalstaaten im herkömmlichen Sinn auch für die Zukunft Wert gelegt wird.

Zahlreiche Aufgaben warten auf eine Lösung. Sie sind in ihrer globalen Dimension vielfach von geradezu existentieller Bedeutung:

- Auf dem Balkan und im Einflußbereich der ehemaligen Sowjetunion bedrohen bewaffnete Konflikte unmittelbar auch unsere eigene Sicherheit.
- Der religiöse Fundamentalismus bedroht die Errungenschaften der Aufklärung und der westlichen Zivilisation.
- Das atomare Gleichgewicht des Schreckens zwischen Ost und West ist einem schrecklichen Ungleichgewicht von mit atomarer Macht ausgestatteten Staaten und deren sicherheitspolitischer Beherrschbarkeit gewichen.
- Die Armut in der Welt nimmt dramatisch zu. Nach fast 50 Jahren ausgeprägten Wirtschaftswachstums in den Industriestaaten lebt eine Milliarde Menschen in einer Situation, mit rund 370 Dollar Jahreseinkommen leben zu müssen.
- Der Machtzuwachs multinationaler Konzerne und ihre Tendenz zu weltweitem Einfluß erschweren die Umsetzung nationalstaatlicher Wirtschaftspolitik und machen eine autonome Beschäftigungspolitik nahezu unmöglich. Geld, Technologien und Fabriken werden nach reinen Profitinteressen weltweit transferiert. Traditionelle Bindungen von Konzernen an ihre Standorte und an die bisherigen Mitarbeiter gibt es nicht mehr. Finanzströme und Handel mit Gütern und Dienstleistungen fallen immer mehr auseinander. Riesige Devisenspekulationen manipulieren die Weltwirtschaft.

  »Wie soll ein technologisch hochkompliziertes transnationales Wirtschaftssystem, das keiner Regierung loyal ist und jenseits der Reichweite jeder staatlichen Regulierung seine Kreise zieht, koexistieren mit den vielsprachigen, hungrigen und unzufriedenen Massen, die eine Weltbevölkerung von acht oder zehn Milliarden bedeuten wird.«[147]
- Die globale Migrationsbewegung läßt für Westeuropa

einen großen Einwanderungsdruck erwarten, auf den kein Industriestaat vorbereitet ist. In den nächsten 15 Jahren werden rund 30 Millionen Menschen nach Westeuropa kommen, 15 Millionen Menschen warten bereits in den Lagern überall in der Welt auf eine neue Heimat. 140 Millionen wohlstandshungrige Bürger warten in Osteuropa auf ihre Chancen, und 280 Millionen Menschen auf dem Territorium der ehemaligen Sowjetunion sind für eventuelle Wanderbewegungen ein unkalkulierbarer Faktor.

Bei der Zunahme der Bevölkerung in den Entwicklungsländern müßten dort jährlich 38 bis 40 Millionen neue Arbeitsplätze geschaffen werden, damit eine Katastrophe ausbleibt. Der Zusammenbruch des Sozialismus, das von ihm verursachte wirtschaftliche Desaster und die ökonomische Reaktion des Westens werden die Wanderungsbewegung zusätzlich verstärken. Ohne Lösung des Problems der neuen Völkerwanderung, die in viel größerer Dimension als die historische Völkerwanderung abläuft, besteht in den europäischen Staaten die Gefahr, daß sich ähnlicher sozialer und politischer Sprengstoff ansammelt, wie ihn die sechs Millionen Arbeitslosen der Weimarer Republik oder die soziale Katastrophe im Österreich der dreißiger Jahre bedeuteten.[148]

Zudem besteht die Gefahr, daß durch die globale Erwärmung und das dadurch bedingte Ansteigen des Meeresspiegels dicht besiedelte Regionen in der ganzen Welt unter Wasser geraten und einen weiteren Wanderungsschub verursachen könnten.

- Der internationale Terrorismus und die Verbrechen der weltweiten Drogenmafia haben neue Bedrohungsbilder entstehen lassen, die traditionelle Sicherheitsrisiken wie nukleare Konflikte oder konventionelle Kriege zwischen Staaten in den Hintergrund treten lassen.[149]

  Die Dimension der globalen Herausforderung sprengt die

bisher vertraute Betrachtungsweise der Konflikte. Nach dem Untergang der Ideologie, wie sie zuletzt mit dem Fall der Sowjetunion augenfällig wurde, bahnt sich eine Kraftprobe der Kulturen der Welt an, wie die Auseinandersetzungen auf dem Balkan beweisen. Tatsächlich ist der Krieg im zerfallenden Jugoslawien dort ausgebrochen, wo über die Jahrhunderte die Kulturgrenze zwischen Morgen- und Abendland verlief. Die Drina markiert in diesem Raum die geistige Trennlinie. Eine Kulturgrenze trennt die kroatische von serbischen Siedlungsgebieten in Kroatien, nur der Sozialismus versuchte sie zu verwischen. In diesem Sinne äußert sich auch Harvard-Professor Samuel Hantington: »The conflict among civilizations will be increasingly central: The West and Islam, Islam and Hindu civilization in India, Islam versus the Slavic-Orthodox-Russian civilization, China and Japan as civilizations.«[150]

Trotz eindeutiger technologischer und wirtschaftlicher Führung läuft die westliche Welt erstmals Gefahr, ihre bestimmende Rolle im internationalen Geschehen zu verlieren. Denn nicht nur der Sozialismus ist am Ende, auch die Welt des liberal-kapitalistischen Modernismus befindet sich in der Krise. Gesellschaftliche Zerfallserscheinungen sind nicht mehr zu übersehen. Vor allem haben die materialistische Orientierung, Gruppenegoismen und überbordendes Anspruchsdenken zu einer verbreiteten Entsolidarisierung geführt. Darüber möge aber jene Politikerklasse lamentieren, die dafür gesorgt hat, daß der Staat sich von der Gemeinschaft solidarischer Bürger zum Selbstbedienungsladen für Funktionäre und zur Interessenagentur für Wohlfahrt und Lebensglück gewandelt hat. Tatsache bleibt, daß die herrschende politische Klasse jene Zustände geschaffen hat, die sie jetzt nicht mehr ändern kann: Die Jugend flieht vor dem Wehrdienst in den zivilen Ersatzdienst, die Alten (»Senioren«) werden in öffentliche Heime abgeschoben, Behinderte sollen in abgesonderten Anstalten tunlichst niemanden belästigen, und

Arbeitslose meinen, daß temporäre Arbeitsgemeinschaft ausreicht, um auf Dauer vom Staat versorgt zu werden. Die zentrifugalen Kräfte der Gesellschaft sind stärker als die zentripetalen. Weder der einzelne noch die Gesellschaft sind in der westlichen Wachstumsgesellschaft gefordert worden. Sie mußten keine Kraft aufbringen, um Krisen zu bewältigen, oder gar Opferbereitschaft zeigen. Eine Gesellschaft, der elementare Tugenden wie Verantwortung, Treue, Pflicht und Selbstachtung abhanden gekommen sind, ist wie Flugsand beim ersten Wind.

Der westliche Modernismus hat es jedenfalls so weit gebracht, daß die Menschen nicht einmal mehr vom drohenden Schicksal ihrer Kinder und Nachkommen berührt sind. Warum zerstört sonst unsere Gesellschaft so brutal und gleichgültig die ökologischen Grundlagen der menschlichen Existenz? Eher will sie noch einen »airstrip« für Flugzeuge oder eine Parkgarage aus solidem Beton als eine Wiese zum Spielen für Kinder oder reines Wasser in unberührter Natur. Die Konsumideologie hat auch die Reste von Gemeinsinn, Einsicht und Verantwortung drastisch reduziert. Wir sägen ständig am noch grünen Ast, auf dem wir sitzen. »Die Hypokrisie der öffentlichen Moral, die jederzeit tolerierte . . .: die Verhöhnung des Eros, die Verhöhnung des Soldaten, die Verhöhnung von Kirche, Tradition und Autorität, sie darf sich nicht wundern, wenn ihre Worte in der Not kein Gewicht mehr haben.«[151]

Man denke nur an das geistige Umfeld der deutschen Wiedervereinigung: Sie offenbart die gesellschaftlichen Defekte, den Verlust an geistiger Bindung, deren Überwindung für die ökonomische und soziale Wiedervereinigung so wichtig wäre – und noch ist. »Nein – so haben wir uns die Vereinigung unseres Volkes wirklich nicht vorgestellt«, klagt Exkanzler Helmut Schmidt. Inzwischen muß er erkennen, wie blind für die Gebundenheit in der Schicksalsgemeinschaft eines gemeinsamen Volkes die Jahrzehnte des Wohlstandes gemacht haben.[152]

Egoismus, Bindungslosigkeit und die Fiktion einer universalen, multikulturellen Weltgesellschaft als geistige Irrlichter der Aufklärung des 18. Jahrhunderts haben dazu geführt, daß es der politischen Klasse in den meisten westlichen Staaten heute an geistiger Orientierung und nationalem Verantwortungssinn mangelt. Mag sein, daß es den Exponenten der »Aufklärung« bis zum heutigen Tage moralisch vertretbar erscheint, das in der anonymen Gesellschaft atomisierte Individuum in eine »universale Menschheitsrepublik«[153] zu führen. Das Ergebnis spricht nicht dafür: Moral ohne Vernunft, Vernunft ohne Einsicht in die Zusammenhänge des Lebens. Das alles muß in die Sackgasse führen. Denn die Geschichte ist durch die Existenz von Sprachgemeinschaften, Kulturen, Völkern und ethnischen Gruppen bestimmt. Dabei mag es für die Politiker wenig tröstlich sein, daß in dieser weltgeschichtlich bedeutenden Phase auch die Ausstrahlung der christlichen Religionsgemeinschaften, die das abendländische Geistesleben wesentlich mitgeprägt haben, ebenfalls bescheiden ist. Innerkirchliches Gezänk um den Zölibat oder weibliche Ministranten beziehungsweise sozialistische Agitation in kirchlichen Gemeinschaften verstellen den Blick auf das Wesentliche: Die Herausforderung des mit der Idee der Freiheit und Würde der Person verwobenen Christentums durch fundamentalistische Religionen und die multikulturellen Utopien.

»Ich glaube, jenseits aller intellektuellen Spielereien – und Intellektuelle neigen immer zu Spielereien und zu Abstraktionen und Konstruktionen –, die große Masse der Menschen, also 95 Prozent, brauchen Geborgenheit. Sie brauchen die Geborgenheit ihrer eigenen Familie, der größeren Familie und ihrer Freunde, der Menschen, mit denen sie täglich umgehen, auf die sie sich verlassen können. Sie brauchen zweitens die Bindungen an die Heimat, in der sie groß geworden sind, in der sie leben und leben wollen. Sie brauchen drittens die Geborgenheit der Nation. Dies ist gemeinsam bei allen europäischen Völkern.«[154]

Weil gegen die Geschichte nicht Politik gemacht werden kann, waren die gewaltigen Revolutionen in Europa seit 1918 unvermeidbar. Unhistorische Ansätze zu einer neuen Weltordnung à la Versailles, Saint Germain, Neuilly, Sèvres und dann Jalta waren zum Scheitern verurteilt. So wie Hitler eine neue rassisch geprägte Weltordnung schaffen wollte, so war die Zeit nach ihm vom Zustand einer Art »Weltbürgerkrieg« (Ernst Nolte) zwischen zwei internationalistischen Utopien geprägt: der universalen Einheitswelt des Marxismus/Leninismus mit seiner totalitären Praxis und der liberal-kapitalistischen Weltordnung mit ihrem kulturlosen Individualismus. Beiden ist das Ziel gemeinsam, die Nation aufzuheben. Dieses Ziel wurde nicht erreicht. Die Völker und Nationen melden sich heute stärker denn je zurück, allerdings muß ihr Wert dem der Freiheit und den Grundrechten ihrer Bürger untergeordnet werden. Aber die Nation als Sprach-, Schicksals- und Kulturgemeinschaft ist ein lebendiger, stets aufs neue erfahrbarer Gemeinschaftsbezug der Bürger.

Daraus folgt, daß das vielfach verkündete Ende der Nationalstaaten heute und morgen nicht eintreten wird. Zwar hat die Nationalstaatsidee des 19. Jahrhunderts in ihrer wahnwitzigen Übersteigerung zu den europäischen Katastrophen im 20. Jahrhundert beigetragen, aber auf der anderen Seite werden die Nationalstaaten von heute als Angelpunkt für eine Friedensordnung in der Welt vorläufig noch gebraucht. Der Biologe und Verhaltensforscher Irenäus Eibl-Eibesfeldt:

»Verschiedene Ethnien koexistieren am besten, wenn jede über ihr eigenes Siedlungsgebiet verfügt, in dem sie ihre Geschicke selbst bestimmt. Dann kann jede Gruppe ihre Lebensform einschließlich ihrer Fortpflanzungsstrategie selbst bestimmen. Solange eine Gruppe nicht die andere bedrängt, kann freundschaftliches, kooperatives Miteinander durchaus erreicht werden. Wenn Menschen Vertreter anderer Kulturen nicht als Konkurrenten fürchten müssen, dann schätzen sie ja deren kulturelle Errungenschaften und genießen deren Anderssein als reizvolle Variante. Erst die Angst um die eigene Identität verschüttet die Freundlichkeit, und sie steht an der Wurzel des Gruppenhasses, der bis zum Irrsinn des Völkermordes führen kann. Auf der Basis einer regionalen Verwurzelung können auch verschiedene Ethnien in einem multinationalen Staatsgebilde in einer freundschaftlichen Föderation verbunden sein. Es muß nur sichergestellt sein, daß keine Ethnie über die andere dominiert. ... Man verschenkt nicht die Zukunft seiner Enkel, auch nicht aus humanitären Gründen. Wer alle Welt umarmt und darüber seine Angehörigen vergißt, handelt nicht human ...«[155]

Die Menschen sind heute skeptischer denn je gegenüber allen machtpolitischen und bürokratischen Großorganisationen. Politische Jura-Saurier haben in einer Welt von Bürgern, die Eigenverantwortung tragen und Selbstbestimmung üben wollen, nichts verloren. Bezeichnend für diese Grundstimmung sind nicht zuletzt auch die kritischen Reaktionen der Bürger in den Mitgliedstaaten der EG zum Thema Maastricht. Leopold Kohr als Philosoph der Freiheit und Verfechter des »Kleinen« spricht treffend im Zusammenhang mit den großbürokratischen EG-Konzepten vom »Lawinengeist«, der beständig zunehme und »dessen Stärke in der Einstimmigkeit des Irrtums« liege: Mit der Größe wüchsen die Probleme überproportional und seien folglich nur noch durch noch mehr Größe zu lösen.[156]

Der Nationalstaat ist heute der Kristallisationspunkt in der Welt der politischen Mächte. Es ist schon denkbar, daß sich die Autorität differenziert und zum Teil nach oben und unten verlagern wird: »Die Nationalstaaten von heute sind für die

Lösung der großen Probleme zu klein und für die Lösung der kleinen Probleme zu groß. Doch auch der Regionalismus kommt ohne die Nationalstaaten nicht aus, zumindest dort nicht, wo ethnische Rivalitäten und umkämpfte Grenzen regionale Differenzen anheizen.«[157]

In dieser Richtung argumentierte auch Hannah Arendt in ihrem Buch *Ursprünge und Elemente totalitärer Herrschaft*, wonach es ohne den Nationalstaat als Rechtsstaat keine Instanz gebe, die die Menschenrechte wirksam verteidigen könne. Wie man die Dinge auch betrachtet: Die Friedensordnung in Europa hängt zumindest primär von den Nationalstaaten und ihrem Zusammenwirken ab. Sie sind der tragende Kompromiß in einer Umbruchsituation, um dem Menschen Frieden und Freiheit zu schaffen und ihn zugleich in die Pflicht gegenüber der Gemeinschaft zurückzurufen. »Es mag in der Tat eine gewisse Erosion in der Macht des Nationalstaates in den letzten Jahrzehnten gegeben haben, aber er bleibt immer noch der primäre Ort der Identität für die meisten Menschen.«[158]

Ich habe den Nationalstaat bewußt als – allerdings notwendigen – Kompromiß bezeichnet. Denn die Alternativen sind nicht ermutigend. Was ist denn auf internationaler, supranationaler Ebene geleistet worden, daß man daraus den Schluß ziehen könnte, Friede und Freiheit der Menschen und Völker wären besser in den Händen internationaler oder supranationaler Organisationen aufgehoben? Die EG, die angeblich so gerne auch eine politische Union würde, hat in Bosnien kläglich versagt. Die Engländer und Franzosen haben monatelang nur in alten historischen Schablonen gedacht und dadurch den Völkermord begünstigt.

Der Vance-Owen-Plan war die letzte Ölung für das bosnische Volk. Wahrscheinlich hat der gebürtige Grieche Vance ebenso im Schutze internationaler Legitimation griechische Sonderwünsche befördert, wie die Engländer Waffen und die Holländer Kerosin nach Serbien in »wohlverstandenem« Eigeninteresse verkauft haben. Was konnte die KSZE im jugoslawischen Völkerschlachten bewirken, und wie vordergründig hat sich die UNO aus der Verantwortung am Balkan herausgehalten? Als ich den UNO-Generalsekretär Boutros Boutros-Ghali anläßlich seines Besuches im österreichischen Parlament befragte, warum denn die UNO einerseits mit kollektiven Sicherheitsmaßnahmen am Persischen Golf zur Rettung eines korrupten Scheichtums mit großer Militärmacht eingegriffen habe und andererseits auf dem Balkan dem Geschehen passiv zuschaue, antwortete er ausweichend. Auf dem Balkan handle es sich um einen Bürgerkrieg. Deshalb sehe man keine Veranlassung, sich in innerstaatliche Angelegenheiten einzumischen.

Denken wir aber auch über die ökonomischen Problemlösungskapazitäten der supranationalen Organisationen nach. Die europäische Entwicklungsbank (Ost-West-Bank) hat mit den Milliarden, die Osteuropa gegeben wurden, bisher nichts bewegt, außer daß der französische Präsident dieser Bank nach Auffliegen seiner Verschwendungssucht seinen edlen Hut nehmen mußte und daß mit Geldern dieser Bank östliche Mandarine, die sich in der nachkommunistischen Ära als anpassungsfähig erwiesen haben, zu beachtlichem Wohlstand gekommen sind. Die Not der Menschen in diesen Ländern freilich ist nicht gemindert worden.

Oder entsinnen wir uns der jährlichen Milliardenverschwendungen in gewissen EG-Fonds durch Korruption, Bestechung und Mißwirtschaft (vier Milliarden Schilling versikkern jährlich aus den EG-Fonds in dunkle Kanäle). Auch diese kriminellen Machenschaften sind ein Teil der EG-Realität.

Aber auch die jüngste Krise des Währungssystems EWS enthüllt mit schonungsloser Offenheit, daß nur eine durch die Kraft der nationalen Volkswirtschaft gestärkte Finanz- und Währungspolitik einerseits und strenge nationale Regelungen gegen die Insiderspekulation andererseits weiteres Unheil werden verhindern können. Das ganze EWS ist heute Spielball einer Handvoll Spekulanten in der Welt, die innerhalb von Stunden Milliardengewinne machen und nationale Währungen ruinieren.[159] Spekulanten können aber auch hoch verlieren.

Es ist beruhigend, daß sich in Anbetracht dieser Tatsachen die Bürger nicht länger Sand in die Augen streuen lassen. Die Menschen wollen weder unter einer wie immer gearteten Weltregierung leben noch sich mit Haut und Haar der EG-Problemgemeinschaft verschreiben. Das müßte die politische Klasse endlich einmal zur Kenntnis nehmen. Man kann doch nicht ein Europa der Bürger proklamieren, ohne die Bürger überhaupt zu fragen. Die Classe politique leidet heute unter einem pathologischen Realitätsverlust und nimmt begründete Sorgen und Ängste der Bürger einfach nicht zur Kenntnis. Eine Abstimmung über die Aufgabe der D-Mark oder des Schillings oder eine Abstimmung darüber, ob ein weiterer Ausländerzuzug stattfinden soll, würde für die herrschende Klasse zum Debakel werden. Trotzdem lenkt sie die Politik in diese Richtung. Wenn es schon auf nationaler Ebene so schwierig ist, die Mächtigen zur Räson (d. h. zur Vernunft!) zu bringen, um wieviel schwieriger muß das erst sein, wenn diese, dem Bürger entzogen im supranationalen Olymp, die Interessen ihrer Völker aufs Spiel setzen und sie wider den demokratischen Volkswillen zu etwas verpflichten.

9

Schmalspur-EG oder ein freiheitliches Europa

Zwei Weltkriege, die vor allem viel Leid über die Völker Europas brachten, haben die Richtigkeit, ja Notwendigkeit des Ziels eines vereinten Europa nur allzu deutlich gemacht. Bis zum Wendejahr 1989 gab es für europäische Politik allerdings überhaupt keine realistischen Alternativen und Perspektiven: Seither drängt dafür die Entscheidung, wohin Europa steuern soll. Viele wollen nicht wahrhaben, daß nichts mehr so ist, wie es war. Seit 1989, mit dem Fall der Berliner Mauer, gibt es die alte Ordnung nicht mehr, doch wir haben keine neue. Die alte Ordnung war eine Zwangsordnung, nicht nur für den sowjetisch dominierten östlichen Teil Europas, auch für den Westen. Weil das freie demokratische Europa in seiner wirtschaftlichen und kulturellen Entfaltung geographisch stark beschnitten war und die oberste Maxime allen politischen Handelns auch im Westen immer eine militärische sein mußte: die Erhaltung des »Gleichgewichts des Schreckens«. Laufen wir nicht Gefahr, vom Regen in die Traufe, nämlich ins Ungleichgewicht gefährlicher Instabilität zu geraten?

Mit dem Zusammenbruch des realen Sozialismus hat sich die Freiheit durchgesetzt. Wieviel ist sie wert ohne wirtschaftliche, soziale und politische Stabilität? Die Freudentränen der Jahre 1989 und 1990 waren berechtigt, die Freiheit wurde errungen. Jetzt heißt es, sie zu erhalten und zu festigen. Auf dem Balkan wurde dies, so kurz nach der Erringung der Freiheit, schon außer acht gelassen. Wenn es nicht bald zu einem Umdenken in der europäischen Politik kommt, nämlich hin zu einer Priorität für gemeinsame Freiheit in Sicherheit, wird der Krieg auf dem Balkan nur der Schneeball für die kommende Lawine gewesen sein.

Etwa gleichzeitig mit dem Zusammenbruch des Sozialismus wurde die westeuropäische Integration vorangetrieben: 1987 mit der Einheitlichen Europäischen Akte, 1991 mit dem Vertrag von Maastricht. Es war kein zufälliger zeitlicher Zusammenfall, sondern ein gewollter. Je schwächer das eine System, die Planwirtschaft, wurde, desto stärker sollte das andere, erfolgreichere, die Marktwirtschaft, werden. Perestroika als letzter Ausweg auf der einen, Schaffung des Binnenmarkts auf der anderen Seite; Untergang des Warschauer Pakts mitsamt seinem wirtschaftlichen Unterbau Comecon auf der einen, Proklamation des politischen Überbaus zur Wirtschafts-EG, der »Europäischen Union«, auf der anderen Seite. Manche westlichen Politiker mögen glauben, dies sei die Krönung ihres bisherigen Weges, die Frucht ihres Siegs. Ob sie aber zukunftsweisend gehandelt haben, ist zu bezweifeln. Denn sie haben dabei, bewußt oder unbewußt, übersehen, daß der unbestritten bessere Teil der alten Ordnung noch lange keine neue Ordnung ergibt. Vor allem: Je höher die Latte der Integration gelegt wird, desto weniger kompatibel werden die wirtschaftlichen und sozialen Verhältnisse im Osten und im Westen. Ralf Dahrendorf brachte die Kurzsichtigkeit dieser Art von Integration auf den Punkt: Er meinte, in Maastricht hätten Regierungschefs, die mit ihrem Latein am Ende gewesen seien, nicht die Vereinigung, sondern die Spaltung Europas beschlossen.

Es fällt auf, daß nach den bisherigen EG-Verträgen jeder demokratische Staat mit marktwirtschaftlichem System grundsätzlich das Recht hatte, Mitglied der Europäischen Gemeinschaft zu werden. Als sich die Ostöffnung ergab, reagierten die EG-Politiker ein Jahr später mit Maastricht, der das EG-Europa als Westfestung festschrieb und von der grundsätzlichen Offenheit für neue marktwirtschaftliche Demokratien nichts mehr wissen wollte.

Überbrücken und vereinigen oder eine neue Kluft schaffen, diese Optionen bestanden seit langem. Schon die Diskussionen um den Binnenmarkt, die Einheitliche Akte, drückten sich um die Entscheidung herum: Vertiefung oder Erweiterung der Europäischen Gemeinschaft? Beides, lautet das Lippenbekenntnis der Politiker. Wobei man immer wissen mußte, daß beides gleichzeitig nicht geht. Die unausgesprochene Entscheidung fiel zugunsten Vertiefung und gegen die Länder Osteuropas. Ihren stärksten Ausdruck fand sie bei denen, die EWR und Maastricht miteinander verknüpften. Wir wollen die politische Union, aber selbst die EFTA-Staaten müssen von der Teilnahme abgehalten werden. Der Kommissionspräsident und französische Sozialist Jacques Delors schuf mit dem EWR ein geniales Unterwerfungsinstrument. Die EWR-Staaten der EFTA übernehmen das EG-Recht und zahlen Beiträge, mitbestimmen dürfen sie nicht; man gaukelt ihnen die Teilnahme an einem Binnenmarkt vor, obwohl sie nicht einmal eine Zollunion erhalten. Wie soll bei einer Geisteshaltung, die sogar dazu führt, die im Durchschnitt wirtschaftlich weit höher als die EG entwickelten EFTA-Staaten fernzuhalten, ein vereintes größeres, wenn möglich gesamtes Europa entstehen? Ganz wohl ist Delors aber nicht mehr in seiner Haut. In einer Rede, die er am 29. August 1993 in Lorient gehalten hat, meint er, die Arbeitslosigkeit nehme verheerende Formen an und der soziale Besitzstand sei bedroht. Zentralismus, Bürokratismus und Unterwerfung sind noch keine Garantien für einen europäischen Erfolg, müßte man im Gegenzug an seine Adresse richten.

Jacques Delors ist nur einer, wenngleich ein herausragender Vertreter dieser Denkschule, die in Wahrheit ausschließlich auf eine »Vertiefung« zielt. Die Motive, die dazu geführt haben, sind vielschichtig. Das Beharrungsprinzip von Bürokratien auf »Erreichtem« und deren Unwille zur Reform sind zweifellos auch dem Brüsseler Apparat immanent. »Vertiefung« ist auch nichts anderes als Machtzuwachs für die Kommission und den Zentralapparat. Politische Unterstützung durch Mitgliedstaaten für diesen Kurs ergibt sich zumindest unterschwellig daraus, daß reichere Mitglieder fürchten, bei einer »Erweiterung« noch mehr geben zu müssen, um ärmere Mitglieder zu erhalten.

Letztendlich mag aber auch die Angst vor nationalem Denken eine Rolle gespielt haben. Das Nationalbewußtsein in den osteuropäischen Staaten hat sich als stark genug erwiesen, die kommunistische Diktatur zu überdauern. Derartige Tendenzen kommen der Delors-Philosophie einer europäischen Einheitskultur ins Gehege. Gerade die Franzosen zeigen in ihrem Verhalten gegenüber den Bretonen und Korsen ihr gestörtes Verhältnis gegenüber dem Streben nach nationaler Identität und ethnischer Vielfalt. Wer jedenfalls erwartet hatte, daß nach dem Zusammenbruch des realen Sozialismus im Osten eine gesamteuropäische Aufbruchsstimmung Platz greifen würde, wurde bitter enttäuscht. Es fehlt an der Vision von einem befreiten Europa. Der Westen hat sich in Anbetracht der großen Probleme im Osten rasch eingeigelt.[160] Für die EG ist Europa primär ein ökonomischer Begriff. Das ist ein eklatanter Widerspruch zu der Tradition des Abendlandes. Europa ist mehr. Europa ist in erster Linie ein kultureller Begriff. Der vorherrschende Materialismus hat die Dürftigkeit des europäischen Geisteslebens offenbart, das sich in der Tendenz als oberflächliche, amerikanisierte Einheitskultur darstellt. Von Bestand wird und kann aber nur ein Europa sein, das der Buntheit und Vielfalt in der besten Tradition des Reiches Karls des Großen gerecht wird.

Realpolitisch wesentlich bedeutender, obwohl stets bestritten, ist aber ganz gewiß das Festhalten an Nachkriegs-Denkmustern. Die Haltung von Frankreich und England im serbischen Aggressionskrieg veranschaulicht dies. Die territoriale Integrität Kroatiens, das ein Drittel seines Gebietes an Serbien verloren hat, ist kein Thema. Dem serbischen Völkermord in Bosnien sieht man zu. Alles politische Handeln ist auf Zeitgewinn ausgerichtet, und dieser kommt unzweifelhaft Serbien zugute. Diese Haltung von London und Paris wird um so auffälliger, als sie, allen Meinungsumfragen zufolge, von der Mehrheit der Briten und Franzosen gar nicht geteilt wird. Daraus läßt sich wohl ableiten, daß in diesen Staaten – und nicht nur in diesen Staaten – Politiker das Sagen haben, die über die Prinzipien von Freiheit, Demokratie und Menschenrechten hinweg an Beständen festhalten, die sie in Friedensverträgen, bei denen die Völker nicht gefragt wurden, errungen haben. Im konkreten Fall des ehemaligen Jugoslawien handelt es sich geradezu um eine franko-britische Schöpfung der Pariser Vorortverträge von 1919/1920. Entscheidungsträger denken so, die Mehrheit der Bürger aber längst nicht mehr: Hier herrscht dringender politischer Nachholbedarf.

Die EG ist das Produkt eines Nachkriegseuropa, das in den Dimensionen von Macht und Einfluß des Kalten Krieges verharrt und nicht Freiheit, Frieden und Sicherheit für ganz Europa vorrangig erstrebt. Im Maastricht-Europa kann kein einziges Bürger- oder Menschenrecht geltend gemacht werden. Wer das will, muß zum Europarat gehen. Gerade aber eine Wertegemeinschaft, als die sich die EG gerne bezeichnet, müßte alle Zweifel über die Geltung und Durchsetzbarkeit von Bürger- und Menschenrechten beseitigen. Eine wichtige Chance, glaubhaft für eine Freiheitsordnung auf der Grundlage des Selbstbestimmungsrechts und gegen Aggression einzutreten, wurde jedenfalls schon versäumt.

Politische Defizite, am stärksten natürlich in der Sicherheitspolitik, können nicht auf Dauer mit der Unfähigkeit aufgrund struktureller Mängel, noch nicht vorhandener Mechanismen und mit ähnlichen Ausflüchten erklärt werden. Niemand versteht, warum etwas gegen Saddam Hussein möglich sein soll, gegen Milošević UNO-aktenkundige Kriegsverbrecher jedoch nicht. Durchsichtige Motive machen Politik brüchig. Instabilität ist die Folge. Auf einem Fundament von Heuchelei kann es kein stabiles Haus Europa geben. Es wäre daher an der Zeit, ehe es zum generellen Glaubwürdigkeitsverlust der bestehenden europäischen Strukturen kommt, diese offen und ehrlich zu durchleuchten. Auch die EG war und ist lediglich ein Mittel zum Zweck und muß, um neuen Zwecken gerecht zu werden, diesen angepaßt werden.

Die EG ist einer ganz bestimmten politischen Konstellation entsprungen, der Traum vom vereinten Europa war dabei bestenfalls nachgeordnet. Auch damals hatte Sicherheit (u. a. vor Deutschland) Priorität, was man heute zu vergessen scheint. Nach dem an Frankreich gescheiterten Versuch, eine europäische Verteidigungsgemeinschaft zu gründen, setzte sich die NATO durch, 1955 mit dem Beitritt der Bundesrepublik Deutschland. Zwei Jahre später schuf man die EWG, in erster Linie zur Festigung der Sicherheitsgemeinschaft. Das blieb bis in die achtziger Jahre so, denn auch für die »Süderweiterung« um Griechenland, Spanien und Portugal war die NATO-Mitgliedschaft ausschlaggebend, für Spanien Bedingung. Eine Kernfrage dabei war natürlich auch die »deutsche Frage«, für de Gaulle »die europäische Frage schlechthin«.[161] Aber ob es, wie heute oftmals hochstilisiert wird, um die endgültige Beilegung der deutsch-französischen Rivalität ging, darf bezweifelt werden, denn wie Mitterand vor einigen Jahren erklärte: Eine deutsch-französische Erbfeindschaft habe es nie gegeben, Frankreichs historische Erbfeinde seien zwei gewesen: England und Österreich. Ist es ein Zufall, daß sich Frankreich so lange dem EG-Beitritt der Briten widersetzte und Jahrzehnte danach auch dem Österreichs?

Deutschlands Wahlmöglichkeiten waren 1955 wie auch 1957 in Wahrheit gering. Frankreich dürfte – nicht nur als Lippenbekenntnis – tatsächlich die »Freundschaft« und weniger die nicht einmal ein Jahrhundert alte »Feindschaft« im Auge gehabt haben. Die Freundschaft hat heute einen symbolhaften Ausdruck auf der EG-Währung, dem Ecu, gefunden: durch das Porträt Karls des Großen.

Die deutsch-französische Freundschaft ist gut und wertvoll. Für Frankreich ist sie auch geopolitisch bestimmend. Aber sie ist als Basis für ein neues Europa zu wenig: weil an Frankreichs Ostgrenze Mitteleuropa erst beginnt.

Solange die Freiheit an der Mauer mitten in Berlin endete, war dies kein Problem. Eine deutsch-französische Kern-EG entsprach dem Zentrum der alten politischen Geographie. Wenn jedoch in einem freien Europa Deutschland in einen Konflikt zwischen seinen westlichen und seinen östlichen Interessen gerät, kann dies auch kaum französischen Interessen förderlich sein. Diese Überlegungen hat man jedoch in Paris und Brüssel offenbar noch kaum angestellt. Dort herrscht scheinbar das alte, seit Richelieu tradierte Hegemonialdenken zumindest unterschwellig noch vor.

Das Festhalten an einer Europäischen Gemeinschaft in ihren Grenzen, die eben einer ganz besonderen Konstellation entsprachen, ist heute gefährlich kurzsichtig. Westeuropa ist noch nicht Europa, und eine Maastricht-Union wäre, sollte sie verwirklicht werden, eine »kleineuropäische Lösung«, wie es der ehemalige UNO-Botschafter der Bundesrepublik Deutschland, der Sozialdemokrat Hans Arnold, treffend formulierte. Nimmt man den Kompetenzzuwachs für Brüssel hinzu, wäre es auch eine ausgesprochen zentralistische Lösung. Heute, da jahrzehntelang unterdrückte Konflikte erneut hervortreten, sich uralte Kulturgrenzen wieder manifestieren, sei es die zwischen Rom und Byzanz, die das ehemalige Jugoslawien durchtrennt, sei es diejenige zwischen Österreich und Ungarn, die die Tschechoslowakei wieder geteilt hat, sollten die Erfahrungen aus der Geschichte nicht leichtfertig und überheblich beiseite getan werden. War es so vernünftig, das alte föderalistische Heilige Römische Reich, dann den Deutschen Bund zugunsten einer zentralistischen »kleindeutschen Lösung« aufzugeben?

Die Welt wird kleiner: Großeuropäer sind nun gefragt. Die Kleineuropäer könnten zwar kurzfristig sehr stark werden, aber möglicherweise um den späteren Preis, die Geschichte in einem ganz anderen Maßstab noch einmal durchzumachen.

Eine Hauptursache für die wahnwitzige Radikalisierung in der Zwischenkriegszeit und dem folgenden Weltkrieg war, daß die Sieger des Ersten Weltkrieges Deutschland, Österreich und damit einen großen Teil Mitteleuropas kaum leben lassen wollten. Wenn heute die »Sieger« des Kalten Krieges, mit Ausnahme der Deutschen, Osteuropa keine effektive Hilfe angedeihen lassen sollten, wären wiederum verhängnisvolle Entwicklungen zu befürchten.

Wirtschaft ist kein Selbstzweck, Produktivität macht allein nicht glücklich, Wachstum und Freihandel sichern noch nicht den Frieden. Freiheit, Frieden und Wohlstand – und zwar in dieser Reihenfolge der Wertigkeit – sind es, die das Ziel des gemeinsamen politischen Strebens sein müssen. Die Freiheit ist da, der Frieden schon nicht mehr. Die Sicherheit Europas beruhte bis zum Wendejahr 1989, auch wenn dies zynisch anmutet, auf der »Komplementarität« von NATO und Warschauer Pakt, auch die Sicherheit der Neutralen und Blockfreien. Dieser Doppelschutzschirm fehlt.

Was das neue Europa am dringendsten braucht, fehlt nach

wie vor: eine funktionierende Sicherheitspolitik. Die WEU ist entgegen allen Beteuerungen eine reine Briefkastenfirma, die nichts bewegt. Selbst die der WEU von der UNO aufgetragene Überwachung der Einhaltung der UN-Resolutionen auf dem Balkan kann von dieser nicht besorgt werden, ohne dabei auf die logistische und organisatorische Hilfe der NATO zurückzugreifen.

An die friedenssichernde Wirkung von UNO und KSZE glauben wohl nicht einmal deren Bedienstete. Zu einem eigenen, neuen europäischen System kollektiver Sicherheit bekennen sich alle, aber keiner nimmt es in Angriff. Auch die Ausrede, hätte man eine gemeinsame Außen- und Sicherheitspolitik und die »nötigen Zuständigkeiten« (Kanzler Kohl), so gäbe es keine Probleme am Balkan, ist falsch. Die Ursache für das europäische Dilemma am Balkan sind die einander widerstreitenden Interessen innerhalb der EG, nicht die organisatorischen Zuständigkeiten. Der Umbau der NATO zu einem den Frieden sichernden Interventionsinstrument wurde zwar bereits 1992 in Rom eingeleitet, für Optimismus besteht jedoch kein Grund: Es ist vielmehr zu befürchten, daß politischer Dissens das bisher erfolgreichste Verteidigungssystem, die NATO, über den Umweg des erfolglosesten, der UNO, lahmlegt. Die sicherheitspolitische Lage ist also mehr als besorgniserregend, ihr müßte die politische Priorität eingeräumt werden. Dies haben die EG-Staaten bislang versäumt. Auch die Bestimmungen des Maastricht-Vertrags über eine gemeinsame Außen- und Sicherheitspolitik sind wohl viel eher geeignet, Probleme zu schaffen, als Lösungen zu finden.

Was die EG heute also tatsächlich in ein neues Europa einbringen kann, ist im Grunde lediglich das wirtschaftliche Element. Die anderen Bauteile für ein Fundament fehlen, die diesbezüglichen Ideen in der EG hinken der Realität nach oder gehen ins Leere. Der Premierminister der Tschechischen Republik, Václav Klaus, hat dies unverblümt zum Ausdruck gebracht: »Die Ideen, die die heutige Situation in der EG widerspiegeln, waren die Ideen von gestern und von vorgestern, manchmal sind sie sogar noch älteren Ursprungs.« Auch Klaus ist alles andere als ein EG-Gegner, doch ist es wohl bezeichnend, daß der Regierungschef einer der wirtschaftlich erfolgreicheren neuen Demokratien Europas den Stellenwert des EG-Bestandes so realistisch einzuschätzen vermag: Ohne Umbau der EG wäre diese selbst für die Tschechische Republik keine Zukunftslösung.

Die EG ist ein Baustein für ein vereintes Europa, aber nicht mehr als das. Es fragt sich, ob man die für den weiteren Bau erforderlichen Anpassungen besser von innen oder von außen erwirkt. Selbst Klaus scheint diesbezüglich nicht entschlossen. Er wolle sich die Entwicklung der EG noch anschauen, und er wolle von innen mitgestalten: Diese beiden unterschiedlichen Auffassungen äußerte er innerhalb eines sehr kurzen Zeitabstands. Wenn man seine sonst höchst konsequente liberale Linie kennt, kann kein Zweifel bestehen, daß es sich bei dieser ambivalenten Haltung nicht um Wankelmut, sondern um einen Prozeß sorgfältigen Abwägens handelt. Letztlich geht es um die Frage, ob die Flexibilität der freien Entscheidung kleinerer Mächte nicht rascher zu einem Erfolg für das Ganze führt als die große Entscheidung, die sich aufgrund der Trägheit und der Heterogenität der Interessen in der EG kaum oder immer nur sehr verwässert verwirklichen läßt.

Der Irrtum von Maastricht

Von Beginn an war die EG ohne Teilung Europas, ohne den Überbau durch die NATO und ohne die atlantische Achse nicht denkbar und auch gar nicht auf allumfassende Kompetenzen ausgelegt. Die Römischen Verträge hatten auch keine anderen Ambitionen, als zu einem größeren Ziel beizutragen, durch die Freiheiten in einem Wirtschaftsverband. Dementsprechend klein und straff wurden auch die Strukturen ausgelegt, das Problem einer ausreichenden Mitsprachemöglichkeit stellte sich bei einer Sechser-Gemeinschaft kaum. Es stellt sich aber schon zunehmend durch die Aufnahme neuer Mitglieder und erst recht durch die Übertragung, formal oder faktisch, neuer Kompetenzen an Brüssel. Wenn heute die Kritik an der EG in der EG zunimmt, ist dies auf folgendes zurückzuführen: Divergierende Interessen der Mitglieder wurden oft dadurch überbrückt, daß man die Kommission gewähren ließ, der zunehmend schwierigere Konsens ließ das Mehrheitsprinzip immer attraktiver erscheinen, was sogar als demokratische Entwicklung der Gemeinschaft verkauft werden konnte. In Wirklichkeit verlief die Entwicklung natürlich umgekehrt: denn bei einem Machtzuwachs in einer »demokratisch« organisierten Zwölfer-Runde von Ministern kommt die echte Demokratie, nämlich die des Bürgers, und deren konstitutionelles Rückgrat, die Gewaltenteilung zwischen Legislative, Exekutive und Jurisdiktion, unter die Räder. Brüssel bestimmt, sei es die Kommission, sei es die Ministerrunde, zu oft über die Köpfe der Bürger hinweg. Das Schlüsselwort »Demokratiedefizit« ist nicht neu. Mit der Einheitlichen Akte, bei der man sich im wesentlichen noch immer auf den Wirtschaftsbereich beschränkt hatte, wobei die volle Verwirklichung der vier Freiheiten – Waren, Kapital, Personen, Dienstleistungen – natürlich schon tief in andere Bereiche greift, ging man bis an die Grenze. In Maastricht hat man sie überschritten.

Intime Kenner der Brüsseler Szene gehen schonungslos mit dem Vertrag von Maastricht ins Gericht: »Brüssel wird getragen von der Grundidee der Metternichschen Kabinettspolitik, der Geheimdiplomatie, und es hat Elemente des kommunistischen Zentralismus«[162], so Manfred Brunner. Nicht anders geht es Ralf Dahrendorf, der im britischen Oberhaus die Ratifikation des Vertrages von Maastricht so erklärte: »Ich war nicht gegen die Ratifikation von Maastricht . . . aber Ratifizierung in der Hoffnung, daß dann der Mantel des Schweigens darüber ausgebreitet wird. Denn was wir brauchen, sind klare Politiken in wenigen, aber zentralen Bereichen.«[163]

Wer ganz Europa als Friedensordnung im Auge hat, sollte nicht glauben, daß die neuen Demokratien die gewonnene Freiheit sofort wieder an einen neuen bürokratischen Überstaat abgeben wollen. Maastricht ist die falsche Antwort für Europa. Ein Europa, das am Willen der Bürger vorbei oder sogar gegen die Bürger gerichtet werden soll, ist undenkbar. Vor allem dann, wenn Maastricht als eine Art Disziplinierungsinstrument gegenüber Deutschland eingesetzt werden soll. *Le Figaro* sagte es ohne Umschweife: »Maastricht ist Versailles ohne Krieg! Ein klägliches Konzept, das alle Europäer, die Frieden, Freiheit und Demokratie wollen, beleidigt.« Ralf Dahrendorf hat recht, daß über diesen Vertrag besser der Mantel des Schweigens gebreitet werden sollte. Maastricht zeigt die geistige Mittelmäßigkeit der europäischen Führungselite. In der Schrecksekunde der europäischen Öffnung baut man das eigene EG-Haus, dessen Statik nicht mehr stimmt, rasch fertig, in der Hoffnung, die politische Baupolizei entdeckt die Grundfehler und Defekte dieses Hauses nicht.

Die Verwirklichung einer Wirtschafts- und Währungsunion ist am Ende natürlich nur bei völliger Aufgabe jeglicher nationaler Wirtschafts- und Finanzpolitik vorstellbar. Aber nicht nur das; auch ohne vereinheitlichte Sozialpolitik ist sie nicht denkbar. Nicht zufällig findet sich daher im Maastricht-Vertrag die zentrale Sozialkompetenz auf seiten Brüssels wieder. Die neuen Bereiche der Außen- und Sicherheitspolitik enthalten kein konkretes System, etwa mit Mandat und Beitrags- bzw. Beistandsverpflichtung aller Mitglieder, dafür komplizierte Verfahren, selbst mit Mehrheitsentscheidungen: also mehr Eingriff in bislang nationale Gestaltungsfreiheit der Politik, aber keine Garantie für Hilfe.

Die Verwirklichung von Maastricht würde zu einem Super-Zentralstaat führen, der sich zumindest indirekt fast alle Kompetenzen eines Nationalstaates arrondieren kann, jedoch mit immer weniger demokratischer Legitimation. Denn die Strukturen blieben im wesentlichen dieselben wie vor 30 Jahren im damaligen europäischen Kleinverband. Ganz abwegig sind die spöttischen Bemerkungen daher nicht, nach dem Zusammenbruch der Kommandowirtschaft in Moskau versuche man nun ähnliches in Brüssel, nur mit marktwirtschaftlichem Vorzeichen.

Das Gefühl, bevormundet zu werden, steigt in der EG. Jetzt, da ganz Europa die Freiheit errungen hat, sollen ausgerechnet die »siegreichen« EG-Bürger immer mehr an demokratischer Freiheit einbüßen? Jetzt, da die Freiheit ganz Europa den Zwang zum Zusammenhalt der Blöcke – auch des Westblocks – durch einen Zusammenhalt in kultureller Vielfalt – und zwar auch der politischen Kultur! – zu ersetzen erlaubt, soll das Gegenteil geschehen? Diese Gedanken und Gefühle haben zu dem enormen Widerstand gegen Maastricht geführt. Der rationale Hintergrund fehlt diesem Empfinden nicht. Am besten wurde er wohl durch die Verfassungsklagen in Deutschland belegt, denen, gleich aus welcher Richtung sie kamen, eine gemeinsame Feststellung zugrunde lag: Ein Europa der Bürger, wie wir es wollen und worauf wir auch ein Recht haben, ist das nicht. Man mag es wie die Grünen betrachten, denen die demokratische Legitimation durch ein echtes gesetzgebendes Europaparlament fehlt, oder aus liberal-rechtsstaatlicher Sicht, weil die nationalen verfassungsmäßigen Parlamente zu bloßen »Gesetzesnotaren« für Brüssel degradiert werden, wie Manfred Brunner es formulierte. Die

Wählerstimme ist, so oder so gesehen, nichts mehr wert. Eben diesem Manfred Brunner ist es zu verdanken, daß er in der Maastricht-Frage durch seine Klage vor dem Bundesverfassungsgericht Klarheit geschaffen hat. Eigentlich ist nach diesem Urteil Maastricht tot. Das Bundesverfassungsgericht will nämlich einen »Staaten-Verbund« und keinen Bundesstaat, legt eine jederzeitige Austrittsmöglichkeit auch in Einzelfragen fest und bestimmt, daß das letzte Wort im Konflikt um Rechtsnormen und Vertragsauslegungen nicht der Europäische Gerichtshof, sondern der nationale Verfassungsgerichtshof hat. Maastricht wird ratifiziert werden, und damit ist seine Zukunft auch schon vorbei. Denn der Vertrag von Maastricht versucht die Probleme von morgen mit den Methoden von gestern zu lösen.

In diesem Zusammenhang ist auffallend, wie wenig Liberale, Konservative und Sozialdemokraten Anstoß am Demokratiedefizit der Gemeinschaft nehmen. Jene, die für eine offene Gesellschaft mit dezentralen Strukturen und gesicherten Bürgerrechten eintreten, sind in Demokratiefragen der EG blind. Das eigentliche Gesetzgebungsorgan ist der Ministerrat und nicht das Europa-Parlament der zwölf Mitgliedstaaten. Im Ministerrat finden wir eine Machtzusammenballung sonderbarster Art. Ministerstäbe geben sich die Türklinke zu den Konferenzsälen in die Hand, so daß – wie *Le Monde* meinte – im 14. Stockwerk des Charlemagne »ein Weltrekord an ministerieller Dichte pro m^2 Teppichboden« gegeben ist. Doch auch die Minister sind Abhängige, denn die Beamtenstäbe diktieren das Geschehen.[164] Ein autoritäres Europa ohne Bürger zeichnet sich ab, von dem Ralf Dahrendorf gemeint hat, es sei eine Beleidigung für die wahren Demokraten.

Das, was Maastricht-Befürworter immer wieder als Argument vortragen, nämlich dic Verankerung des Subsidiaritätsprinzips im Vertrag, bestätigt eigentlich nur das schlechte Gewissen seiner Verfasser. Völlig unverbindlich, wie es als erratische Einfügung dasteht, ist es angesichts des enorm angewachsenen Positiv-Kompetenzkatalogs für die »Union«-Zentrale im besten Fall ein an sich entbehrlicher Streitgegenstand.

Die dreifache Gefahr

Das Kernstück von Maastricht, die Währungsunion, ist wohl auf lange Sicht nicht realisierbar. In all den Jahren seit seiner Einführung 1979 gelang es nicht einmal, das Europäische Währungssystem, EWS, zu festigen. Im Gegenteil, es ist heute streng genommen nur mehr eine Worthülse für tatsächliche währungspolitische Koordination. Die Kriterien für die Währungsunion, die zum bereits gemeinsamen hohen Rechtsbestand, dem »acquis communautaire«, hinzukommen, machen die Aufnahme von Mitgliedern aus dem Kreis der neuen Demokratien Europas gleichfalls auf lange Sicht unmöglich. Darin liegt der Vorwurf, es handle sich in Wahrheit um einen europäischen Spaltungs-, nicht Unionsvertrag.

Die Errungenschaften der Bürgerrechte, die Prinzipien von Gewaltenteilung und Demokratie werden ausgehöhlt und rückgängig gemacht. Ein Europa der entmündigten Bürger? Ein Europa der Führer, die bestenfalls indirekt demokratisch legitimiert sind, aber keiner wirksamen parlamentarischen Kontrolle mehr unterliegen? Eine enorme Konzentration von Macht in den Händen einer Bürokratie und weniger Minister, die, wie schon heute kein Geheimnis ist, oft weniger den Bürgern als den sie umgarnenden Interessenvertretern, Lobbies und »pressure groups« verpflichtet sind?

Schließlich kommt eine Gefahr hinzu, die sich in Zeiten wachsenden Freiheitsbewußtseins potenziert. Die Maastricht-Union wäre ein zentralistischer Bundesstaat, der nach und nach durch die Ausschöpfung der ihm übertragenen Kompetenzen zum Einheitsstaat würde. Die Aufgabe der Eigenstaatlichkeit seiner Mitglieder ist dabei, auch wenn sie verständlicherweise unausgesprochen blieb, impliziert. Ist man nicht mit der Maastricht-Utopie dabei, alte Fehler Moskaus zu wiederholen? Siebzig Jahre Sowjetunion haben kein Nationalitätenproblem gelöst, sondern alle nur unterdrückt.

Der politische Imperialismus und Kolonialismus der Sowjetunion hat die kulturelle Identität der Völker nicht besiegt. »Alles, was die Selbstverantwortung der Nationen einschränkt, kann potentiell auch die politische Stabilität gefährden, es sei denn, die Menschen finden in einer größeren Einheit dieselbe Geborgenheit und Identität, die ihnen bisher die Nation gewährte. Thesen wie die von einem Europa der Regionen bleiben deswegen auf lange Zeit nur ökonomische Größen und keine politischen.«[165]

Die aufgestauten Probleme könnten nun zur Katastrophe führen. In einigen Regionen ist sie schon eingetreten. Der Nationalstaat ist noch lange nicht am Ende. Ihn abzuschaffen ist der schnellste Weg zum Nationalismus. Das Freiheitsdenken muß auf Ausgleich und Gleichgewicht bedacht sein, die wiederum die Erhaltung der Vielfalt voraussetzen: Der Nationalstaat hat seine historische und kulturelle Funktion, vor allem gibt es keine Ebene, die besser geeignet wäre, die Bürgerrechte zu garantieren. Die Abschaffung der Nationalstaaten würde den Verlust einer gemeinsamen Freiheitsdimension bedeuten. Die Überwindung des Nationalstaates wäre nur dann zu rechtfertigen, wenn dies mit einem Gewinn an Freiheit und Demokratie für den Bürger verbunden ist.

Erst einmal müssen wir umdenken, den Mut zur politischen Gestaltung finden: aber im Bereich des Machbaren. Sonst riskieren wir das Chaos, denn alle Versuche zum Über-Staat sind letztlich Papier geblieben, weil sie die realen Entwicklungen nur kurzfristig unterdrücken konnten oder gar übersehen und damit die Gefahr nur verschärft haben. Das

Unbehagen in Europa, insbesondere EG-Europa, sollte ernst genommen werden: Es ist eine wichtige Warnung, und es ist eine grundsätzliche. Mit Korrekturen und Pinselstrichen ist es nicht getan.

Die Denkansätze, die es bisher gab, um Abhilfe zu schaffen, sind zu wenig. Vor allem, weil sie fast alle »kleineuropäisch« waren. Wir müssen den Mut aufbringen, Europa vom Atlantik bis zum Ural und im Grunde bis Wladiwostok zu sehen. Ein Europa im Maßstab Karls des Großen ist in der Welt von heute, selbst wenn es 300 Millionen Einwohner umfaßt, nur ein Partikel, bevölkerungsmäßig schon heute und wirtschaftlich vielleicht schon im nächsten Jahrzehnt.

Gedanken in Richtung eines »Europa der Regionen« beziehen sich lediglich auf einen föderalen Problembereich. Wie sollte solch ein Modell auch in einer zentralistischen »Union« verwirklicht werden? Ein Verfassungschaos wäre kaum zu vermeiden, wenn zwischen Nationalstaat beziehungsweise dessen Resten und der Zentralmacht eine neue Ebene eingezogen würde. Wie wäre das Verhältnis zwischen nationaler und übernationaler Region? Und will man Region nicht als Freiheitsbegriff, sondern nur organisationsstrukturell verstehen, käme wohl nur eine noch weitere Stärkung der Zentralmachtkompetenz heraus. Wer sonst könnte im Kompetenzkonflikt entscheiden? Das Ziel eines Europa der Regionen ist vernünftig. Zu verwirklichen ist es aber nur durch mehr Freiraum, nicht durch noch mehr Konstitution.

Allen Bestrebungen für eine möglichst homogene Union zum Trotz gewinnt das Schlagwort vom »Europa der zwei Geschwindigkeiten« zunehmend an Bedeutung. Die wirtschaftliche Schrittgeschwindigkeit der EG, zwischen alten und neuen Mitgliedern, spricht dafür. Für manche kämen Österreich und die Schweiz dazu. Also doch das Europa Karls des Großen? Daß diese Diskussion überhaupt auf politischer Ebene geführt wird, veranschaulicht sehr deutlich die Kluft zwischen Anspruch und Wirklichkeit in der EG. Die Tatsache der zwei Geschwindigkeiten zeigt allein schon die Machbarkeitsgrenze der Gemeinschaft. Aber ist nicht auch das die Frage des Freiheitsdenkens, der Freiräume? Bei einer konstitutionellen Abkoppelung würden die Schnelleren noch schneller, die Langsamen noch langsamer werden. Ein derart modifiziertes Maastricht käme im Sinne Dahrendorfs der Doppelspaltung gleich: zwischen West- und Ost-Europa einerseits und Südeuropa andererseits. Aber auch hier ist an der Wirksamkeit institutionellen Eingreifens zu zweifeln. Es bliebe bloß politischer Schaden. Wozu überhaupt versuchen, eine solche Entwicklung zu reglementieren, die sich unaufhaltsam von selbst vollzieht?

Ähnliches gilt für die Konzeption eines »Europa der konzentrischen Kreise«, wenngleich dies immerhin über die Grenzen der EG hinauszielt. Diesem Konzept kommt damit eine realistisch-visionäre Bedeutung bei. Vieles spricht dafür, daß Europa sich so entwickeln wird. Aber der institutionelle und konstitutionelle Rahmen dafür sollte auch eher als Freiraum geschaffen werden, nicht durch großetatistische Federstriche. Die neuen Demokratien Mitteleuropas haben sich bereits in diesem Sinn zu einer Zentraleuropäischen Freihandelszone zusammengeschlossen.

Marillen sind ein Stück Heimat

Ist es nötig, daß ein Europäischer Gerichtshof sich mit Cassis-Likör befaßt, ist es nötig, daß Marillen zu Aprikosen und Marmelade zur Konfitüre werden müssen? Ist es nötig, daß immer mehr Bürger sich fragen, wozu in der österreichischen Verfassung »Das Recht geht vom Volk aus« verankert bleibt, wenn es längst nicht mehr stimmt, sondern vorfabriziert aus

Brüssel geliefert wird? Ist es vernünftig, daß durch zentralistische Eingriffe, sei es nun in landestypische Begriffe oder ganze Lebensbereiche, zunehmend auch in Kulturen und in Identitätsbereiche eingegriffen wird, die zu einem Verlust des Heimatgefühls führen?

Mit politischen Ideen von gestern und einem hauptsächlich ökonomischen Menschenbild wird man um so weniger Erfolg haben, als das Argument, dies sei der Preis für Frieden und Wohlstand, nicht mehr zutrifft. Die bereits erwiesene Unfähigkeit, für Frieden im eigenen Haus, Europa, zu sorgen, zieht, wie jedes Vakuum, andere Gefahren nach. Der Wohlstand hat andere Gründe als die Zentraladministration: Die EG-Staaten sind von der weltweiten Rezession nicht weniger betroffen als andere Staaten, eher mehr. Kein EG-Staat zählt zur Wachstumsspitze, die Arbeitslosigkeit ist in der EG höher als in vergleichbaren Nicht-EG-Staaten, das Pro-Kopf-Einkommen in der EFTA war immer höher als der EG-Durchschnitt.

Auch in Zeiten der aktuellen internationalen Rezession hat sich die EG als Riese erwiesen, der auf tönernen Füßen steht. 20 oder 25 Millionen Arbeitslose sind als mittelbare Zukunftsperspektive wenig faszinierend. Wenn die EG schon im Hinblick auf die Verwirklichung von Freiheit und Frieden nicht leistungs- und funktionsfähig ist, warum versagt sie dann aber auch in wirtschaftlichen Belangen? Den großen Ankündigungen von Präsident Delors folgen keine Taten, und der enorme Aufwand der reichen EG-Staaten für die Ärmeren erweist sich immer mehr als Schlag ins Wasser oder als Alimentation einer riesigen Geldvernichtungsmaschinerie sizilianischer Herkunft.

Alle EG-Währungen haben seit der Einführung des EWS gegenüber der D-Mark verloren, gewonnen haben nur die Nicht-EG-Währungen Yen, Schilling und Schweizer Franken.

Mit den jüngsten EWS-Turbulenzen ist wohl auch der

Maastricht-Plan einer baldigen Währungsunion gescheitert. Macht und Zwang sind keine konstitutiven Kräfte, die Europa zu gestalten vermögen. »Denn das Modell der relativ fixen Wechselkurse beruht auf einer trügerischen Idee: Wenn man alle EWS-Teilnehmer in ein enges Währungskorsett preßte, dann würden sich die betroffenen Volkswirtschaften in ihrer Leistungskraft wie von selbst einander nähern. Das hieße in der Praxis: Irgendwann würden auch die schwächeren Volkswirtschaften Europas dem Idealbild Deutschland entsprechen.«[166] Nach dem Scheitern des Versuches, über ein einheitliches Währungssystem eine Harmonisierung der Volkswirtschaften zu erreichen, kann die Alternative wohl nur darin bestehen, eine einheitliche europäische Währung erst an den Schluß des Integrationsprozesses zu setzen. Das verhindert auch, daß solide Währungen wie die DM oder der Schilling plötzlich dem Zugriff von sizilianischen oder portugiesischen Notenbankchefs ausgesetzt sind, die ihre eigene Währung selbst nicht in Ordnung zu halten in der Lage waren.

De Gaulle war weitsichtiger

Die geopolitische Lage der Nachkriegszeit hat die EG in eine Richtung gelenkt, deren ewige Gültigkeit nur sehr wenige in Frage zu stellen wagten. De Gaulle war ein Staatsmann, der schon damals, ganz im Gegensatz zu seinen heutigen Nachfolgern, über Versailles und auch über Karl den Großen hinaus dachte. Es ist kaum denkbar, daß er nur ein Jahr nach der Ostöffnung Maastricht zugelassen hätte.

Vor über 30 Jahren war ihm schon bewußt, daß eine dauerhafte Lösung für Europa nur in der Wahrung nationaler und kultureller Freiräume liegen kann, daß Europa das Sowjetimperium »bis zum Ural« überwinden müsse und daß es ein »Europa der Vaterländer«, also eines unter voller Respektierung des Rechts auf Heimat seiner Völker, sein müsse. Schon er erkannte auch die Priorität: Seine Versuche, zu einer gemeinsamen Außen- und Sicherheitspolitik zu gelangen, scheiterten allerdings. Von institutioneller Integration hielt er wenig, selbst in der Sicherheitspolitik: Frankreich verließ die integrierte militärische Organisation, blieb aber verläßliches, beistandsverpflichtetes Mitglied des NATO-Bündnisses. Das bot mehr Freiheit und genügte für den Zweck.

Wofür de Gaulle damals häufig gescholten wurde, kristallisiert sich heute immer mehr als einzig realistische Zukunftslösung heraus.

Dabei stand de Gaulle mit seiner europäischen Vision nicht allein. Auch führende Liberale wie Thomas Dehler von der FDP[167] lehnten Adenauers Kurs der bedingungslosen Westintegration ab und sahen in den Nationen die Protagonisten auf der Bühne der Weltpolitik: »Gewiß, Europa muß sich finden, muß seine Kräfte sammeln, aber nicht in der Form des Aufgehens in konzentrierten Instanzen, in Bürokratien, sondern im organisatorischen Zusammenwirken der Völker. Die Völker müssen die Grundlage sein. Das Vaterland muß zunächst einmal in Ordnung sein.«[168] Thomas Dehlers Worte haben noch heute volle Gültigkeit. Ein europäischer Zentralstaat nach Maastrichter Vorstellung ist ein lebensfernes Konzept, das an den gewachsenen Verhältnissen und an der politischen Tradition der europäischen Staaten und Völker scheitert. »Unheilvoll wäre es auch, wenn in Europa eine Art politischer Eintopf entstünde«, warnte Thomas Dehler zu Recht.[169] Der Liberale Manfred Brunner, langjähriger Insider der Brüsseler Politik als Kabinettschef des EG-Kommissars Bangemann, erklärte: »Das Scheitern des Maastricht-Vertrages, der von seinem Festhalten am Jalta-Europa bis zu seinem zentralistisch-sozialistischen Grundansatz nur gestrige Bilder in sich trägt, wird den Bau dieses neuen, demokratischen Gesamteuropas der Vielfalt und des Wettbewerbs erleichtern. ... Noch meinen

Koalition und SPD, sie könnten die nächste Europawahl mit einer Tabuisierung dieser Fragen bestehen. Ich habe nicht den Eindruck, daß ihnen der Wähler dies durchgehen lassen wird. So wird das Bundesverfassungsgericht von der rechtlichen und der Wahlbürger von der politischen Seite die irrationale Maastricht-Verblendung der politischen Klasse Deutschlands beenden.«[170]

Das Karlsruher Urteil hat Brunner in diesem Punkt eindeutig recht gegeben. Wenn auch der Verfassungsklage als solcher aus politischen Gründen nicht stattgegeben wurde, so hat das Bundesverfassungsgericht in seiner 85seitigen Urteilsbegründung die deutsche Bundesregierung doch zu einer restriktiven Anwendung und Auslegung des Vertrages verpflichtet. »In Wahrheit hat der engagierte Münchner Anwalt Manfred Brunner, der gegen Maastricht vor Gericht gezogen war, erreicht, daß der Vertrag nun neu gelesen werden muß«, kommentierte das Nachrichtenmagazin *Focus*. Der Entmündigung der Bürger und des Parlaments durch einen Maastrichter Überstaat wurde in Karlsruhe eine klare Absage erteilt.

Für den »Europäischen Staatenbund«

Die Destabilisierung droht nicht nur in Osteuropa, sondern auch im Westen. Die Gründe dafür sind vielfältig: Seien es rezessionsbedingte Spannungen und notwendige Maßnahmen in einzelnen Staaten, die zu Konflikten mit Brüssel führen können, sei es eine Überforderung der sozialen Belastbarkeit durch Zuwanderungsströme oder gar damit verbundene, etwa fundamentalistische Unterwanderung, sei es, daß Deutschland eines Tages mit der proserbischen Politik Englands und Frankreichs nicht mehr konform sein kann. Es gibt auch schlimmere Szenarien. Die mit Maastricht verfolgten Ziele einer Unionsbürgerschaft, die Regelung eines allgemeinen Kommunalwahlrechtes aller EG-Bürger oder gar die Illusion der Währungsunion gehen an den realen Problemen vorbei. Die zunehmende Kluft zwischen Bürgern und Machthabern bei steigendem Demokratiedefizit birgt erhebliche Gefahren. Die Zustimmung, die Maastricht gefunden hat – soweit die Bürger in den einzelnen EG-Staaten überhaupt gefragt wurden –, gilt wohl weniger dem Vertrag, den kaum jemand gelesen hat, als vielmehr der europäischen Stabilität und dem Traum eines einigen Europa überhaupt. Viele glaubten der Parole, ein Nein zu Maastricht sei ein Nein zur EG.

Die Alternative läge auf der Hand: ein Staatenbund, der im wesentlichen aus einem Sicherheitspakt und einer Zollunion bestünde. Die Wahrung der Vorteile der EG als Wirtschaftsgemeinschaft im Sinne der Römischen Verträge und eventuell auch der Einheitlichen Akte wäre möglich. Für einen Binnenmarkt mit offenen Grenzen wäre jedoch zuvor eine gemeinsame Politik in den Bereichen der Einwanderungskontrolle, der Sicherheit und der Kriminalitätsbekämpfung festzulegen – und zwar nicht nur auf dem Papier. Das heißt, diejenigen Teile des Maastricht-Vertrages, die diesen Bereich betreffen, wären herauszulösen und zu konkretisieren, der Rest des Vertrags den Historikern zu überlassen. Für eine Währungsunion, eine gemeinsame Sozialpolitik, eine Aushöhlung der Staatsbürgerrechte besteht kein Grund. Für die außenpolitische Zusammenarbeit bedarf es keiner Institutionalisierung, diesbezügliche Mehrheitsentscheidungen wären sogar zusätzlicher Konfliktstoff.

Statt des EG-Vertrages mit seinen bisherigen Mechanismen sollte ein Staatenbund-Vertrag geschlossen werden. Hier läge der große Unterschied zu Maastricht: Nicht noch mehr Zentralismus und noch weniger Demokratie, sondern eine Rechtsgrundlage, die die Souveränität der Mitglieder des Staatenbundes nicht antastet, vor allem aber den Bürgern Europas ihre demokratischen Rechte sichert. Es dürfte also kein gemeinsames Recht geben, das nicht die Zustimmung der nationalen Parlamente gefunden hat: vor Beschlußfassung in Brüssel, nicht als Nachvollzug. Das Europäische Parlament, das derzeit ohnedies und aus gutem Grund kaum Kompetenzen hat, wäre überflüssig.

Das, was sich schon im EWR-Vertrag abzeichnet, hat nichts mehr mit demokratischen Grundprinzipien zu tun. Die EWR-Mitgliedstaaten sind zwar an der Rechtssetzung nicht beteiligt, haben aber den acquis communautaire vollständig und auch die Weiterentwicklung des EG-Rechtes innerstaatlich zu übernehmen. Das ist nichts anderes als eine moderne Form des Kolonialismus. Freiheitlich-liberal denkende Menschen haben gegenüber solchen Entwicklungen berechtigte Vorbehalte, weil die europäische Integration doch nicht um den Preis des Verlustes von Freiheit und Demokratie erfolgen kann. Wer sich liberal nennt und bürgerliche Freiheit und Demokratie für die rasche Bildung einer politischen Union auf einer kleineuropäischen Ebene zu opfern bereit ist, verrät seine weltanschaulichen Grundlagen. Daher vollführen selbsternannte Paradeliberale wie Otto Graf Lambsdorff von der FDP und manche seiner geistigen Trabanten in Deutschland und Österreich einen regelrechten Eiertanz in diesen Fragen. In Sonntagsreden geißeln sie das Demokratiedefizit der EG und die Schwächen von Maastricht, um tags darauf als Industrielobbyisten und Taglöhner von Konzerninteressen zu allem ja und amen zu sagen. Überzeugung und liberaler Mut, gegen drohende Beschränkung der Freiheit und autoritäre Strukturen aufzutreten, ist das jedenfalls nicht. Der große Liberale Thomas Dehler würde jedenfalls seine Liberalen in Deutschland nicht wiedererkennen; ein opportunistischer Zeitgeist hat diese Bewegung zersetzt. Aber selbst aus rein machtpolitischen Überlegungen ist die Maastricht-Falle für die liberalen Kräfte in Europa gefährlich. Oder ist es den Verantwortlichen entgangen, wie wenig der Liberalismus und seine Repräsentanten im Europa der EG zu sagen haben? Als gelernter Österreicher finde ich in der EG dieselben politischen Strickmuster wie im politischen System Österreichs. Die Macht wird in allen Institutionen perfekt zwischen Sozialisten und Konservativ-Christdemokraten aufgeteilt. Liberale genießen das politische Armenrecht. Liberale EG-Kommissare werden mit unbedeutenden Aufgaben abgespeist. Mag sein, daß die Flucht mancher EG-Euphoriker unter den Politikern nach Brüssel auch vor diesem Hintergrund zu sehen ist. Je mehr sie an Macht und Einfluß durch Wahlverluste und politische Niederlagen in ihren Nationalstaaten erleiden, um so dringender das Bedürfnis, diese Verluste zu kompensieren. Das Europa von Maastricht wird so zum undemokratischen Korrektiv am Bürgerwillen in den einzelnen europäischen Staaten. Von Frankreich über Italien bis England gibt es überall handfeste Motive für die alten Parteien: jene Macht ins demokratiefreie EG-Europa zu retten, die der Bürger seinen Politikern in der Demokratie verweigert hat. In der EG funktionieren die Zuchtruten der Politik noch besser als zu Hause. Da wird einfach, wie im Falle Dänemark, so lange abgestimmt, bis das Ergebnis den Mächtigen genehm ist.

Kollektivsicherheit als Kernstück

Kernstück eines neuen Vertrages und stärkster Ausdruck der Prioritätenumkehr zugunsten der Sicherheit wäre der Sicherheitspakt. Schon heute ist allen bewußt, daß Europa ein eigenes kollektives Sicherheitssystem braucht, das sowohl gegen Bedrohung von außen, aber auch von innen wirkt. Vom Wortlaut der Verträge wirken übrigens bereits auch NATO und WEU nach außen und nach innen. Auch dieser Kernbereich würde keinen größeren institutionellen Aufwand erfordern. Wesentlich wäre bloß die klare Teilnahme- und Beistandspflicht sowie eine gerechte Lastverteilung unter den Mitgliedern. Diese Aufgabe könnte durchaus das jahrzehntelang im Dornröschenschlaf versunkene Sekretariat der WEU übernehmen. Funktionierende und bewährte Strukturen sollten natürlich nicht aufgegeben werden. Die Erhaltung der NATO, die in ihren Strukturen hinsichtlich ihrer europäischen Mitglieder lediglich an das europäische System anzupassen wäre, sollte ganz im Gegenteil von größter Bedeutung sein. Als Sicherung der nordatlantischen Partnerschaft, und nicht zuletzt durch eine Erweiterung um osteuropäische Mitglieder. Die vorrangige Sorge um die Zukunft Europas soll uns nicht vergessen lassen, daß mit der Bevölkerungsexplosion, dem Wanderungsdruck und dem anwachsenden Rüstungspotential auch die Gefahren aus dem Süden zunehmen.

In Wirklichkeit scheidet sich Europa an der Sicherheitsfrage. Die Gefahrenherde sind bekannt. Über Nacht kann auch das kleine Österreich mitten in den Strudel der Katastrophen hineingezogen werden. Dabei ist das Ausbrechen ethnischer Konflikte zwischen Slowaken und Ungarn denkbar, oder aber das Unruhepotential in Rumänien kann aktiviert werden. Im Baltikum könnte eine schwere Krise um den Abzug der russischen Truppen eine bedrohliche Lage erzeugen. Wenn sich die alten Kräfte in Moskau durchsetzen, hat Serbien über Nacht seinen Schutzpatron aus dem Ersten Weltkrieg wieder auf dem Balkan, ohne den ja auch der Ausbruch des Ersten Weltkrieges nicht möglich gewesen wäre. Die Konzentration auf einige wenige Politikbereiche in einem Staatenbund wäre dabei der vernünftigere Weg. Er würde auch Länder wie Österreich unter Druck setzen, seine Verteidigungsanstrengungen endlich zu verstärken und mit dem raschen Umbau zu einem Berufsheer, das in das System der kollektiven Sicherheit auf gesamteuropäischer Ebene hineinpaßt, zu beginnen. Immerhin hat kein Geringerer als der österreichische General Majcen öffentlich zugegeben, daß das österreichische Bundesheer zu keinem Zeitpunkt seines Bestehens einsatzfähig war. Oft fragt man sich wirklich, was für unsere politischen Repräsentanten noch eine Frage von existentieller Bedeutung sein soll, wenn sie sich so perfide und unverantwortlich der verteidigungspolitischen Herausforderung »entledigen«. Wie wollen Politiker glaubwürdig für ein stabiles Europa eintreten, wenn sie selbst die Destabilisierung des eigenen Staates hinnehmen.

Die Teilnahme an einem System kollektiver Sicherheit in einem solchen Staatenbund ist auch für die neuen Demokratien in Europa kein Problem.

Mit dem »acquis communautaire« geht es nicht

Im wirtschaftlichen Bereich, zur Erreichung der Zollunion, wird dem Konzept der konzentrischen Kreise mit Übergangslösungen Rechnung zu tragen sein. Von »oben« betrachtet, ist es das Festhalten am bisherigen EG-Rechtsbestand, das in Frage zu stellen wäre. Der »acquis communautaire« ist kompliziert und in vieler Hinsicht überflüssig. Gemessen am Erfolg, muß der wirtschaftsrechtliche Standard der EFTA genügen, wenn er nicht sogar vorteilhafter ist. In diesem Sinne sollte auf den EWR sofort verzichtet werden, und der Aufnahme der EFTA-Staaten in den Europäischen Staatenbund stünde nichts im Wege. Gleiches gilt dann für mittel- und osteuropäische Staaten, die den wirtschaftlichen Standard Griechenlands oder Portugals erreichen. Es gäbe keine Gründe, sie auszuschließen. Dieses »Einstiegskriterium« für eine erneuerte EG stellt sich Manfred Brunner bis hin zur Einbeziehung Weißrußlands und der Ukraine vor. Hans Arnold zieht die Grenze eines vereinigten Gesamteuropa östlich des Baltikums, Polens, der Slowakei und Ungarns und südlich von

Österreich. Wie Brunner ist aber auch er vom notwendigen Abgang vom »acquis communautaire« überzeugt: »Maßstab wird sein müssen, wie sich die EG den europäischen Gegebenheiten anpassen kann, denn nicht die Erhaltung von EG-Europa, die Wiederherstellung von Europa muß Priorität haben.«

Warum findet nach der sonst so eindrucksvollen Bestätigung seiner Auffassungen kaum jemand den Mut, wie de Gaulle auch Rußland einzubeziehen? Rußland war Teil des gewachsenen Europa und muß es auch wieder werden. Gerade im ausgleichenden Verbund von West- und Mitteleuropa mit Rußland liegt wohl der Schlüssel für dauerhafte Stabilität in Europa und für dessen Interessenwahrung gegenüber anderen Kontinenten. Es wäre ein grober Fehler, hier zu kurz zu greifen, auch wenn die wirklich gesamteuropäische Zukunft nicht schon morgen verwirklicht werden kann.

Konzentrische Zwischenlösungen bis zur Zollunion, die stufenweise Öffnung der Freiheiten für einen Binnenmarkt mit offenen Grenzen, sind je nach dem Stand der wirtschaftlichen – und damit indirekt auch sozialen – Integrationsfähigkeit der ost- und südeuropäischen Staaten vorstellbar und realisierbar. Unter der Voraussetzung, daß im Osten den Menschen glaubhaft die Hoffnung auf die Erreichung des Ziels gegeben wird, und daß im Westen genügend solidarische Bereitschaft zum Teilen der Chancen besteht, indem überall, wo es sozial verkraftbar ist, auf protektionistische Maßnahmen verzichtet wird. Wenn wir nicht den Mut haben, unser Ziel so weit zu stecken und diesen Preis zu zahlen, könnten die Folgen verheerend sein.

Ein großer, in allererster Linie auf kollektiver Sicherheit beruhender Staatenbund mit keinem sonstigen Integrationsziel als einem wirtschaftlichen zu seiner Festigung hätte für den Westen keineswegs nur einen Preis, sondern auch einen Gewinn: viel mehr Freiheit als nur die vier Freiheiten in einem

Binnenmarkt. Das Selbstbestimmungsrecht der Völker bliebe ohne einen Zentralstaat gewahrt, ebenso durch den Grundsatz »Kein Gemeinschaftsrecht ohne nationale demokratische Zustimmung«, die volle kulturelle Freiheit, auch die des Schutzes all dessen, was Heimat bedeutet. Statt des bloßen Wettbewerbs von Unternehmen bliebe auch der Wettbewerb von Systemen erhalten: die Freiheit, es anders zu machen, die Freiheit, bessere politische Ideen zu versuchen, als es ein Zentralstaat könnte, kurz, die Freiheit der Vielfalt mit all ihren gegenseitigen Bereicherungs- und Befruchtungsmöglichkeiten. Der permanente Interessenausgleich in einem pluralistischen Europa, das seinen Staaten und Völkern ihre Eigenart und selbst deren Förderung läßt, aber ebenso, über die vereinbarte Gemeinsamkeit hinaus, jeden Freiraum zur Gestaltung ihrer grenz- oder kulturübergreifenden Beziehungen, ist einem rigiden Korsett gewiß überlegen. Selbst im geradezu klassischen grenzüberschreitenden Bereich der Umweltpolitik wird eine zwischenstaatliche, auf der Gewißheit der nationalstaatlichen Zustimmung und Durchsetzbarkeit beruhende Kooperation bessere Erfolge bringen als zentralistische, aufgezwungene Regelungen, die zur Umgehung oder gar zum Mißbrauch verleiten.

Der Weg zum neuen Europa

Maastricht ist tot, nicht nur, weil es aufgrund der dänischen und britischen Vorbehalte eigentlich gar nicht mehr lebendig geboren werden konnte. Auch nicht deshalb, weil die Währungsunion selbst für die Kern-EG-Staaten unerreichbar geworden ist oder weil das deutsche Bundesverfassungsgericht am 12. Oktober 1993 erhebliche Rechtsvorbehalte formuliert hat. Schon der Sockel, auf dem das neue System ruhen sollte, ist eingestürzt: das alte Währungssystem, EWS. Die Konvergenz der ökonomischen Parameter hat nicht stattgefunden, im Gegenteil. Damit sollte auch der Bundesstaat gefallen sein und sich der Übergang zum Staatenbund geradezu aufdrängen. Als Ziel ist er, ob so, wie in den vorangehenden Abschnitten skizziert, oder geringfügig anders, insgeheim ohnedies schon akzeptiert. Aber das Beharrungsvermögen von Politikern, die niemals gern einen Irrtum eingestehen, ist nicht zu unterschätzen. Der Kurswechsel wird stattfinden, aber wenn es nach den Intentionen der Schöpfer von Maastricht geht, so spät wie möglich und so geheim wie möglich. Am besten so, daß eine Todesanzeige für Maastricht nie abzugeben sein wird. Es wird still und heimlich historisch ab- und ausklingen. Der Prestige- oder konkreter Gesichtsverlustabwehrkampf, der schon stattfindet, kostet wertvolle Zeit.

Wie entscheidet sich ein Staat wie Österreich, der noch vor dem alles verändernden Umbruch in Europa seinen EG-Beitrittsantrag abgegeben hat, um, jedenfalls in den Augen freiheitlicher Politiker, solidarisch wenigstens dem besseren Teil der alten Ordnung beizutreten? Und das zu einem Zeitpunkt, wo die historisch gewachsenen, wirtschaftlichen, kulturellen, sicherheitspolitischen Verbindungen zu seinen nördlichen, östlichen, südöstlichen Nachbarn wieder in vollem Umfang aufgenommen werden könnten?

Zu einem Zeitpunkt, da die geopolitische Funktion Österreichs, die Verbindung nicht zwischen Deutschland und Italien, sondern vor allem die Verbindung eines Kernlands in Mitteleuropa schlechthin wieder auflebt? Soll es bloßes Randgebiet, Frontstaat einer »kleineuropäischen Lösung« werden? Macht man sich die Entscheidung nicht so leicht wie eine Regierung, die zwar zum noch richtigen (wenngleich viel zu späten) Zeitpunkt auch die richtige Entscheidung getroffen hatte, nun aber jegliche Veränderung der Lage zu ignorieren scheint, steht man vor der Wahl: Wie beschleunigt ein kleiner Staat die Kursänderung des trägen Kolosses EG eher – von innen oder von außen?

Die Entscheidung wird um so schwieriger, als die wirtschaftlichen Vorteile eines EG-Beitritts immer weniger, auch ohne EG-Rezessionseffekte, zutreffen. Einen Entwicklungs- oder Wohlstandsunterschied zugunsten der EG gibt es schon lange nicht mehr. Das Vorbild Deutschland, das zwar von Regierungsseite aus Gründen jeglicher Verdachtsvermeidung nie genannt, aber wohl doch immer gemeint war, wenn die EG als Hochlohn- und Niedrigpreisparadies gepriesen wurde, hat an Glanz verloren. Die versprochenen Wachstumsprozente, die der freie Marktzugang bringen sollte, sind ungewiß, und wenn doch erreichbar, so stehen dem zu erwartende Einbußen in auf einen EG-Beitritt strukturell nicht vorbereiteten Bereichen gegenüber: vor allem in der Landwirtschaft, in zahlreichen bisher geschützten Bereichen, bei Klein- und Mittelbetrieben.

Die Erhaltung der kleinen bäuerlichen Familienbetriebe ist insbesondere eine weit über das demographische und volkswirtschaftliche Gewicht der Bauern hinausgehende Aufgabe. Das freie Bauerntum ist letztlich auch Ursprung und Wiege der Kultur. Österreich ist aber auch in seiner Lebenswelt und seinem enormen Reichtum an Naturschönheit darauf angewiesen, dem bäuerlichen Familienbetrieb eine Zukunft zu geben. Leider entspricht die aktuelle Agrarpolitik dieser gesellschaftspolitischen Herausforderung keineswegs. Die Produzentenpreise werden auf EG-Niveau abgesenkt, und die Betriebsmittelpreise halten auf einem um 30 bis 40 Prozent höherem Niveau als in der EG. Der Sozialismus in Österreich geht eben davon aus, daß es im ländlichen Raum genügend Einkommen gäbe, lediglich die Anzahl der Bauern sei zu groß.

Daher erlebt Österreich heute eine Agrarpolitik, die ein dramatisches Bauernsterben und vor allem eine Flucht der jungen

Generation, die den Hof übernehmen sollte, zur Folge hat. Die Tendenz ist aber vor einem EG-Beitritt zu stoppen. Die Gründung von Mammut-Behörden wie »Agrarmarkt Austria« und »Austria Milch und Fleisch« lassen Schlimmes befürchten, weil damit der Weg einer ineffizienten planwirtschaftlichen Agrarpolitik fortgesetzt wird. Die Vermarktungsorganisationen werden überleben, nur die Bauern werden dabei zugrunde gehen, weil sie mangels Systemreform Produktionsanteile an EG-Gunstlagen verlieren müssen. Dazu kommt auch eine ruinöse Importpolitik, die geradezu von den einst im Interesse der Bauern gegründeten Raiffeisenorganisationen befördert werden. Dabei liegt die Alternative auf der Hand. Einmal erhält der Bauer für den Verzicht auf die Inanspruchnahme eines Arbeitsplatzes als Arbeiter, Angestellter oder Beamter eine Grundprämie für den Vollerwerb.[171]

Andererseits ist das Agrarsystem auf eine bodenverbundene Wirtschaftsweise umzustellen. Der Landwirt erhält für den Verzicht auf Stickstoffdünger und Importmittel sowie für die Begrenzung des Kraftfuttermitteleinsatzes bei der Milch attraktive Prämien, die flächenbezogen errechnet und ausbezahlt werden. Zugleich leistet der Bauer damit einen wertvollen Beitrag zum Schutz des Wassers und der Böden unserer Heimat. »Es kommt zu einem öffentlichen Vertrag zwischen der Republik Österreich und den einzelnen Landwirten, der die landwirtschaftliche Überproduktion verhindert, den bewirtschaftenden Bauern flächenbezogen für erschwerte Produktion ein gesichertes Basiseinkommen zuführt, das sich aus Einsparungskapazität an Produktionsmitteln für Eiweißfuttermittelimporte (5,4 Milliarden Schilling), Stickstoffdünger (1,4 Milliarden) und den Prämieneinkommen zwischen 6 und 8 Milliarden Schilling je nach Gestaltung der Prämienhöhe errechnet und mit einer prämienbedingten Verminderung der Stickstoffzukaufdüngung in der österreichischen Nahrungsmittelerzeugung dem Wunsch einer steigenden Zahl von

Konsumenten nach einer Verminderung der Chemieeinsätze entspricht. Der österreichischen Nahrungsmittelproduktpalette werden ... Vorteile gegenüber Importprodukten verschafft und zusätzlich die Umwelt wirksam entlastet.«[172]

Geradezu paradox ist, daß in Krisenzeiten das österreichische System der alles durchdringenden Sozialpartnerschaft bei einem enormen Anteil direkter oder indirekter Verstaatlichung der Wirtschaft verzögernd und damit umgekehrt wirkt. Dieses System, das in Normalzeiten produktivitätshemmend, realeinkommensbremsend und insgesamt über eine enorme versteckte Arbeitslosigkeit durch Unterbeschäftigung nur negativ umverteilend wirkt, wird in der Krise zumindest auf Zeit zum unbeabsichtigten gesamtstaatlichen Sozial- und Beschäftigungsprogramm. Ein plötzlich vorgenommenes Aufbrechen dieser Strukturen in einer Rezession, ohne wirtschaftspolitische Vorbereitungs- und Übergangsmaßnahmen, würde die heute mit knapp über 4 Prozent nach OECD-Kriterien vergleichsweise extrem niedrige Arbeitslosenrate in kürzester Zeit hinaufschnellen lassen. Zwar würde man selbst nach einem EG-Beitritt einen Strukturwandel, nicht nur weil er sozial brisant wäre, sondern eher aus Gründen der Machterhaltung, mit allen Mitteln zu bremsen suchen; die Gewinn- oder Verlustrechnung eines Beitritts wäre aber jedenfalls kurzfristig negativ, mittelfristig ungewiß und mit Sicherheit erst längerfristig positiv. Das Negativargument, ohne Beitritt wäre alles noch schlimmer, entbehrt der seriösen Grundlage: Die meisten Strukturprobleme sind hausgemacht und könnten auch hausgemacht behoben werden, der weltweite Strukturwandel trifft die EG genauso; es besteht keine ernsthafte Diskriminierungsgefahr seitens der EG, Freihandels- und Nichtdiskriminierungsverpflichtungen bilateraler und GATT-multilateraler Natur bleiben unberührt; die neuen freien Märkte in Osteuropa, insbesondere bei den historischen Partnervölkern, bieten auch neue Chancen.

Geht man davon aus, daß die Neutralität Österreichs – die historisch als Preis für den Staatsvertrag mit den Alliierten eine Funktion, aber nie, und heute weniger denn je, diejenige eines wirksamen Schutzes hatte – bei den Integrationsüberlegungen keine Rolle mehr spielen kann, reduziert sich auch sicherheitspolitisch die Frage auf die der besseren Mitsprache bei der Neugestaltung Europas. Denn sicherheitspolitisch ist die EG, so wie sie sich heute darstellt, nicht überzeugend. Die divergierenden Interessen, die die EG in der Bosnienfrage lähmen, kämen auch bei einem Mitglied zum Tragen; ein ähnliches Handlungspatt wäre nicht auszuschließen. Oder: Was wäre in einem griechisch-türkischen Konflikt stärker, die EG-Mitgliedschaft Griechenlands oder die Rücksicht auf den NATO-Partner Türkei? Die Antwort kann man ableiten: aus der Diskussion, die es gab, für den Fall der WEU-Mitgliedschaft beider Staaten die Beistandsverpflichtung »nach innen« aufzuheben.

In der EG hätte Österreich knapp das Stimmengewicht Belgiens. Außerhalb hat es keines, aber eine außerordentliche geopolitische Position. So wie seine Neutralität als Sperriegel zwischen NATO-Nord und NATO-Süd gewünscht wurde, trennt es heute die EG. Auch die Lage ist Macht. Zumindest genug, um, wenn man diese Macht aufgibt, die daraus entstehenden unmittelbaren Nachteile durch einen freien Transit vertraglich abzuwenden. Doch nicht einmal dazu scheint die Regierung bereit. Würde sie nach einem EG-Beitritt wenigstens in Brüssel die Macht ihres Stimmengewichts einsetzen? Ihr bisheriges vorauseilendes Wohlverhalten läßt nicht darauf schließen. Wenn es aber doch dazu käme, gäbe eine kraftvolle Befürwortung des großeuropäischen Ziels den Kleineuropäern nicht noch mehr Ansporn, zu bremsen: aus Angst vor einem Übergewicht Mitteleuropas womöglich gar im Verein mit Rußland, wie es nach dem Reich Karls des Großen geschah und in der Überwindung Napoleons gipfelte?

Die Entscheidung, welcher Weg schneller und mit weniger Gefahren zum Ziel führt, ist es, worum es demnächst in Österreich gehen wird. Die Bürger selbst werden sie zu treffen haben. Die Schwierigkeit nimmt ihnen niemand ab.

Es sei denn, man gäbe in Brüssel zu, daß man die EG in eine Sackgasse der Geschichte geführt hat. Dann könnte man sich an den Tisch setzen, um mit allen Europäern die wenigen, aber dafür wirklich notwendigen Gemeinsamkeitsgrundlagen festzulegen. Doch in der Politik ist der Mut zur Umkehr selten.

10

Europas Freiheit braucht vereinte Kräfte

Mit der Überwindung der Nachkriegsordnung werden mehr und mehr auch die Nachkriegsparteien überwunden, weil sie nicht mehr über die innovative Kraft verfügen, den Umbruch geistig und programmatisch mitzuvollziehen. Wenn sich die Systemerhaltung als stärkeres Ziel erweist als die Grundsatztreue, die auf geänderte Umstände eben geänderte Antworten verlangt, geschieht das, wofür Japan heute das herausragende Beispiel ist: Nach über 40 Jahren Alleinherrschaft stürzte die stärkste aller sogenannten liberalen Parteien. Nicht, weil ihre Grundsätze schlecht wären, und nicht, weil sie keine Erfolge vorzuweisen gehabt hätte, sondern weil sie vor lauter Machterhaltung unter dem Vorwand der politischen Stabilität tatsächlich bis auf die Knochen korrupt war, was vom neuen, weltweiten Freiheitsdenken nicht mehr akzeptiert wird.

Um wieviel stärker ist dieser Erosionsprozeß erst bei den Altparteien im am stärksten betroffenen Kontinent, in Europa! In Italien ist das Parteiensystem vollkommen zusammengebrochen. Frankreichs kommunistisches und sozialistisches Lager gibt es kaum mehr, und den bürgerlichen Kräften ginge es, hätte Frankreich ein proportionales Wahlsystem, weit weniger gut, als es den Anschein hat. In Deutschland brodelt es. Die von allen Lagern als Testwahl für 1994 betrachtete Landtagswahl in Hamburg brachte von niemandem erwartete Einbrüche bei SPD und CDU, die FDP gibt es im Landesparlament nicht mehr, dafür eine (populistische) Statt-Partei.

Wer sind die Gewinner dieser Entwicklung? Links- und

rechtspolarisierende Parteien und Gruppen einerseits, aber auch andererseits etwas Neues: Autonomie- und Bürgerrechtsbewegungen. Noch werden sie, mit Ausnahme der italienischen Lega Nord, verniedlicht oder ignoriert. Dabei sind sie ein deutlicher Ausdruck dafür, daß bei den Bürgern durchaus die Sehnsucht nach rechtsstaatlicher und demokratischer Erneuerung besteht, daß neben den Gefahren eines Rückfalls in überwunden geglaubte Ideologien oder Radikalismen immer neue politische Triebe sprießen, die mehr oder weniger gut artikulierten, aber jedenfalls empfundenen freiheitlich-demokratischen Visionen folgen. Nach der Befreiung vom Alpdruck einer ost-west-geteilten Welt streben die Bürger nach der Befreiung von politischen Herrschaftsverhältnissen, die im Grunde immer nur als das kleinere Übel angesichts der kommunistischen Gefahr in Kauf genommen worden waren. Denn parteipolitische Destabilisierung wurde als potentielle geostrategische Destabilisierung angesehen.

Heute ist diese Hemmschwelle nicht mehr gegeben: Der Weg für mehr Bürgerfreiheit ist offen, die bisher als Staatsräson verbrämte Parteiräson überzeugt nicht mehr. Es findet ein Entkoppelungsvorgang statt: Die Bürger lösen sich von den traditionellen Regierungsparteien, die realen Mehrheitsverhältnisse entsprechen nicht mehr den politischen, zumal dann nicht, wenn die Entkoppelung noch nicht ihren unmittelbaren Niederschlag bei Wahlen gefunden hat. Daß diese Entwicklung dennoch stattfindet, dafür gibt es einen europaweit festzustellenden Beweis: die Integrationspolitik im allgemeinen und den Vertrag von Maastricht im besonderen. Die Schweizer Bürger haben gegen die gesamte Konzentrationsregierungsmehrheit den Europäischen Wirtschaftsraum, EWR, abgelehnt; in Norwegen ist eine Zweidrittelmehrheit im Volk gegen einen EG-Beitritt. Bei den politischen Parteien verhielt es sich hingegen umgekehrt. In keinem einzigen EG-Staat, in dem der Vertrag von Maastricht thematisiert wurde, deckt sich die Meinung der Bevölkerung mit den Stellungnahmen der Parteien. Die Kluft zwischen Regierenden und Regierten wächst.

Es ist also ein durchaus übernationales Unbehagen und ein neues übernationales Freiheitsbewußtsein zu verspüren. Es handelt sich auch nicht nur um parallele, sondern – Stichwort: Maastricht-Union – um ganz konkrete gemeinsame übernationale Probleme. Wie sollen diese jedoch durch aufgesplitterte, vielfältige und miteinander kaum in Berührung stehende Parteien, Autonomie-, Bürgerrechts- oder oft bloß Protestbewegungen bewältigt werden?

Mit den systemerhaltenden großen Altparteien überlebt sich auch der Dachverband. Die Sozialistische Internationale, die in ihren klassenkämpferisch-weltrevolutionären Zielen in das vorige Jahrhundert zurückreicht, geriet durch den veranschaulichten »realen Sozialismus« des Sowjetimperiums bereits in Bedrängnis, konnte sich unter ihren herausragenden Vertretern Brandt, Kreisky und Palme aber immerhin einer Spätblüte in der Dritten Welt durch die faktische Vereinnahmung der Blockfreienbewegung erfreuen. Mit dem Zusammenbruch des Sowjetimperiums und dem damit verbundenen Ende der marxistischen Ideologie ist die Sozialistische Internationale jedoch bedeutungslos geworden. Ihrem nach langem bürgerlichem Zögern erst vor eineinhalb Jahrzehnten geschaffenen Gegenstück, der Europäischen beziehungsweise Internationalen Demokratischen Union, ist das verbindende Feindbild abhanden gekommen. Das marktwirtschaftliche und demokratische Bekenntnis allein gibt noch keine Gestaltungskraft, wird es doch von kaum einer Seite, einschließlich der Sozialistischen Internationale, in Frage gestellt.

Heute geht es um mehr: um mehr Bürgerrechte, um mehr direkte Demokratie, um mehr Föderalismus, um die Freiheit, anders sein zu dürfen, um weniger Staat oder gar Überstaat zugunsten von mehr Eigenverantwortung der Bürger. Im Grunde geht es darum, die Entwicklung zu vollenden, die bis zur Mitte des vorigen Jahrhunderts von den Liberalen und Nationalliberalen eingeleitet worden war und später von kollektivistischen Ideologien einerseits und systemkonservativen Kräften andererseits erstickt wurde.

Es wäre naheliegend gewesen, daß nun die Liberalen ihre Stunde erkennen. Der ökonomische und demokratische Unterbau war da, um ihre weiteren Ziele ging und geht es. Die Liberalen hätten auch, seit der Gründung ihrer Internationale 1947, das Instrument zur Verfügung gehabt. Statt dessen haben sie bereits fast alles verspielt. Sie haben sich in diesem Jahrhundert zwischen der Allmacht marxistischer und systemkonservativer Kräfte aufreiben lassen, sind Teil der Bipolarität geworden, eine Pufferzone als integraler Bestandteil der dualen alten Ordnung. So ist auch das Selbstverständnis der meisten liberalen Parteien heute. Daß sie einmal Radikale genannt wurden und sich selbst so nannten, daß das Wort »liberal« »befreiend« heißt und damit einen Befreiungs-, nicht aber einen Anpassungsauftrag enthält, ist weitgehend vergessen. Geblieben sind Restfragmente des Irrwegs zum »Manchester-Liberalismus«, alles sei erlaubt, die Werte seien ständig zu überprüfen. Und wenn die Taten mit den Werten unvereinbar sind, müssen die Werte geändert werden! Das hat mit liberalen Idealen in der Theorie ebensowenig zu tun wie in der Praxis, wo dies zur Drogenfreigabe, Zerstörung der Familie und deren Gleichstellung mit einer Homosexuellenbeziehung und letztlich zur Leugnung von Identität und Heimat führt. Dabei waren gerade die Liberalen wert- und heimatbewußt, bedeutete ihnen die nationale Zusammengehörigkeit doch die Befreiung vom monarchistisch-dynastischen Prinzip.

Die Liberale Internationale spiegelt weitestgehend diesen ethischen Niedergang wider. Österreichs Freiheitliche, die, historisch wohl nicht ganz zufällig, gleichzeitig mit dem Einsetzen der Perestroika in der Sowjetunion Mitte der achtziger Jahre die Wende von einem Anpassungs- zu einem Befreiungskurs vollzogen, sammelten ihre Erfahrungen. Statt Unterstützung in ihrem klassisch liberalen Kampf gegen eine in Europa einzigartige Parteienverfilzung bis tief in die Privatsphäre der Bürger erlebten sie nur Anfeindung. Keine einzige Unterstellung, keine Diffamierung war dabei originär: Es handelte sich wörtlich um die Übernahme der Polemik und Argumentation der innerösterreichischen Gegner der Freiheitlichen. Als »Belegstücke« dienten die Meldungen österreichischer Medien, die bis hinauf zum letzten staatlichen Rundfunkmonopol Europas zum größten Teil im direkten oder indirekten Machtbereich des rot-schwarzen Proporzkartells liegen.

So findet man zu keiner internationalen Dynamik für wahrhaft liberale Ziele. Mit Alibiresolutionen über die Lage in Zaire oder Kambodscha produziert man wertloses Papier, aber keine politische Wirkung. Daran dürfte in Wahrheit leider auch wenig Interesse bestehen. Das Wohlverhalten als pluralistisches Feigenblatt in einem real dualistischen politischen Weltsystem genügt denen, die die Fahne des Liberalismus hochzuhalten vorgeben. Wobei die Anpassung an den ethischen Niedergang so weit geht, daß die Liberale Internationale, wenn sie nicht gerade durch die Diffamierung erfolgreicher eigener Mitglieder in die Medien gelangte, nur mehr dadurch besticht, daß sie bis 1993 unter dem Vorsitz eines wegen politischer Korruption verurteilten Grafen Lambsdorff stand. Er ist unter diesen Umständen durchaus repräsentativ, kam doch der Liberalen Internationale unter anderem auch der Führer ihrer italienischen Mitgliedspartei, Altissimo, aus demselben Grund abhanden. Bis zur Kriminalität angepaßt sein ist erlaubt, politische und unbestrittene moralische Integrität werden hingegen verfolgt. Darauf baut man keine Zukunft.

Der im Sommer 1993 erfolgte Austritt der Freiheitlichen aus dieser Gemeinschaft des Irrwegs war nur aus einem Grund bedauerlich: weil dieser Schritt schon viel früher hätte getan werden müssen.

Die liberale Fraktion im Europaparlament ist tot, mangels glaubhafter Alternativen aufgerieben zwischen den großen Fraktionen, bedrängt durch radikale oder völlig allein agierende Gruppierungen. Die Franzosen wandten sich ab, die Portugiesen auch, es bleibt – noch – eine kleine Spielwiese für die profillose FDP. Giscards französische Liberale denken auch nicht daran, sich je wieder in der Liberalen Internationale zu engagieren, Jean Gols belgische Liberale, diejenigen Finnlands, die Schweizer Freisinnigen spielen noch mit: Doch die Frage, wie lange noch, ist schon auf dem Tisch. Die einzige nennenswerte noch »überzeugte« Partei, die deutsche FDP, ist möglicherweise demnächst gar nicht mehr im Parlament vertreten. Daher ist auch die Freundschaft der linksliberalen Absplitterung von den Freiheitlichen in Österreich mit der FDP bezeichnend. Es handelt sich geistig um eine sozialistische Partei, ihre Welt ist jene des Ausländerwahlrechtes auch in Österreich, der Abtreibung auf Krankenschein, der Freigabe von Drogen und der Arbeitslosenunterstützung sowie der Pensionssicherung für Strafgefangene. Die FPÖ kann diese linke Gruppe nur wie entfernte Verwandte betrachten, bei denen eine geistige Umnachtung eingetreten ist. Sie sind eine Funktion im Streben der Linken nach kultureller Hegemonie. Der Verfall der Moral und der Niedergang der sozialen Ordnung leitet den Untergang jeglicher Zivilisation ein, hat schon Arnold Toynbee erkannt. Manche Liberale der Bindungs- und der Grundsatzlosigkeit erweisen sich in diesem Prozeß als durchaus nützlich.

Der Konflikt zwischen denjenigen liberalen Kräften, die bis hin zur Korruption diffusen Interessen folgen, und denjenigen, die freiheitlich-demokratisch tatsächlich den Bürgerinteressen verpflichtet sind – überspitzt formuliert: zwischen Vorbestraften und Reformern –, zeigt bisher international nur nachteilige Wirkung.

Was muß geschehen? Sollte nicht schleunigst ein Neubeginn in Angriff genommen werden, der diejenigen zusammenführt, die *liberal* nicht im Sinne von *permissiv* verstehen, sondern als sozialen Auftrag eines Freiheitsdenkens die Werte nicht verachten, sondern sich daran orientieren?

Woran es fehlt, hat jüngst erst der letzte Papst der Liberalen, Ralf Dahrendorf, in einem Interview mit der *Zeit* ganz treffend formuliert: Wirkliches Freiheitsdenken verlangt nach Offenheit, »politische Fragen müssen politisch angegangen werden« statt der »Versuche zur europäischen Integration durch die Hintertür«, wobei Maastricht wohl schon eher als hinteres Scheunentor zu bezeichnen wäre. Warum fragt man die Bürger nicht, welchen Zusammenschluß sie wollen? Und Dahrendorf vermißt die Rückbesinnung auf das Wesentliche, auf Werte, wenn er meint, er halte es »für ganz schlimm, daß kein einziges Menschenrecht oder Bürgerrecht durch die Europäische Gemeinschaft verteidigt wird«. Werte auch in ihrer sozialen Dimension: Arbeitslosigkeit und mangelnde Solidarität nennt er als Problem und schließt den Kreis zu den in Vergessenheit geratenen Fundamenten des Freiheitsdenkens, wenn er feststellt: »Ich bleibe ein radikaler Liberaler, der Veränderungen will, die mehr Menschen neue Lebenschancen geben. Und mir entgeht dabei nicht, daß Lebenschancen mehr sind als bloße Konsummöglichkeiten.«

Freiheit ist mehr als die Freiheit des Konsums. Viele unter den politisch Mächtigen haben das noch nicht begriffen. Diejenigen Kräfte, die sich zur Freiheit bekennen, zu vereinen sollte jedenfalls in Europa vorrangiges Ziel sein: Darin liegt die Zukunft, beruhend auf dem gemeinsamen Nenner verschiedenster Bürgerrechts- und Autonomiebewegungen, freiheitlich gesinnter Parteien, von Gruppierungen, die um ihre kulturelle Identität, den Verlust ihres Heimatgefühls und damit ganz wesentlicher Freiheitselemente fürchten. Gemeinsamer Nenner muß ihnen aber auch die gegenseitige Achtung in ihrer Vielfalt sein: So, wie mehr Gemeinsamkeit nicht weniger Freiheit für den einzelnen bedeuten darf, darf auch mehr Freiheit nicht zu neuem Vormachtstreben führen. Tito verwendete für seinen Vielvölkerstaat gern den einfachen Satz für ein erforderliches Mindestgleichgewicht: »Wir wollen niemandem etwas nehmen, aber wir haben auch nichts zu verschenken.«[173] In seiner Karriere hat er selbst sich nie daran gehalten; was aber geschah, als in seinem Staat sich niemand mehr daran hielt, erleben wir heute. Als warnendes Beispiel für den gesamten Kontinent.

Kräfte, die diesen gemeinsamen Nenner aufweisen, gibt es genug. Es gilt, sie zusammenzuführen. Wäre es nicht naheliegend, in Mitteleuropa zu beginnen: aus Reformkräften Norditaliens, aus veränderungswilligen Schweizer Freisinnigen und Liberalen, Kräften aus FDP und CSU, aus tschechischen Liberal-Konservativen, aus Österreichs Freiheitlichen? Eine »Freiheitliche Union«, die für Bürgerrechte, direkte Demokratie, abendländische Werte und Kultur in Vielfalt, aber gegen zentralistisch undurchschaubare Vereinnahmung (Stichwort Maastricht) steht? Eine Gemeinschaft, deren Prioritäten Freiheit, Sicherheit und Wohlstand, in dieser Reihenfolge, sind, nicht jedoch Produktions- und Konsummaximierung?

Wäre der mitteleuropäische Kern gebildet, stünde einem europaweiten Zustrom wenig entgegen, von Kroatien bis Norwegen, von Portugal bis Rußland. Eine Freiheitliche Union wäre jene Kraft, die dem Aufkommen von neuen freiheitsfeindlichen Ideologien ebenso entgegenzutreten in der Lage wäre, wie sie vereinnahmende europäische Zentralismen entlarven würde. Die Sache der Freiheit ist nicht gesichert, die Ausgangslage in der Welt und in der eigenen Heimat nicht unbedingt rosig. Die Ermunterung zur Freiheit bedarf daher großer Anstrengungen. Der Weg des geringsten Widerstandes ist vielen Zeitgenossen noch allemal lieber. Da wird auf Freiheit im Zweifelsfall verzichtet aus Angst, eigene Entscheidungen treffen zu müssen, aus Feigheit oder Bequemlichkeit oder aus Furcht davor, sich mit den Feinden der Freiheit auseinandersetzen zu müssen. Freiheit ist daher eine elitäre Aufgabe, um sie den Bürgern erlebbar zu machen. Denn nur in einer Ordnung der Freiheit gedeiht der Frieden und ist die Würde der Person gesichert.

Anmerkungen

1 Jürgen Habermas, Können komplexe Gesellschaften eine vernünftige Identität ausbilden? Frankfurt/Main 1974, S. 67 f.; Alexander Solschenizyn, Wofür leben wir, wohin geht die Fahrt, in: *Die Zeit* v. 17. 9. 1993, S. 63 f.

2 Günter Rohrmoser, Die kulturrevolutionäre Wendung der Emanzipation, 1991, in: Konservativ statt Rechts, 1993, S. 193.

3 Alexander Solschenizyn (Anm. 1), S. 64.

4 Ralf Dahrendorf, in: *Die Zeit* v. 27. 8. 1993, S. 5.

5 Friedrich von Hayek, zit. in: Alfred Herrhausen, Denken – Ordnen – Gestalten. Reden und Aufsätze, Berlin 1990, S. 49.

6 Ingolf Doler, Rudolf Augstein, die deutsche Frage und die Westbindung, in: R. Zitelmann, K. Weissmann, M. Grossheim (Hrsg.), Westbindung. Chancen und Risiken für Deutschland, Frankfurt/ Main, Berlin 1993, S. 204 f.

7 Friedrich Nietzsche, »Der Wille zur Macht«, Aph. 2, Kröner-Ausgabe, Stuttgart 1964.

8 Günther Winkler, Wer die Macht hat, hat das Recht, in: *Logos – Zeitung des Forum Österreich*, Nr. 4/5 (1993), S. 12.

9 Daniel Bell, Die Zukunft der westlichen Welt. Kultur und Technologie im Widerstreit, Frankfurt/Main 1976, S. 30.

10 Ebenda, S. 88.

11 Karl Hermann Flach, Noch eine Chance für die Liberalen oder die Zukunft der Freiheit. Eine Streitschrift, Frankfurt/Main, 1971, S. 14.

12 Klaus Bosselmann, Im Namen der Natur, Bern 1992, S. 24.

13 Vgl. *Kurier* v. 7. 10. 1993, S. 17.

14 Vgl. Karl R. Popper, Die offene Gesellschaft und ihre Feinde, Tübingen ^{7}1992, Bd. 1, S. XXVII ff.

15 Kritik dazu bei: Max Scheler, Der Formalismus in der Ethik und die materiale Wertethik, Halle/Saale 1927, S. 43 ff.
16 Popper (Anm. 14), Bd. 2, S. 294.
17 Helmut Steinberger, Konzeption und Grenzen freiheitlicher Demokratie, Berlin, Heidelberg, New York 1974, S. 259.
18 Jörg Haider, Grundfragen eines gewandelten Grundrechtsverständnisses, in: *Der Staat* (1979), Heft 1, S. 31 ff.
19 Vgl. Steinberger (Anm. 17), S. 268.
20 Popper (Anm. 14), S. 294.
21 Norbert Leser, Salz der Gesellschaft. Wesen und Wandel des österreichischen Sozialismus, Wien 1988, S. 223.
22 Rainer Zitelmann, Träume vom neuen Menschen, in: Richard Saage (Hrsg.), Hat die politische Utopie eine Zukunft? Darmstadt 1992, S. 32.
23 Paul Watzlawick, Die erfundene Wirklichkeit, München, Zürich 1981.
24 Popper (Anm. 14), Band 1, S. 19.
25 Wolfgang Caspart, Die Wurzeln der Freiheit, München 1991.
26 Vgl. Roland Girtler, Die Freiheit der Scholaren, unveröffentlichtes Manuskript 1987.
27 Hermann Konrad, Der deutsche Staat, 1969, S. 133.
28 Vgl. Girtler (Anm. 26).
29 Stenographisches Protokoll der 126. Sitzung des Nationalrates der Republik Österreich, IV. G. P. – 30. April 1934, S. 3399.
30 Walter B. Simon, Österreich 1918–1938, Ideologien und Politik, Wien 1984.
31 Walter B. Simon, Die verirrte Erste Republik. Eine Korrektur österreichischer Geschichtsbilder, Wien 1988.
32 Salvator de Madariaga, Zuerst die Freiheit. Reden und Beiträge aus den Jahren 1960–1971, Ludwigsburg 1971, S. 33.
33 Ebenda, S. 27.
34 Günter Rohrmoser, Geistiger Umbruch. Bilanz der marxistischen Epoche, ein Gespräch mit Adelbert Reif, Mainz 1983, S. 36.
35 Vgl. Simon (Anm. 31).

36 Ernst Nolte, Was ist bürgerlich? und andere Artikel, Abhandlungen, Auseinandersetzungen, Stuttgart 1979, S. 118 f.
37 Albert Krebs, Tendenzen und Gestalten der NSDAP. Erinnerungen aus der Frühzeit der Partei, Stuttgart 1959, S. 156.
38 Robespierre, Werke 1840, Band 3, S. 550.
39 J. L. Talmon, Politischer Messianismus. Die Ursprünge der totalitären Demokratie, Köln und Opladen 1963.
40 Václav Havel, in: *Le Figaro* v. 26. 10. 1992.
41 Klaus Hornung, Das totalitäre Zeitalter. Bilanz des 20. Jahrhunderts, Berlin 1993, S. 353.
42 Vgl. Rechnungshofbericht deckt Peymanns Trauerspiel am Burgtheater auf. Rechnungshofbericht über das Burgtheater in Wien, in: *Kronen Zeitung* v. 10. 10. 1993, S. 2.
43 Thomas Bernhard, Heldenplatz, 1992, S. 96 ff.
44 Jürgen Habermas, Strukturwandel der Öffentlichkeit. Untersuchungen zu einer Kategorie der bürgerlichen Gesellschaft, Frankfurt/Main 1990, S. 166.
45 Habermas (Anm. 44), S. 213.
46 Ralf Dahrendorf, Betrachtungen über die Revolution in Europa in einem Brief, der an einen Herrn in Warschau gerichtet ist, Stuttgart 1991, S. 41.
47 Friedrich August von Hayek, The People . . ., 1988, S. 27–83.
48 Es ist wie eine Sucht, in: *Focus* v. 4. 10. 1993, S. 90 f.
49 Karl Popper, Die offene Gesellschaft und ihre Feinde, Band 2, S. 290.
50 Vgl. Fritz Plasser, Massenmedien, in: Handbuch des politischen Systems Österreich, Wien 1991, S. 419 ff.
51 Vgl. Bruno Binder, Die Rundfunkfreiheit in Österreich, in: EuGRZ 1986, S. 209 ff.
52 Vgl. Kurt Ziesel, Die Meinungsmacher, München 1988, S. 15 ff.
53 Bell (Anm. 9), S. 58.
54 Jürgen Habermas, Die Stunde der nationalen Empfindung – republikanische Gesinnung und Nationalbewußtsein?, in: ders., Die nachholende Revolution, Frankfurt/Main 1990, S. 163.
55 Erich Kuby, Der Preis der Einheit. Ein deutsches Europa formt

sein Gesicht, Hamburg 1990, S. 18f. Ähnlich argumentiert auch die deutsche Paradeliberale Frau Hamm-Brücher, der Sozialdemokrat Schmude setzte sich vehement für die Schließung der Zentralstelle in Salzgitter ein, die DDR-Unrecht dokumentierte.

56 Jürgen Habermas, Vergangenheit als Zukunft, Zürich 1990, S. 76.

57 Rainer Zitelmann, Wiedervereinigung und deutscher Selbsthaß, in: *Deutschlandarchiv* Nr. 8, 1993, S. 814.

58 Vgl. Nicht gesellschaftsfähig. Die Angst vor der konservativen Restauration in Europa, in: *Die Zeit* v. 6. 8. 1993.

59 Ute Knight/Wolfgang Kowalsky, Rituale der Mottenkiste. Antifaschistische Methoden helfen nicht gegen Fremdenhaß, in: *Die Zeit* v. 29. 11. 1981 (Kowalsky ist Grundsatzreferent beim Vorstand der größten deutschen Gewerkschaft, der IG Metall.)

60 Martin Walser, Deutsche Sorgen, in: *Der Spiegel* 26/1993, S. 41.

61 Helmut Schmidt, Handeln für Deutschland, Berlin 1993, S. 139.

62 Thomas Ebermann/Rainer Trampert, Zum Städtele hinaus ..., in: *Konkret* 11/1991, S. 12.

63 Václav Havel, Neue Chancen und gemeinsame Verantwortung in Mitteleuropa, in: *Salzburger Nachrichten* v. 16. 3. 1993.

64 Helmut Schmidt, Die Deutschen und ihre Nachbarn, Berlin 1991, S. 567.

65 Klaus von Dohnanyi, in: *Die Zeit* v. 12. 7. 1991.

66 Kurt Schumacher, Briefe an Liebmann Herrsch, (Genf) 30. 10. 1951.

67 Schmidt (Anm. 61), S. 44.

68 Bell (Anm. 9), S. 21 f.

69 Peter Handke, Die Geographie des Menschen, 1993, S. 10.

70 Josef Schmid, Deutsche Bevölkerungsfrage und politisches Handeln – Eine argumentative Analyse. Gutachten für das Bundeskanzleramt, Bonn 1990.

71 *Chicago Sun-Times* v. 30. 9. 1992.

72 Daniel Cohn-Bendit, Wenn der Westen unwiderstehlich wird, in: *Die Zeit* v. 48/1991, S. 5.

73 *Frankfurter Allgemeine Zeitung* v. 3. 12. 1992, S. 3.

74 *Der Spiegel* 5/1993, S. 112, die *Süddeutsche Zeitung* zitierend.
75 *Der Spiegel* 18/1993, S. 63.
76 Dr. Thomas Klestil, Schreiben an Jörg Haider vom 15. 5. 1992.
77 Horst Afheldt, Sozialstaat und Zuwanderung, in: *Aus Politik und Zeitgeschichte*, Beilage zur Wochenzeitung *Das Parlament* v. 12. 2. 1993, S. B 7.
78 SPD-Politiker warnen vor einem ungehemmten Zuzug, in: *Salzburger Nachrichten* v. 7. 9. 1992, S. 1.
79 Peter J. Opitz, Die weltweiten Flüchtlings- und Migrationsbewegungen, in: *Politische Studien*, Sonderheft 1/1992, S. 24 ff.
80 Wortwechsel im Landtag, Auszug aus dem Protokoll: (Haider kritisiert die Arbeitsmarktverwaltung) ». . . und der zahlt mit seinem sauer verdienten Geld immer höhere Abgaben, damit dann ein paar sich in der Hängematte des Sozialstaates es sich gutgehen lassen können. Das ist kein System, das wir wirklich verteidigen können.« (Beifall von der FPÖ-Fraktion, Zwischenruf SP-Klubobmann Hausenblas: »Was Sie fordern, hat es schon gegeben, aber im Dritten Reich!«) Zwischenrufantwort Haiders: »Nein, das hat es im Dritten Reich nicht gegeben, weil im Dritten Reich haben sie ordentliche Beschäftigungspolitik gemacht . . .« Erst nach knapp einer Viertelstunde entsteht Tumult. Haider stellt klar: »Ich habe unmißverständlich zum Ausdruck gebracht, daß ich diese Äußerung nicht in dem von Ihnen gemachten Sinn verstanden und auch nicht gemacht habe. Wenn es für Sie eine Beruhigung ist, dann nehme ich sie auch mit dem Ausdruck des Bedauerns zurück . . .«
81 Siehe umfassende Darstellung bei Konrad Löw, Im Jahr der Vergebung, Zürich, Edition Interfrom 1991.
82 Programm der Christlichsozialen Partei, 1926, Artikel VIII.
83 »Die österreichische Bundesverfassung«, Klecatsky-Morscher, 2. Auflage, Wien 1983, S. 1.
84 Vgl. »Die alten Sünder«, Proporz- und Postenschacher in der Koalition, in: *profil* 37 v. 13. 9. 1993, S. 14.
85 Heinrich Treichel, in: *Die Presse* v. 23. 4. 1993, S. 8.
86 Der Brief befindet sich in meinem Besitz.

87 Fall Czeitschner im ORF: Die ORF-Journalistin gab schriftlich Anweisung, in allen Sendungen gegen die FPÖ-Volksbegehren zu agitieren.
88 Peter Sichrovsky, in: *profil* Nr. 5/1993, S. 8.
89 Ebenda.
90 Zur Affäre Lucona und deren politischen Auswirkungen vgl.: Hans Pretterebner, Das Netzwerk der Macht, Wien 1993.
91 Das Verbotsgesetz, 1945 gegen Nationalsozialisten erlassen, wurde instrumentalisiert, um Politiker mundtot zu machen, s. Grenzland-Jahrbuch 1989.
92 Vgl. Peter Michael Lingens, in: *Wirtschaftswoche* v. 14. 2. 1992.
93 *profil* v. 21. 10. 1991, S. 132.
94 Vgl. Bruno Aigner, in: *profil* 42/1992, S. 30.
95 Vgl. auch Günther Winkler, in: *Die Presse* v. 26. 11. 1990.
96 Leser (Anm. 21).
97 Vgl. *SN* v. 25. 8. 1993.
98 Staberl in *Kronen Zeitung* v. 14. 8. 1993.
99 Vgl. Beirat für Wirtschafts- und Sozialfragen, Soziale Sicherung im Alter, Wien 1991, S. 19, 40.
100 Metallverarbeitende staatliche Betriebe, die zu einer Holding zusammengefaßt sind.
101 Vgl. Heinz Fischer, Sozialleistungen prüfen. »Weg vom Gießkannenprinzip«, in: *Die Presse* v. 31. 7. 1993.
102 Jürgen Habermas, zitiert nach: Günther Rohrmoser, Die Völker kehren in die Geschichte zurück, Gesellschaft für Kulturwissenschaften 1992, S. 5.
103 Vgl. Straßen- und Brückenbau Kärnten. Die neue Kärntner Wirtschaftsverwaltung. Managementmodell Kärnten, 1989.
104 Botho Strauß, in: *Der Spiegel* 6 1993, S. 203.
105 Karl-Hermann Flach, Noch eine Chance für die Liberalen oder Die Zukunft der Freiheit. Eine Streitschrift, Frankfurt/Main 1971, S. 33.
106 Lew N. Mitrochin, Erfahrungen aus russischer Sicht, in: Mitrochin – Rohrmoser, Ist eine multikulturelle Gesellschaft möglich? Gesellschaft für Kulturwissenschaften 1992, S. 7.

107 Stadtrat für multikulturelle Angelegenheiten in Frankfurt am Main und ehemaliger 68er-Revolutionär in Paris.
108 Daniel Cohn-Bendit, in: *Frankfurter Allgemeine Zeitung* v. 3. 12. 1992, S. 3.
109 Strauß (Anm. 104).
110 Kaltenbach, in: *Die Zeit* 32/1993, S. 10, Dossier.
111 Exklusiv-Interview mit Vranitzky, in: *Kronen Zeitung* v. 12. 8. 1993, S. 3.
112 Im Fall des Förderungsprojektes der Firma Stölzle-Glas wurde die Förderungszusage nach einem »klärenden Telefonat« mit dem Bundeskanzler erteilt. Darüber hinaus wurde die Ablehnung der 3. Förderung für die Firma Grundig mittels Intervention des damaligen Vizebürgermeisters in eine Zusage umgewandelt.
113 Vgl. Anfrage FPÖ Nr. 3786/J, 17. 11. 1992.
114 Vgl. Oliver Pink, in: *Kleine Zeitung* v. 26. 8. 1993.
115 Der ÖVP-Politiker Josef Klaus war österreichischer Bundeskanzler von 1966 bis 1970.
116 Es gibt im ORF Intendanten für alle Bereiche.
117 Rechtskörper, die außerhalb des veranschlagten Budgets Gelder für Straßenbau requirieren und den Bau durchführen.
118 Vergleichbar mit dem kombinierten Bundesverfassungsschutz und Bundesnachrichtendienst in Deutschland.
119 Der steirische Arbeiterkammerpräsident Rechberger veruntreute Geld.
120 *Standard Kurier*, Leitartikel vom 24. 4. 1993, S. 2.
121 Jeder berufstätige, sozialversicherte Österreicher ist automatisch Mitglied der Kammer.
122 Ralf Dahrendorf, Die Arbeitsgesellschaft ist am Ende, in: *Die Zeit* v. 26. 11. 1982, S. 44.
123 Wofür leben wir?, in: *Die Zeit* v. 17. 9. 1993, S. 63.
124 John Bowlby, Mutterliebe und kindliche Entwicklung, München 1972, S. 11.
125 Christa Meves, Manipulierte Maßlosigkeit. Psychische Gefahren im technisierten Leben, Freiburg i. Br., Basel, Wien, 1971,

S. 26 f. Christa Meves ist Kinderpsychagogin, Auflagenmillionärin bei Herder und Mitherausgeberin des *Rheinischen Merkur.*

126 Ebenda, S. 36.

127 Ralf Dahrendorf, in: *Die Zeit* v. 27. 8. 1993, S. 3.

128 Vgl. Die irren Geschäfte der AMAG. Der vertrauliche Rohbericht des Rechnungshofs über das Desaster im verstaatlichten Aluminiumkonzern, in: *profil* v. 4. 10. 1993, S. 40 ff.

129 Vgl. Ralf Dahrendorf, Die Chance der Krise. Über die Zukunft des Liberalismus, Stuttgart 1983, S. 98.

130 *Grußadresse des Präsidiums der Österreichischen Nationalversammlung 1920,* in: Alfred Ogris (Hrsg.), Der 10. Oktober 1920. Kärntens Tag der Selbstbestimmung. Vorgeschichte – Ereignisse – Analysen, Klagenfurt 1990, S. 242.

131 Vgl. Wege zu Minderheiten in Österreich, Minderheitenjahrbuch 1994, Verlag Der Apfel, 1993.

132 In: *Der Standard* v. 29. 10. 1992, S. 5.

133 Kunstbericht 1991, BMf. Unterricht und Kunst, Förderung 3,8 Millionen Schilling.

134 *Die Presse* v. 17. 3. 1993, der 13er, 13. 6. 1993.

135 Günther Rohrmoser, Geistige Führung – ethische Erneuerung, 1981, in: Konservativ statt rechts. Gesellschaft für Kulturwissenschaft, 1993, S. 13 f.

136 »Von der Aktionsmalerei zum Aktionismus«, vgl. gleichnamigen Katalog der Ausstellung, Kassel 1988.

137 Claus H. Drese, Im Palast der Gefühle. Erfahrungen und Enthüllungen eines Wiener Operndirektors, München 1993.

138 Ephraim Kishon, in: *Radiothek* v. 4. 12. 1990.

139 Vgl. die Bemühungen der »Gesellschaft zur Förderung der Entbürokratisierung« in Bonn, die der damalige CDU-Abgeordnete Helmrich (jetzt Justizminister in Mecklenburg-Vorpommern) gegründet hat.

140 Jeder Jura-Student in Deutschland lernt als ersten Grundsatz der Jurisprudenz: Ein Gesetz, das nicht verständlich ist, ist nichtig, per se ungültig.

141 Vgl. Fritz Schönherr, Sprache und Recht, Wien 1985.

142 Vgl. auch: Peter Meier-Bergfeld, Staats(ver)diener?, Der öffentliche Dienst, Zürich, Osnabrück, 1983.

143 Alfred Herrhausen, Konzept für die Zukunft. Wirtschafts- und ordnungspolitische Alternativen, in: Denken – Ordnen – Gestalten, Reden und Aufsätze, Berlin 1990, S. 58.

144 Parlamentarischer Bericht an den Abg. z. NR Dr. Heinz Fischer von Prof. Dr. Andreas Khol, Abg. z. NR, betreffend Parlamentsbesuch in Frankreich, Wien, 18. 11. 1991.

145 Gesprächsprotokoll der Tischrede des Bundesrates Gerstl im Parkhotel Graz am 8. 9. 1993 anläßlich des Besuches von Prof. Lazar aus Jerusalem (Assistant Vice President and Director for Europe of the Hebrew University of Jerusalem).

146 Für die EG-Mitgliedstaaten wurde allerdings 1989 in der KSZE-Konferenz in Wien erstmals öffentlich festgestellt, daß der Außenminister des amtierenden Staates »im Namen der EG-Staaten« spricht.

147 Paul Kennedy, In Vorbereitung auf das 21. Jahrhundert, Frankfurt/Main 1993, S. 82 ff.

148 Günther Rohrmoser, Die Völker kehren in die Geschichte zurück, 1992, Gesellschaft für Kulturwissenschaft, S. 12.

149 Sorenson, Rethinking National Security, Foreign Affairs, Band 69, Nr. 3, 1990, S. 1–18; C. V. Prestovits (Hrsg.), Powernomics economic and strategy after the cold war, 1991, u. a.

150 Samuel Hantington, The Next Battleground, in: *time magazin* 28 (Juni 1993), S. 63.

151 Strauß (Anm. 104), S. 203.

152 Helmut Schmidt, Handeln für Deutschland, Berlin 1993, S. 15.

153 Günther Rohrmoser, Die Unverzichtbarkeit der Nation, Gesellschaft für Kulturwissenschaft, 1992, S. 2 ff.

154 Helmut Schmidt in der Diskussion mit Prof. Thomas Nipperdey, Gräfin Lambsdorff und Thomas Gottschalk, SAT 1, 1992, Diskussionsprotokoll »Wir Deutschen – Interessieren Sie sich für Geschichte?«

155 Vgl. Irenäus Eibl-Eibesfeldt, Der Mensch – das riskierte Wesen.

Zur Naturgeschichte menschlicher Unvernunft, München 1988, S. 198.
156 Leopold Kohr, Das gefährliche Unterfangen EG, in: *Trend* 10/92, S. 131.
157 Kennedy (Anm. 147), S. 175 ff.
158 Ebenda, S. 176 ff.
159 Z. B. Spekulation von Soros, der 1992 mit Pfund-Spekulationen an einem Tag über 1 Milliarde Dollar gewinnen konnte, in: *Kurier* v. 1. 8. 1993, auch: Dönhoff – Miegel – Nölling u. a. (Hrsg.), Weil das Land sich ändern muß. Ein Manifest, Hamburg 1992, S. 67 ff.
160 Auch wenn die Deutschen als Zahlmeister Europas rund 80 Milliarden in Richtung Moskau verschenkt haben, hat sich die EG zu einem wirklichen Marshallplan für Osteuropa nicht aufgerafft.
161 »To keep the Russians out, the US in and Germany down«, lauteten auch die Worte des ersten NATO-Generalsekretärs.
162 Manfred Brunner, in: *profil* v. 12. 7. 1993, S. 19.
163 Ralf Dahrendorf, in: *Die Zeit* v. 27. 8. 1993, S. 3.
164 Klaus Peter Schmidt, Europas wahre Herrscher, in: *Die Zeit* v. 30. 4. 1993, S. 8.
165 Klaus von Dohnanyi, in: *Die Zeit* v. 12. 7. 1991, Kolumne, S. 9.
166 Das geplatzte Korsett, in: *Trend* 9/93, S. 22.
167 Die FDP stimmte im Bundestag gegen die Ratifizierung der Römischen Verträge, auch Ludwig Erhard war ursprünglich ein Gegner der EWG.
168 Thomas Dehler, im TV-Interview mit Günther Gaus, 1963, in: Rainer Zitelmann, Adenauers Gegner – Streiter für die Einheit, Erlangen, Wien, 1991, S. 127.
169 Thomas Dehler, Reden und Aufsätze, Köln, Opladen 1969, S. 193.
170 Manfred Brunner, Vorsitzender der Stiftung Demokratie und Marktwirtschaft München, in einem Leserbrief in der *Frankfurter Allgemeinen Zeitung* v. 25. 8. 1993.
171 Vgl. Huber-Plan, FBW-Dokumentationen Nr. 6/1992.

172 Fritz Simhandl (Hrsg.), Weil das Land sich ändern muß. Manuskript des Freiheitlichen Bildungswerkes, 15. 7. 1993, 6. Kapitel, Heimat- und Umweltpolitik.

173 Inschrift auf dem nunmehr abgetragenen Tito-Denkmal auf der Insel Vis, dem ehemaligen Lissa, in Dalmatien.

Karlheinz Weißmann

Rückruf in die Geschichte

Die deutsche Herausforderung: Alte Gefahren – neue Chancen

2. erw. Auflage, DM 29,80
Ullstein Buch 07514

»Weißmann hat ein kluges, das nationale Dilemma der Deutschen vorurteilslos beleuchtendes Buch geschrieben, das dem Leser keineswegs die nationalen Mentalitätshypotheken verschweigt, aber ihn auch nicht erneut und fruchtlos mit den abgenutzten Ritualen quälerischer Selbstverkleinerung konfrontiert.«

Heimo Schwilk, WELT AM SONNTAG

»Ein Musterprodukt der intellektuellen Rechten ... Man kann dem flott geschriebenen Traktat nicht vorhalten, seine Ziele zu verheimlichen.«

Jürgen Gottschlich, die tageszeitung

»Eine fulminant-intellektuelle Kampfansage an die tonangebenden Eliten und Meinungslager der Republik.«

Angar Graw, MUT

Rainer Zitelmann/Karlheinz Weißmann/Michael Großheim (Hrsg.)

Westbindung

Chancen und Risiken für Deutschland

»Aufsehen wird das Buch gewiß erregen ... Mit ›Westbindung‹ liegt der erste breit angelegte, als wissenschaftlich oder auch politisch ausgewogen deklarierte Versuch vor, aus dem Historikerstreit und der Vereinigung politische Konsequenzen zu ziehen ... Die Jungkonservativen lüften nur ein wenig den Schleier. Man ahnt, was sie wollen, aber sie sagen es nicht ... Und ein Teil des grün-linken Spektrums applaudiert, eine Weimarer Mischung.«

Gunter Hofmann, DIE ZEIT

Mit Beiträgen von:
Heinz Brill, Ingolf Doler, Bernd Faulenbach, Karl Feldmeyer, Ansgar Graw, Michael Großheim, Christian Hacke, Karl Härter, Karl-Eckhard Hahn, Eckhard Jesse, Hans-Helmuth Knütter, Panajotis Kondylis, Hans-Christof Kraus, Tilman Mayer, Elisabeth Noelle-Neumann, Ute und Erwin K. Scheuch, Karl Schlögel, Eberhard Straub, Jochen Thies, Bernd Ulrich, Karlheinz Weißmann, Rainer Zitelmann

Propyläen